U0863620

武汉市“黄鹤英才（专项）计划”资助项目
武汉市教育科学规划“十三五”重点课题成果

# 规则与生活

## 规则与个人生活

**主编**
熊显红　肖平安

**分册主编**
梅志旺　徐晓芳　刘雅婷

**分册副主编**
郑联蓉　徐爱珍

**编者**
熊显红　徐爱珍　张玉霞　郑联蓉　刘雅婷
万国华　雷剑青　唐佳思　李诗耀　刘友平
栾　晓　吴文君　林胜男　熊　婧

**图书在版编目(CIP)数据**

规则与生活:规则与个人生活/熊显红,肖平安主编.—武汉:武汉大学出版社,2021.3

ISBN 978-7-307-22040-9

Ⅰ.规… Ⅱ.①熊… ②肖… Ⅲ.素质教育—中学—教学参考资料 Ⅳ.G631

中国版本图书馆 CIP 数据核字(2020)第 268533 号

责任编辑:胡 荣　　责任校对:李孟潇　　版式设计:韩闻锦

出版发行:**武汉大学出版社** (430072 武昌 珞珈山)
(电子邮箱:cbs22@whu.edu.cn 网址:www.wdp.com.cn)
印刷:武汉市宏达盛印务有限公司
开本:880×1230 1/16 印张:7 字数:185 千字 插页:1
版次:2021 年 3 月第 1 版 2021 年 3 月第 1 次印刷
ISBN 978-7-307-22040-9 定价:39.00 元(全二册)

# 前　言

教育是国之大计、党之大计，承担着立德树人的根本任务。中共中央、国务院印发的《新时代公民道德建设实施纲要》提出：要“以主流价值建构道德规范、强化道德认同、指引道德实践，引导人们明大德、守公德、严私德”。要“坚持贯穿结合融入、落细落小落实，把社会主义核心价值观要求融入日常生活，使之成为人们日用而不觉的道德规范和行为准则”。“要紧密结合社会发展实际，广泛开展文明出行、文明交通、文明旅游、文明就餐、文明观赛等活动，引导人们自觉遵守社会交往、公共场所中的文明规范”。

俗话说：“没有规矩不成方圆。”规则是客观规律在人们主观上的能动反映，表现为人们制定或约定俗成的各种规章制度、法律法规、道德规范、风俗习惯、公式定理、原理理论、法则程序（方法）等。

现实生活中，做同样的事，有的人事半功倍，而有的人却事倍功半；有的人成功，而有的人却失败。有的事不能做，有人却偏偏去做，最后碰得头破血流，有的身败名裂，甚至失去宝贵的生命。有的事，现在做不了，却有人强行去做，最后却是屡战屡败；而有的人顺势而为，厚积薄发，最终成功登顶…… 凡此种种，无不与是否讲规矩、守规则有关。一个不讲规则、不守规则、不服从规则的人，是不会有良好前途和发展的人，也会为成为社会所唾弃的人。我们不想、也不希望成为这样的人。

青少年是祖国的未来、民族的希望、家庭的期盼。青少年是否具有规则意识？是否懂得规则的价值和意义？是否把规则意识内化于心外化于行？不仅关系个人的成长进步，也关系家庭长辈的殷殷期盼，更关系社会的稳定和国家民族的未来。

本书立足中学生生活实际和发展需要，设置“生活警示”“生活探究”“活动拓展”“实践探究”“我的收获”等模块，并为相关活动提供“知识仓库”和“相关链接”，通过典型案例、深度思考，内化于心外化于行，帮助中学生尽量避免和科学处理意外伤害、食品安全，拒绝毒品，科学规避灾害和危险，学会科学学习、智慧文明生活、安全健康交往，积极理性科学维护个人隐私和信息安全。

# 目 录

# 第一章 遵规守法、守护健康安全

国以民为本，民以食为天，食以安为先，食品安全，关系到国计民生，责任重于泰山。

食品安全（food safety）指食品无毒、无害，符合应当有的营养要求，对人体健康不造成任何急性、亚急性或者慢性危害。保障食品卫生与食用安全、降低疾病隐患及防范食物中毒。以食品安全措施来排除或减低对于消费者生命、健康的风险，是食品安全的核心。

## 意 外 吟

宋·邵雍

事出意外，人难智求。自非妄动，恶用多愁。既有误中，宁无暗投。能知此说，天下何忧。

禁绝毒品，功在当代、利在千秋。禁毒工作事关国家安危、民族兴衰、人民福祉，厉行禁毒是党和政府的一贯立场和主张。各地区各有关部门要切实增强做好禁毒工作的政治责任感，以更加坚定的决心、更加有力的措施、更加扎实的工作，坚持严打方针不动摇，坚持多策并举、综合治理，坚持部门协同、社会共治，保持对毒品的“零容忍”，锲而不舍，常抓不懈，坚定不移打赢禁毒人民战争，不获全胜决不收兵。

——习近平《在会见全国禁毒工作先进集体代表和先进个人时的重要讲话》

身以生为常，富贵其可也。不以欲自害，则邦不亡，身不死。

——《韩非子·喻老》

人民健康是民族昌盛和国家富强的重要标志。遵循事物的规律，遵守社会的规则，注重食品安全，拒绝毒品，是对自己生命的尊重，也是我们对生命的责任，它能让我们的生命之树更加充满生机与活力，让国家民族更强大。

# 第1课 食品安全不粗心

## 生活警示

### 校外食品 当心中毒

广西罗城一小学的26名学生在食用路边摊“毒白糕”后中毒。湖南隆回县某高中116名学生陆续食用从校外一处流动摊点买来的凉皮等零食后，集体出现食物中毒症状。某中学部分学生在校外食用无证经营的小吃部的炒饭、炒面等食物后，很多学生出现腹痛、呕吐等中毒症状。山东枣庄一男孩在校门口吃烤串后导致食物中毒。四川某校学生在校外餐馆就餐时，出现恶心、呕吐、嘴唇发紫等食物中毒症状。山西省临县两学生因食用校外超市的辣条出现中毒症状，其中1人死亡。

2019年7月22日，北京西开往重庆西Z95次列车上，39名学生因食物中毒送医。中毒学生称，在火车上吃的是旅行社准备的火腿肠、饼干和水，初步判定为细菌性集体食物中毒。据悉，39人均是四川省内江市第二中学参加暑期研学旅行的学生。

### 野生食物，小心有毒

外出游玩，随意采摘、食用野果、野菜、蘑菇等，可能导致中毒发生。某校学生外出春游，误食山上野果导致集体中毒。三位游客因为吃了山上采来的野生蘑菇，不慎中毒。北京某大学的两名大学生外出旅游，吃了自采的野菜引起中毒。

### 网络订餐 卫生堪忧

许多学生纷纷加入网上订餐专业户行列。河北某高校学生因食用不洁外卖而致食物中毒。武汉某高校大二学生韩某在淘宝网叫了一份外卖，就餐时吃出一串钥匙，还与淘宝方外卖员发生一场冲突。某高校万同学在“饿了么”上预订了某湘菜馆的啤酒鸭盖浇饭，食用后出现腹泻症状。

### 网红食品 也会致命

网红的食品就一定是安全的吗？当然不是。

张家口市的李某随父亲回老家办理身份证准备明年中考，并看望祖父母。当晚，李某父亲在村里的小卖部购买了真空包装的鹌鹑蛋、火腿肠、凤爪、小鱼等副食，搭配祖母从另一家小卖部购买的速冻水饺，一家四口吃了晚饭。次日早晨，李某出现恶心、呕吐、头晕、乏力等症状，被医院初

> 生活可以随意，也不能不在意。

步诊断为急性胃肠炎，并进行了输液治疗。当日下午，李某的父亲、祖父、祖母也出现了相似的不适症状，症状较为明显的祖父被送医院就诊。第三天凌晨，李某因病情加重，经抢救无效身亡。医院对 3 人进行病史询问和详细体格检查，医生高度怀疑患者均为肉毒毒素中毒。经对 3 人的血液、呕吐物进行检测，均检测到剧毒 A 型肉毒毒素，同时检测到金黄色葡萄球菌的 A 型肠毒素，诊断为急性重度肉毒毒素中毒（食源性）、II 型呼吸衰竭等，三人被送进 ICU。

湖北省宜昌市远安县公安局洋坪派出所民警在调查、排查中发现在某饭店聚会的 8 名人员尿检均呈阳性，疑似有吸毒行为。面对这一结果，8 人都觉得很诧异，纷纷表示没有接触毒品。再一查，原来是卤菜馆老板在食物中掺入罂粟果。

22 岁李某，因对自己的身材一直不是很满意，在网上买了一些减肥药。吃了几天后，单身的她莫名其妙分泌乳汁。医生检查后发现，她体内的激素水平很不正常。经询问并查看她购买的减肥药后得知，这是一种激素类的药物，不能乱吃。

## 生活探究

**【知道、识道】**

1. 说说：你或你熟悉的人是否在校外摊点、流动摊贩、小卖部购买过食品？是否采摘食用过野生植物（如野果子、野菜、鲜花等）？是否习惯于网上订餐，或购买网红食品？你在购买食品时，最关注什么（如配料表、生产日期、产品功能、包装等）？

2. 谈谈：你所知道的因购买校外摊点、流动摊贩、小卖部、商店的食品、网红食品，或食用野生植物、果实，或食用自制食品，而出现身体不适或中毒的情况。它给我们的生活、健康造成了哪些影响？

3. 想想：在我们的生活中，还会有哪些食品安全问题，可能导致我们身体不适或食物中毒？

**【问道、得道】**

4. 讨论：结合材料，联系生活实际，分析引起食物中毒的原因并进行归纳整理，探讨在食品安全上还可能会出现什么问题或隐患？

5. 出谋划策：你认为我们能否避免食品安全事故的发生？如果能，该如何避免？如果不能，该如何正确面对，使伤害最小？

6. 取经：食品安全事故的发生给我们什么教训或启示？我们在自己的生活中该如何避免食品安全事故的发生？该如何减少已经发生的食品安全事故的伤害？

**【行道、布道】**

7. 讨论：上述食品安全事故给我们提供了哪些生活警示和安全警示？这些发生的食品安全事故是否会改变你或受害者的生活习惯和行为习惯？

食品安全不只是政府的事，也是每个公民的事。

8. 在我们的日常生活中，我们该如何避免食品安全事故的发生？当食品安全事故发生后，该如何有效应对？并将伤害降到最低限度或预防二次伤害？

9. 我们该做些什么来预防自己、他人发生食品安全事故？或消除、降低隐藏着的其他可能发生的食品安全事故？

## 知识仓库

### 1. 食品安全（food safety）

食品安全是指食品无毒、无害，符合应当有的营养要求，对人体健康不造成任何急性、亚急性或者慢性危害。既有食品数量安全，也有食品质量安全，还有食品可持续安全。其中，食品质量安全是指提供的食品在营养、卫生方面满足和保障人群的健康需要，涉及食物的污染、是否有毒、添加剂是否违规超标、标签是否规范等问题。

### 2. 食物中毒的分类

按病原物质分类可分为：细菌性食物中毒、真菌毒素食物中毒、植物性食物中毒、动物性食物中毒、化学性食物中毒。

（1）细菌性食物中毒是指人们摄入含有细菌毒素的食品而引起的食物中毒。多发生在炎热季节。

（2）真菌毒素食物中毒主要因食入被霉菌及其产生的毒素污染的食品而引起。

（3）引起植物性食物中毒的食品主要有：①将天然含有有毒成分的植物或其加工制品当作食品，如桐油；②将在加工过程中未能破坏或除去有毒成分的植物当作食品，如木薯、苦杏仁等；③在一定条件下产生了大量的有毒成分的可食用的植物性食品，如发芽土豆等。

（4）引起动物性食物中毒的食品主要有：①将天然含有有毒成分的动物或动物的某一部分当作食品，如河豚鱼、猪甲状腺等；②在一定条件下产生了大量的有毒成分的可食用的动物性食品，如贝类、鲐鱼等。

（5）化学性食物中毒。主要包括：误食被有毒害的化学物质污染的食品；因添加非食品级的或伪造的或禁止使用的食品添加剂、营养强化剂的食品，以及超量使用食品添加剂而导致的食物中毒；因贮藏等原因，造成营养素发生化学变化的食品，如油脂酸败造成中毒。

### 3. 食物中毒应急处理原则、措施

（1）应急处理原则：①尽快排除胃肠道内未被吸收的食物。②防止食物被吸收，保护胃肠黏膜。③使用特效解毒剂。④促进已被吸收食物的排泄。⑤根据病情，对症治疗。

（2）应急处理措施：①及时将中毒者送往医院。②在救治过程中对中毒者进行催吐。可以用手指探进咽喉，使胃里的食物吐出。③多喝些盐水、茶、食盐汽水，补充水分、盐分。④若中毒者休克，应让患者平卧。下肢尽量提高，并注意保暖。⑤立即停止食用中毒物品，封存可疑物，保存好中毒现场。⑥及时将中毒情况向所在地的监督部门报告。

> 复命曰常，知常曰明。不知常，妄作凶。知常容，容乃公，公乃全，全乃天，天乃道，道乃久，殁身不殆。
>
> ——《道德经·道经第十六章》

### 4. 能防病的十种食物

某些食物不但可以提供人体必需的能量，还具有防病治病的功效。

（1）肌肉痛：可吃点酸樱桃，喝1~2杯酸樱桃汁，有助于消除肌肉疼痛。因为酸樱桃中富含具有抗炎属性的酶，其镇痛效果与布洛芬相当。

（2）记忆力减退：可吃点葵花籽。葵花籽富含维生素E，有助于保护大脑神经元免受氧化的危害，有助于保持记忆。建议每天吃1~2把葵花籽。

（3）视力差：可吃点甘蓝菜。甘蓝菜等绿叶蔬菜中富含的叶黄素有助于保护视力，缓解老年性黄斑变性。

（4）肌肉损伤：每天吃一个苹果。苹果皮中富含熊果酸，有助于促进胰岛素样生长因子IGF-1和胰岛素的产生，这两种激素对肌肉生长至关重要。

（5）注意力不集中：每天吃一个鸡蛋。鸡蛋中富含胆碱，有助于提高记忆力，使注意力更加集中。

（6）皮肤老化：多吃橘子或者喝橙汁。它们富含维生素C，有助于胶原形成，保持皮肤弹性。

（7）抑郁症：常吃糙米饭。糙米等高碳水化合物和低热量食物，能调节控制情绪和抑制焦虑的血清素。

（8）黑眼圈：饭后喝1杯绿茶。绿茶能够利尿，有助于排除体内不需要的体液，帮助消除黑眼圈和眼袋。

（9）头发干枯：可多吃菠菜。菠菜叶中富含维生素A和维生素C，有助于发囊产生皮脂，让头发更加光亮。

（10）浑身没劲：可多吃一根香蕉。香蕉不仅富含钾，且富含对产生和储存能量至关重要的镁。

> 知人者智，自知者明。胜人者有力，自胜者强。知足者富。强行者有志。不失其所者久。
>
> ——《道德经·道经第三十三章》

## 活动拓展

### 柳宗元买假药写《辨茯神文》

柳宗元因长年笔耕劳累，患有心悸、胸痛病，当地名医嘱其将中药茯神二两煎汤，分三次服。柳按医嘱从市场上买回“茯神”煎服。

服后不久，柳便觉得胸中烦闷更甚，头昏欲吐，精神恍惚。家人急送柳至医处。柳倾其苦衷，怨其医道。老医生甚感奇怪，遂审视柳的家人取来的药渣，发现柳买来的不是茯神，而是老芋。原来，柳先生被江湖药贩所骗，错买了毒芋。

老医生介绍说，毒芋又叫蹲鸱、野芋，主产于钱塘一带，食之有毒，形叶相似如一根，可杀人；茯神是补益上品。二者一补一毒，天地之别。

真相大白，柳先生向医生拱手作揖赔罪。老医生让徒弟将上等茯神取来送给柳先生，让其按法服用。半月后，柳先生病体康复。

> 行端直，则思虑熟；思虑熟，则得事理。行端直，则无祸害；无祸害，则尽天年。得事理，则必成功。
>
> ——《韩非子·解老》

假药野芋冒充茯神出售，可致人中毒，甚至致人于死，老百姓如何识得真假？柳先生欣然运笔，写下了《辨茯神文》：

茯神之神乎，唯饵之良。愉心舒肝兮，魂平志康。
驱开滞积兮，调乎柔刚。和宁悦怿兮，复彼恒长。
休嘉欣合兮，邪怪遁藏。君子食之兮，其乐扬扬。
余迨于理兮，荣卫蹇极。伏杯积块兮，悖不得息。
有医导余兮，求是以食。往沽之市兮，欣然有得。
洛濯爨烹兮，专只尔力。反增余疾兮，昏瞶冯塞。
余骇其状兮，往游于医。征滓而观兮，既笑而嘻。
曰胡昧愚兮，兹谓蹲鸱。处身猬大兮，喜植圩卑。
受气昏顽兮，阴僻敧危。累积星纪兮，以老为奇。
潜苞水土兮，混杂蝝蚳。不幸充腹兮，惟痼之宜。
野夫忮害兮，假是以欺。刮肌刻貌兮，观者勿宜。
中虚以空兮，外泽而夷，误而为饵兮，命或殆而。
今无以追兮，后慎观之。物固多伪兮，知者盍寡。
考之不良兮，求福得祸。书而为词兮，愿寤来者。

> 齐王使使者问赵威后。书未发，威后问使者曰："岁亦无恙邪？民亦无恙邪？王亦无恙邪？"使者不说，曰："臣奉使使威后，今不问王而先问岁与民，岂先贱而后尊贵者乎？"威后曰："不然，苟无岁，何以有民？苟无民，何以有君？故有舍本而问末者耶？"
>
> ——《赵威后问齐使》

【才艺展示】

1. 编写关于宣传食品安全（如流动摊贩、网红食品、网络订餐、自制食品、野生植物及果实、包装食品等）的顺口溜、民谣、歌曲、对联、宣传语、三句半、格言、诗词、标语、警示语等。

2. 编演关于食品安全教育的小品、情景剧、舞蹈、短剧（自选一种食品安全事故类型，自创情境表演。模拟事发经过，演示自救、互救措施）。

3. 辩论：网上订餐（或网红食品、自制食品、包装食品）安全是否有保障？安全与利益谁更重要？商家重视食品安全是否会损害自身利益？

4. 交流你知晓的食品安全事故，说说它们是如何发生的？如何应对的？它给我们什么启迪？

5. 制作宣传避免食品安全事故，发生食品安全事故后的救助、自救方法的手册、连环画、漫画、绘本、展板、海报等。

6. 参与举办"食品与健康"为主题的班会、故事会、经验分享会、演讲赛、知识竞赛、技能大比拼等。

7. 拍摄预防、应对、减少食品安全事故的小视频、照片，用图说、展板、绘画、漫画、小视频、照片，宣传食品安全。

【交流活动】

1. 查阅国内外对"食品安全"的法律规定，或搜索一下我们古代对食品安全的相关规定，并采用一定形式进行交流。

2. 组织学生交流一下自己是如何挑选食品的？是如何对待野生可食植物、动物、果实的？探讨一下，这些做法是否存在安全隐患？

3. 举办关于"食品与安全"专题（或专家）讲座，或举办的讨论会、知识普及会。

4. 组织学生收集整理中国传统文化中有关应对食品中毒的治疗方法、偏方，并通过科学手段验证后交流。

5. 组织中学生参加“食品与安全”“环境与食品安全”“法律与食品安全”的知识展、读书会、诗词会。

**【信息共享】**

请同学们收集整理有关“食品安全”的歌曲，并粘贴于此处。

粘　贴

## 酒　肆　行

唐 · 韦应物

豪家沽酒长安陌，一旦起楼高百尺。碧疏玲珑含春风，银题彩帜邀上客。
回瞻丹凤阙，直视乐游苑。四方称赏名已高，五陵车马无近远。
晴景悠扬三月天，桃花飘俎柳垂筵。繁丝急管一时合，他垆邻肆何寂然。
主人无厌且专利，百斛须臾一壶费。初醲后薄为大偷，饮者知名不知味。
深门潜酝客来稀，终岁醇醲味不移。长安酒徒空扰扰，路傍过去那得知。

周代：五谷不时，果实未熟，不粥于市。禽兽鱼鳖不中杀，不粥于市。

——《礼记》

诸食脯肉，脯肉毒杀、伤、病人者，亟尽孰（熟）燔其余。其县官脯肉也，亦燔之。当燔弗燔，及吏主者，皆坐脯肉臧（赃），与盗同法。

——汉朝《二年律令》

脯肉有毒，曾经病人，有余者速焚之，违者杖九十；若故与人食并出卖，令人病者，徒一年，以故致死者绞。

——《唐律疏议》

【认识活动】

1. 在本班（或年级、或学校）调查、走访，调查中学生校外就餐，流动摊贩、小卖部、小超市购买食品，或在小餐馆、网上订餐情况（包括意识、态度、做法、现状），并查找食品安全隐患，提出应对之策。

2. 组织学生调查家庭成员到小卖部、流动摊点、菜市场、超市购买散装食品、小包装食品、自制食品情况（包括意识、态度、做法、现状），分析食品安全存在的隐患，提出预防、应对的方法、措施。

3. 运用信息技术搜索整理本年度发生的食品安全事故，寻找事故发生的原因，提出大范围控制食品安全事故的措施、建议。

4. 组织学生观看反映食品安全事故及其预防与应对的影视作品，评估自身意识、行为及生活环境可能发生食品安全的风险。

5. 讨论、辩论：网红食品、网上订餐、自制食品、包装食品、散装食品的利弊。

6. 组织学生到学校周边或学习生活所处地周边商铺、餐饮店调研，收集相关食品安全的资料，寻找可能存在的食品安全隐患，并向相关管理部门提出整改的意见草案。

【实践活动】

1. 用所学物理、化学、生物等知识，通过实验等方式，分析相关食品的安全问题产生的原因、危害，并做出相关风险提示；或分析食物的营养成分和特点，提出饮食建议。

2. 在班级、年级、学校、社区、家庭、公共场所，开展有效防范食品安全事故、应对食品安全事故的措施的志愿宣传活动，检测预防食品安全事故发生的措施是否到位。

3. 用展板、集会、沙龙、演讲等形式，分享自己和身边发生的食品安全事故的经验教训。

4. 创新、发明快速、方便检测食品毒性、卫生安全状况，或能预警食品安全事故发生的简易工具。

5. 收集整理中国传统古代或国外应对食品安全的措施，或收集整理我国古代应对食品安全事故的单方、偏方。

6. 搜集有关食品添加剂的资料，举出其中一种并运用化学知识介绍它的用途。

祸不妄至，福不徒来。——《史记·龟策列传》

## 实践探究

### 《黄帝内经·素问·热论》

黄帝问曰：今夫热病者，皆伤寒之类也，或愈或死，其死皆以六七日之间，其愈皆以十日以上者，何也？不知其解，愿闻其故。

岐伯对曰：巨阳者，诸阳之属也。其脉连于风府，故为诸阳主气也。人之伤于寒也，则为病热，热虽甚不死，其两感于寒而病者，必不免于死。

帝曰：愿闻其状。岐伯曰：伤寒一日，巨阳受之，故头项痛，腰脊强。

二日阳明受之。阳明主肉，其脉侠鼻，络于目，故身热目痛而鼻干，不得卧也。

三日少阳受之，少阳主胆，其脉循胁络于耳，故胸胁痛而耳聋。三阳经络，皆受其病，而未入于脏者，故可汗而已。

四日太阴受之太阴脉布胃中，络于嗌，故腹满而溢干。

五日少阴受之。少阴脉贯肾，络于肺，系舌本，故口燥舌干而渴。

六日厥阴受之。厥阴脉循阴器而络于肝，故烦满而囊缩。

三阴三阳，五脏六腑皆受病，荣卫不行，五脏不通，则死矣。

其不两感于寒者，七日巨阳病衰，头痛少愈；八日阳明病衰，身热少愈；九日少阳病衰，耳聋微闻；十日太阴病衰，腹减如故，则思饮食，十一日少阴病衰，渴止不满，一古干已而嚏，十二日厥阴病衰，囊纵，少腹微下，大气皆去，病日已矣。

帝曰：治之奈何？岐伯曰：治之各通其脏脉，病日衰已矣。其未满三日者，可汗而已；其满三日者，可泄而已。

帝曰：热病可愈，时有所遗者，何也？岐伯曰：诸遗者，热甚而强食之，故有所遗也。若此者，皆病已衰而热有所藏，因其谷气相薄，两热相合，故有所遗也。帝曰：善。治遗奈何？岐伯曰：视其虚实，调其逆从，可使必已矣。

帝曰：病热当何治之？岐伯曰：病热少愈，食肉则复，多食则遗，此其禁也。

帝曰：其病两感于寒者，其脉应与其病形何如？岐伯曰：两感于寒者，病一日则巨阳与少阴俱病，则头痛口干而烦满；二日则阳明与太阴俱病，则腹满身热，不欲食谵言，三日则少阳与厥阴俱病，则耳聋囊缩而厥。水浆不入，不知人，六日死。

帝曰：五脏已伤，六腑不通，荣卫不行，如是之后，三日乃死，何也？岐伯曰：阳明者，十二经脉之长也，其血气盛，故不知人，三日其气乃尽，故死矣。

凡病伤寒而成温者，先夏至日者，为病温，后夏至日者，为病暑。暑当与汗皆出，勿止。

### 《本草纲目·菜部·蒜》

明·李时珍

释名：小蒜、茆蒜、荤菜。

气味：（根）辛、温、有小毒。

主治：时气温病（初起头痛壮热，脉大）。用小蒜一升捣汁三合，一次服下。不愈，可再服一次。

干霍乱（不得吐泻）。用小蒜一升，水三升煮取一升，一次服下。

长年心痛，用小蒜煮成浓汁，勿沾盐，饱食，有效。

疟疾。用小蒜不定量，研为泥，加黄丹少许，做成丸子，如芡子大。每服一丸，新汲水送下。

恶核肿结。用小蒜、吴茱萸等分，捣烂敷患处。

小儿白秃（头上团团白色）。有蒜切细每日擦患处。

蛇蝎螫人。有小蒜捣汁内服，外以蒜渣敷伤处。

今有不才之子，父母怒之弗为改，乡人谯之弗为动，师长教之弗为变。夫以父母之爱、乡人之行、师长之智，三美加焉，而终不动，其胫毛不改。州部之吏，操官兵，推公法，而求索奸人，然后恐惧，变其节，易其行矣。故父母之爱不足以教子，必待州部之严刑者，民固骄于爱、听于威矣。

——《韩非子·五蠹》

【才艺展示】

1. 编写中学生食品安全事故发生原因、应对方法、预防措施的小册子、连环画、漫画册等。

2. 创作、表演描写预防或应对食品安全事故（方法、措施）或食品安全事故发生原因、过程（购物，采摘野生可食植物、果实）的歌剧、舞蹈、歌曲、小品、相声等。

3. 用自己所学专业（物理、化学、生物等）的知识，设计、制作简易检测食品被污染或有毒、不可食的技术、工具。

4. 收集可食野生植物的图片、知识及鉴别方法（与易混、相似野生植物、果实对比），整理成册。

5. 制作并播放人们购买食品或采摘野生可食植物、果实过程中存在食品安全隐患的微视频、短片。

6. 在调查的基础上，分析中学生喜欢购买具有特色的食品的原因，以及存在的安全隐患，就如何规避食品安全风险向有关部门提出建议。

【创新发展】

1. 开办应对食品安全的市民论坛、网站、专栏、社区交流平台、主题晚会等，传播正确选择、食用安全食品的技巧、方法。

2. 收集、整理世界各国关于食品安全事故预防、自救、处理方法和检测技术与设备以及加强队伍建设的做法，为我国完善食品安全制度提出建议。

中华文化博大精深，会给我们提供不竭的智慧和力量。

3. 收集中学生关于发生食品安全事故的案例，开办一次食品安全与健康生活的交流论坛或主题班会。

4. 在班级、年级、学校、家庭、社区发出呼唤“科学饮食、健康生活”的倡议书或建议书。

5. 运用所学知识，揭示引起食物中毒的机理，并提出科学避免食物中毒的措施与方法。

6. 运用科学技术手段，引导人们识别、规避食品安全上的谣言，或不受食品安全谣言影响。

## 我的收获

俗话说“民以食为天”，“病从口入”。《论语》曰：“食噎而谒，鱼馁而肉败，不食。色恶，不食。失饪，不食。不时，不食。割不正，不食。”遵守食品安全规则，预防和避免食品安全事故发生，我会这样做：

## 相关链接

1. 国家市场监督管理总局食品安全抽检监测司：http：//www. samr. gov. cn/spcjs/
2. 食品安全抽检公布结果查询系统：http：//sac. nifdc. org. cn/
3. 网络食品安全新规：http：//www. 66law. cn/topic2012/2016spaqxg/

重积德，则无不克。——老子

## 饮膳正要（节选）

元·忽思慧

汉武帝东巡泰山下，见老翁锄于道，背上有白光高数尺。帝怪而问之，有道术否？老翁对曰：臣昔年八十五时，衰老垂死，头白齿落，有道士者，教臣服枣，饮水，绝谷，并作神枕法，中有三十二物。内二十四物善，以当二十四气；其八物毒，以应八风。臣行转少，黑发更生，堕齿复出，日行三百里。臣今年一百八十矣，不能弃世入山，顾恋子孙，复还食谷，又已二十余年，犹得神枕之力，往不复老。武帝视老翁，颜壮当如五十许人，验问其邻人，皆云信然。帝乃从授其方作枕，而不能随其绝谷，饮水也。

# 第 2 课　拒绝毒品要坚决

## 生活警示

### 吸毒丢命的中学生

广西省某民族中学七年级学生陈某，与同学一起去娱乐场所，因好奇心驱使，并受毒贩诱惑，沾染毒品，吸食 K 粉半年多。

学校期中考试后，陈某回到家中，坐在客厅沙发上，突然口吐白沫倒在地上，四肢抽搐，神志不清，家人赶紧拨打了 120 急救电话。

医生诊断："吸毒过量。"经过几个小时的抢救，也没能留住陈某的生命。同时，该县公安局民警也来到医院为陈某做了尿检，证明他曾吸食毒品 K 粉，医院也认定陈某是过量吸食 K 粉而导致呼吸循环衰竭，最终死亡的。

### "排队等死"的中国女孩

有一批中国女孩，在海关被拦，被判处死刑。这些女孩家境不错，受过良好的教育，英文好，有护照，曾出国旅游，部分女孩还拥有海外留学经历。

小何大学毕业后，认识了非洲男子 S，并发展成为男女朋友。S 经常出钱让小何出国旅游，并告诉小何自己是经营服装贸易的。每次出国旅游，S 都会要求她帮忙带些服装样品回国，并支付几千块不等的佣金。她很清楚样品存在猫腻，多半携带了非法物品。她母亲也多次告诫她，这可能已触犯了法律。但在出国旅游、丰厚报酬、恋爱升温的多重诱惑下，她不听母亲的劝告，继续进行着这种明知道违法的不当交易。当一次出国旅行结束，由厦门海关入境时，被机场人员直接拦截，并在她的手提包中发现了 898.7 克毒品。小何为自己的行为付出了代价，最终被判处死刑！

### 小心"毒蛋糕""毒蘑菇"

部分旅荷中国公民为满足好奇心，在"大麻店"（Coffeeshop）吸食"大麻蛋糕""迷幻蘑菇"等软性毒品，导致精神恍惚，行为失控，给自己带来不必要的麻烦。

荷兰对软性毒品采取"宽容政策"，但购买、持有、吸食或出售相关毒品仍受荷兰法律严管，将在荷兰购买的软性毒品带到他国也属犯罪行为。

> 夫鱼见饵不见钩，虎见羊不见阱。猩猩见酒不见人，非不见也，迷于所美而暇顾也。
>
> ——明 · 吕坤《呻吟语》

### 远离毒品　美好人生

4月5日、7日，刑满释放人员李某通过微信等方式与吸毒人员林某某商谈毒品交易事宜后，在福建省霞浦县一小区先后两次向林某某出售甲基苯丙胺（冰毒）各1包，收取毒资250元。同月8日12时许，李某在霞浦县松港街道欲再次向林某某出售甲基苯丙胺时被当场抓获。公安人员从李某身上查获2小包甲基苯丙胺，重1.59克，从李某住处卧室床头柜的抽屉内查获10小包甲基苯丙胺，共计重约28.07克。法院依法对被告人李某判处有期徒刑十一年九个月，并处罚金人民币五千元。

广西陆川县大桥镇谢某，在家中容留4名成年人及4名未成年人吸食毒品，被正在例行检查的公安人员当场抓获，当场从谢某的电脑台抽屉内查获1包冰毒，重526.5克。经依法对上述人员进行尿检，结果均呈氯胺酮阳性。法院依法对谢某以非法持有毒品罪判处有期徒刑八年，并处罚金人民币五千元；以容留他人吸毒罪判处有期徒刑一年，并处罚金人民币二千元，决定执行有期徒刑八年六个月，并处罚金人民币七千元。

杨某、赵某长期从事化学品研制、生产、销售及化学品出口贸易工作，生产并销售包括5F-AMB在内的大量化工产品。2015年10月1日，5F-AMB被国家相关部门列入《非药用类麻醉药品和精神药品管制品种增补目录》，禁止任何单位和个人生产、买卖、运输、使用、储存和进出口。两人明知5F-AMB已被国家列入毒品管制仍贩卖、运输，被公安人员抓获。公安人员从其租用的冷库内查获33.92千克5F-AMB。法院依法对两被告人判处死刑，缓期二年执行，剥夺政治权利终身，并处没收个人全部财产。

## 生活探究

**【知道、识道】**

1. 说说：你接触过毒品或含毒食品吗？如果有机会吸食毒品，你会尝试吸食吗？如果别人用鼓动、激将、挖苦等手段希望你尝试或携带毒品、含毒食品，你怎么办？发现自己因被人欺骗而吸食毒品后，你会怎么处理？

2. 谈谈：你出境旅游到毒品合法化的国家时，发现有如毒品、毒品蛋糕、毒品饮料、毒品零食等，你会尝试食用、携带它吗？如果别人用各种手段鼓动你尝试、携带毒品或含毒食品，你会同意吗？

3. 想想：你身边有同学、朋友或认识的其他人中，有吸食毒品、食用含毒食品吗？你还知道（所见所闻或道听途说）哪些吸食、携带毒品或含毒食品的事情？

**【问道、得道】**

4. 讨论：是什么导致他们染上毒瘾的？归纳吸食、携带毒品、染上毒瘾的原因，你觉得通过他们的事例，得到的教训是什么？

5. 分析：根据上述案例，这种事情的发生给他们造成了什么影响？偶尔吸食毒品或食用含毒食品会有什么后果？染上毒瘾后的后果或影响有哪些？

6. 出谋划策：你还知道哪些引诱人们尝试、吸食、携带毒品和含毒食品的途径和方法？你对引诱人们尝试、吸食、携带毒品和含毒食品有何有效应对办法？

【行道、布道】

7. 讨论：上述案例中，我们能得到什么启示或警示？你能与同学们分享你的心得吗？面对你认识的人想尝试毒品或含毒食品饮料，你会是什么态度？

8. 分享：你听到过有关毒瘾或网瘾发作的案例或看过相关的影视片吗？能与大家分享吗？寻找避免携带、吸食毒品（含毒食品），染上毒瘾或网瘾的方法。

9. 传道：引导青少年远离毒品，预防吸毒、随毒、运毒、贩毒、制毒，你有何建议？

## 知识仓库

请同学们收集整理各种毒品的图片，并粘贴于此处。

粘　贴

### 1. 引诱吸毒犯罪的招数

①谎称“毒品吸一两次不会上瘾”；　②声称“吸毒可以治病”；

③“免费派送摇头丸”；　④把毒品混在香烟里或掺入饮料中；

⑤用花言巧语来引诱、蒙骗青少年上当；　⑥伪造“吸毒可以减肥健美”的神话。

### 2. 警惕新型毒品

①奶茶。警惕新型毒品“奶茶”，其外在形态为粉末状，多用奶茶、咖啡、茶叶包等包装掩饰，即冲即饮，冲泡后散发奶茶香味，却混合了冰毒、K 粉，成瘾性强，毒性巨大。如包装上标明“清新柠檬风味”“铁观音”“立顿奶茶”的饮品，外观与普通小包装奶茶无异，但制作粗糙，上面没有基本成分和食用方法的说明。用手指捻摸，发现里面是均匀细致的粉末。主要成分是氯胺酮、MDMA 等多种成分，遇水即溶。

②止咳水。联邦、立健亭、奥亭……它们的俗名都叫止咳水，主要成分为磷酸可待因，其代谢物就是吗啡。止咳水喝多了，吗啡的成瘾性就凸显出来了。

③阿拉伯茶。恰特草俗称“阿拉伯茶”，价格便宜，效果与海洛因相似，毒性惊人，会造成极度精神成瘾，而且其外形极具迷惑性，稍不注意就会以为是茶叶或者青菜。

④浴盐。浴盐是一种新型的致幻剂，颜色斑斓，实际上是一种高效精神类药物——卡西酮的高纯度结晶。浴盐是现今最厉害的毒品，食用后会感觉自己是个巨人，并且刀枪不入。

⑤跳跳糖。跳跳糖遇水即溶，即冲即饮，与各种饮品混合后口味都不发生变化，甚至香味相似。这种新型毒品后劲很强，喝一次，大脑两天都会处于兴奋中。

⑥红冰。红冰形如紫晶，状如大粒海盐。它的威力至少是普通冰毒的两三倍，一旦吸上便深陷毒瘾，而且用量持续增长，吸毒人称染“红冰”者命不长了。

⑦麻古，也称麻果，属于冰毒的加工品，即含甲基苯丙胺的片剂。片剂表面上通常刻有“WY”“888”等，也有少数无刻痕。颜色以暗红色为主，还有鲜红、粉红、紫红、绿色、淡绿、橙色、棕色等。主要毒性成分是甲基苯丙胺，其毒性、滥用症状、体内过程与冰毒晶体相同。

⑧神仙水，学名“伽马-羟基丁丙酯”，俗称液态快乐丸，是一种无色、无味的液体，通常被制成喷雾状或胶囊状以便于食用。神仙水能刺激神经，使心血管快速扩张，引起头晕、心悸、视力模糊和贫血。由于它起效快，不出 2 分钟就能让人昏睡，10 多分钟就能让人昏迷不醒，许多不法之徒还利用它来作案。

⑨“0 号胶囊”。主要是充当女性角色的男同在使用，故得名“0 号胶囊”。使用后会对人体机能造成伤害，出现亢奋及幻听、幻视等现象，会使安全套使用率在男男性行为中大大降低，从而为性病、艾滋病的传播提供了土壤。

⑩“开心果”。它是比摇头丸还厉害的新型毒品，其毒性和危害性比“摇头丸”更甚。

⑪黄皮。土制的海洛因，是海洛因的一种衍生物，与海洛因在化学成分上没有区别。

⑫迷幻蘑菇。它是一种天然植物，与普通蘑菇相比，迷幻蘑菇的茎较粗，顶部亦尖长及细小。食用这种蘑菇能改变人的性格，使人变得更具有开放性，至少可以持续一年。

### 3. 新精神活性物质（毒品）

合成大麻素类制品多以香料、花瓣、烟草、电子烟油等形态出现，代表制品包括“小树枝”“香料”“香草烟”等。一般认为它们的成瘾性和戒断症状类似天然大麻，长期吸食会导致心血管系统疾病以及精神错乱，同时也存在致癌的风险。

卡西酮类已达上百种，常以“浴盐”“植物肥料”“除草剂”“研究性化学品”等名称伪装出售，多是粉末和片剂。吸食卡西酮类物质能导致类似甲基苯丙胺的兴奋作用和类似麦角酸二乙胺（LSD）的致幻作用，同时还伴有心动过速、血压升高等反应。滥用者往往会加大用量并持续吸食以获得预期的兴奋感，从而导致更为严重的大脑损伤，导致精神错乱、自残及暴力攻击他人。

芬太尼属于阿片类物质，芬太尼类新精神活性物质均为芬太尼的衍生物，是人工合成的强效麻醉性镇痛药，药理作用与吗啡类似。有报道的芬太尼类新精神活性物质约 60 余种，目前我国已列管了卡芬太尼、呋喃芬太尼等 23 种，涵盖国际禁毒公约管制的全部芬太尼类物质。吸食芬太尼类新精神活性物质副作用是瘙痒、恶心、呼吸抑制；由于此类物质药效较强，极少量的摄入即可对人体造成伤害乃至危及生命，美国已出现上万起滥用芬太尼类物质致死案例。

苯乙胺类在低剂量摄入后，它们主要产生类似吸食苯丙胺类药物的兴奋作用；在高剂量摄入后，则产生类似吸食麦角酸二乙胺（LSD）和麦斯卡林的强烈致幻作用，长期滥用该类物质会导致精神错乱。该类物质具有兴奋能力强、持续时间长的特点，一次大量使用会导致心动过速、血压上升、肝肾功能衰竭等急性中毒症状，甚至可以引发抽搐、脑中风致死。长期滥用则会导致多巴胺能神经元发生退行性病变，使滥用者精神错乱，出现妄想和抑郁等症状。

哌嗪类新精神活性物质一般为苯基哌嗪或苄基哌嗪的衍生物。与甲基苯丙胺、MDMA 等药物相比，该类药物的兴奋和致幻作用比较温和，且持续时间更长。

色胺类物质吸食后能使人体产生强烈的幻觉，是“0 号胶囊”的主要成分，以胶囊、片剂、粉末、液体等多种形式出售。

植物类新精神活性物质主要包括恰特草（Khat）、卡痛叶（Kratom）、鼠尾草（Salvia divinorum）。

恰特草。主要活性成分为卡西酮，具有兴奋和轻微致幻作用。一般以新鲜的植物出售，也有卖干叶子的和酒精提取物的。吸食方式一般是咀嚼恰特草的叶子和嫩芽，也有沏茶的。

卡痛叶。主要活性成分为帽柱木碱和 7-羟基帽柱木碱，具有类似吗啡的麻醉作用。卡痛叶的新鲜叶子一般是咀嚼，干燥叶子的粉末一般是口服或煮茶。

鼠尾草。主要活性成分为二萜类物质，具有强烈致幻作用。鼠尾草一般以种子或叶子出售，也有卖液体提取物的。鼠尾草的新鲜叶子一般是咀嚼，或是捣碎冲泡饮用，干叶子以抽烟的方式吸食。

### 4. 合成毒品

“开心水”也被叫做 HAPPY 水，是一种无味、透明、液态的毒品，一般含有冰毒、氯胺酮、苯丙胺、MDMA 等毒品成分中的一种或者几种。

## 活动拓展

### 治 未 病

扁鹊见蔡桓公，立有间。扁鹊曰：“君有疾在腠理，不治将恐深。”桓侯曰：“寡人无疾。”扁鹊出。桓侯曰：“医之好治不病以为功。”居十日，扁鹊复见曰：“君之病在肌肤，不治将益深。”桓侯不应。扁鹊出。桓侯又不悦。居十日，扁鹊复见曰：“君之病在肠胃，不治将益深。”桓侯又不应。扁鹊出。桓侯又不悦。居十日，扁鹊望桓侯而还走，桓侯故使人问之。扁鹊曰：“病在腠理，汤熨之所及也；在肌肤，针石之所及也；在肠胃，火齐之所及也；在骨髓，司命之所属，无奈何也。今在骨髓，臣是以无请也。”居五日，桓侯体痛，使人索扁鹊，已逃秦矣。桓侯遂死。故良医之治病也，攻之于腠理。此皆争之于小者也。夫事之祸福亦有腠理之地，故圣人蚤从事焉。

——《韩非子·喻老》

### 其未兆易谋

昔晋公子重耳出亡，过郑，郑君不礼。叔瞻谏曰：“此贤公子也，君厚待之，可以积德。”郑君不听。叔瞻又谏曰：“不厚待之，不若杀之，无令有后患。”郑君又不听。及公子返晋邦，举兵伐郑，大破之，取八城焉。晋献公以垂棘之璧假道于虞而伐虢，大夫宫之奇谏曰：“不可。唇亡而齿寒，虞、虢相救，非相德也。今日晋灭虢，明日虞必随之亡。”虞君不听，受其璧而假之道。晋已取虢，还，反灭虞。此二臣者皆争于腠理者也，而二君不用也。然则叔瞻、宫之奇亦虞、虢之扁鹊也，而二君不听，故郑以破，虞以亡。故曰：“其安易持也，其未兆易谋也。”

——《韩非子·喻老》

思考：上述材料给我们远离毒品，打赢禁毒战有什么启示？

远离毒品，不是与我无关，不是喊喊口号就行，更不能无所谓；需要“治未病”，也需要“其未兆易谋”。这不仅要从苗头抓起，从细节抓起，从行为习惯抓起；更要从我做起，从现在做起。大家一起努力，全民参与，我们一定能打赢禁毒战。

【才艺展示】

1. 撰写表现“远离毒品”的顺口溜、民谣、对联、宣传语、三句半、格言、诗词并开展比赛，展示比赛成果。

2. 用图说、绘画、漫画、文字等方式，制作宣传戒毒、拒绝毒品的方法的海报、展板、黑板报、宣传专栏等。

3. 表演吸食、贩卖、运输、让他人吸食或携带毒品（包括含毒食品）产生严重后果，或机智应对吸毒、贩毒、运毒诱惑的情景剧、小品、舞剧、相声等。

4. 收集整理“远离毒品”的方法及措施，并上传到自己的网络空间、现代社交平台（如QQ、微信、微博等）。

5. 收集并向同学们讲述毒贩的系列毒招，向同学们传授识别毒品、含毒食品的方法。

6. 举办沙龙、故事会、读书会、诗词会、讲座，交流自己知道的“远离毒品”的经验体会。

7. 组织学生比一比沾染毒品前后的变化，算一算吸食、携带、贩卖毒品的经济账、生命账、尊严账。

【交流活动】

1. 举办中学生“远离毒品”的主题班会、主题征文、短文比赛、演讲比赛、识别毒品和含毒食品的知识或技能竞赛。

2. 举办宣传“远离毒品”的演出活动，交流“远离毒品”经验、方法，并上传到网络、社交平台上。

3. 开展拍摄宣传“远离毒品”的小视频、照片比赛展示活动。

4. 收集有关“远离毒品”的正确方法和策略，并整理成册，到公共场所发放。

5. 用列举、讲述、讨论等方式，谈谈毒品、吸毒、藏毒、贩毒、容留吸毒的危害。

6. 组织观看戒毒、禁毒影视，并开展座谈，交流心得体会或感悟，开展远离毒品的签名倡议活动。

7. 组织旁听法院审理制运卖藏毒等审判活动，并撰写“远离毒品”的倡议或建议书。

【信息共享】

请同学们收集整理有关禁毒方面的歌曲，并粘贴于此处。

粘　贴

【认识活动】

1. 开展中学生对毒品、禁毒形势、远离毒品的意识与行为的调查，并对调查结果进行分析，寻找风险存在的原因、产生的影响，积极寻求解决问题的对策。

2. 走进社区，走访吸食、携带毒品人员家庭，了解吸食、携带毒品产生的危害和后果，收集禁毒、戒毒的方法、建议。

3. 上网收集毒品危害及涉毒产生严重生理、法律、经济后果的典型案例，形成对毒品及涉毒危害的正确认识。

4. 通过鲜活的事例开展主题为“远离毒品”的讲座或辩论活动。

5. 组织参加禁毒展览，交流辨识各类毒品及含毒食品等的技巧方法，了解毒品入侵人们生活的方式，思考学生如何远离毒品，并与同学们分享交流。

6. 收集吸（含容留、提供）、携、贩、藏、卖毒品的危害的事例，归纳其吸毒、携带毒品、贩卖毒品的主客观原因，以及给人们的警示。

【实践活动】

1. 收集吸毒、携带毒品、贩卖毒品并导致严重后果的真实案例，分析、归纳其吸毒、携带毒品、贩卖毒品的主客观原因，并寻找解决措施及办法，整理分享。

2. 收集人们“远离毒品”的实例、方法、技巧，并从中学生的学习、生活、出行、娱乐各个方面提一些禁毒、防毒、远离毒品的小妙招并整理成册。

3. 在社区开展有关“远离毒品”的社会调查，了解禁毒状况，并形成报告、论文，梳理相应的应对措施。

4. 开展“远离毒品”的志愿服务宣传活动，制作并发放禁毒宣传资料，介绍远离毒品的经验、方法，发出“远离毒品”的倡议。

5. 向相关国家机关举报吸毒、藏毒、运毒、贩毒、制毒等涉毒行为。
6. 设计“远离毒品”测试表，检测人们身边存在的毒品、网瘾风险，并做出相关风险提示。
7. 运用所学知识，开展动物吸食毒品后果的实验观察、实验活动，了解毒品的毒性及危害。

## 实践探究

### 中国禁毒史

约于明朝时，鸦片在中国出现。“明神宗”朱翊钧是明朝在位时间最长的皇帝，但他也是“鸦片皇帝”，在朝四十八年长年不理朝政，其原因就是中鸦片之毒。

中国是世界上禁毒最早的国家，已有二百多年的历史。中国也是世界上禁毒立法最早的国家，中国最早的禁毒法规是1729年（雍正七年）清廷颁布的禁烟诏令。

1839年6月清朝道光皇帝颁布的《钦定严禁鸦片烟条例》，是中国第一部比较完整的禁毒法律。光绪于1906年正式颁布了十年为限禁绝烟毒上谕，开始清王朝20世纪第一次由政府发动的全国范围轰轰烈烈的禁烟运动。

1838年12月，道光皇帝任命林则徐为钦差大臣前往广东查禁鸦片。

1909年2月1日，国际鸦片委员会会议在中国上海外滩汇中饭店召开，史称“万国禁烟会”。来自中、美、英、法、国、俄、日、意、荷、葡、奥匈帝国和暹罗（今泰国）、波斯（今伊朗）等13个国家的41名代表齐聚一堂，共商禁烟大计。这是世界上第一次国际禁毒会议，会议催生了首部国际禁毒公约——1912年《海牙鸦片公约》的缔结，有力地推动了世界禁毒斗争的开展。万国禁烟会在国际禁毒史上具有里程碑意义。

1927年4月18日，国民政府颁行禁烟誓行章程，言明三年内禁绝鸦片。1928年7月，该政府陆续公布“全国禁烟会议组织条例”“禁烟委员会组织条例”“禁烟法”“禁烟法施行条例”。1928年11月，全国禁烟会议在南京召开，会上宣读了全国禁烟会议大会誓词，发布了《全国禁烟会议宣言》。

1935年4月，国民政府民事委员会向全国发布禁烟通令，并公布《禁烟实施办法》。这是中国近代史上一次非常重要的禁烟运动。国民政府为禁烟禁毒做出了很大努力，在禁种、禁售、禁吸、禁运等各方面都取得了相当大的成效。

1950年2月，中央人民政府政务院发布《关于严禁鸦片烟毒的通令》。中国共产党充分发挥社会主义制度的优越性，坚持严厉惩办与改造教育相结合，收缴毒品，禁种罂粟，封闭烟馆，严厉惩治制贩毒品活动，八万多名毒贩子被判处刑罚，二千万名吸毒者被戒除毒瘾，并结合农村土地改革根除了罂粟种植。短短三年，就基本禁绝了为患百余年的鸦片烟毒，创造了举世公认的奇迹。至此，我国以“无毒国”享誉世界近30年。

1987年6月，在奥地利首都维也纳召开了“麻醉品滥用和非法贩运的问题国际会议”，这是部长级国际禁毒会议，有138个国家的3000多名代表参加了6月26日的大会，会议结束时与会代表一致通过决议，将每年的6月26日确定为国际禁毒日，以引起世界各国对毒品问题的重视，号召全世界人民共同抵御毒品危害。

罪莫大于可欲，祸莫大于不知足，咎莫大于欲得。

2007 年 12 月 29 日，第十届全国人民代表大会常务委员会第三十一次会议通过《中华人民共和国禁毒法》，国家主席胡锦涛以第七十九号令公布，自 2008 年 6 月 1 日起施行。2011 年 6 月 22 日，国务院第 160 次常务会议通过《戒毒条例》，1995 年 1 月 12 日国务院发布的《强制戒毒办法》同时废止。

由于英、美等西方国家在世界推销鸦片等历史因素和全球毒品消费市场逐年增长的现实因素，催生了金三角（老挝、泰国、缅甸三国接壤地区）、金新月（阿富汗、巴基斯坦、伊朗）、银三角（南美地区）全球三大毒源地。这三大毒源地中有两个与我国毗邻。特别是由于我国西南边境毗邻世界最主要的毒源地金三角，造成毒源地的毒品大量流入我国，部分经我国中转走私到其他国家和地区。

20 世纪 90 年代之前，在我国境内的吸毒者基本上以吸食传统毒品为主，此后逐渐向合成毒品发展。近些年来，冰毒、摇头丸等合成毒品正逐步替代传统毒品成为世界主流毒品，一些新型毒品和制毒技术不断通过东南沿海地区，由境外流入境内。从地区范围看，吸毒者的分布一般农村多于城镇。

古秦之俗，君臣废法而服私，是以国乱兵弱而主卑。商君说秦孝公以变法易俗而明公道，赏告奸、困末作而利本事。当此之时，秦民习故俗之有罪可以得免，无功可以得尊显也，故轻犯新法。于是犯之者其诛重而必，告之者其赏厚而信，故奸莫不得而被刑者众，民疾怨而众过日闻。孝公不听，遂行商君之法。民后知有罪之必诛，而告私奸者众也，故民莫犯，其刑无所加。是以国治而兵强，地广而主尊。此其所以然者，匿罪之罚重，而告奸之赏厚也。

——《韩非子·奸劫弑臣》

【才艺拓展】

1. 编绘“认识毒品、远离毒品”的小宣传册、连环画，并展示编绘成果。

2. 创作“远离毒品”的歌曲、歌剧、话剧、舞蹈作品，并开展展演活动。

3. 创作表现涉毒（如吸食、携带、运输、贩卖、制造毒品，或让他人吸食、携带毒品或含毒食品）产生严重后果，或机智应对“毒品”的诱惑的小品、相声、戏剧作品，并进行展演。

4. 收集出境游风险或含毒食品风险，整理正确应对出境游风险及含毒食品的方法，并为出境游的乘客制作随身携带的温馨提示卡或风险警示册。

5. 通过自己的走访、观察，创作能起到警示作用的“远离毒品”的绘画、漫画、诗歌作品，并开展绘画展、漫画展、诗歌比赛等活动。

6. 拍摄能起到警示宣传作用的“远离毒品”微电影、视频或照片，并开展视频、摄影比赛活动，或上传社交平台或全国禁毒网，或参加全国禁毒微视频摄影大赛。

【创新发展】

1. 设计志愿活动方案，并到地铁站、学校、社区开展“远离毒品”的志愿服务宣传活动，并对活动进行总结或利用美篇进行报道。

2. 制作校园“远离毒品”的网页，设计“远离毒品”测试表，设计预防“远离毒品”的 App。

3. 走进大学实验室，在大学老师的指导下，利用所学知识开展辨别毒品实验、寻找毒瘾戒除的措施。

4. 走进植物园、植物研究机构，寻找植物罂粟，并写出对罂粟的观察报告。

5. 开展动物吸食含毒品食品后果的实验观察活动，探寻其中危害，探索相关解毒技术。

6. 开发能监测、规避毒品风险的技术软件，预防不经意导致吸毒、贩毒的风险，或能有效预防毒瘾的软件。

7. 开展禁毒现状与发展趋势的课题研究，了解禁毒特点，揭示禁毒规律，并提出下阶段禁毒的政策性建议。

## 我的收获

青春是美好的，生命是珍贵的，我们是祖国的未来，是民族的希望，我们要努力成长为社会主义建设者和接班人，为建设美丽中国而不懈努力。在我们成长的过程中，总会遇到各种诱惑，如毒品等，为了美好的未来，我们该如何“远离毒品”？

## 相关链接

中国禁毒展览馆：www. 626china. com

中国禁毒网：http：//www. nncc626. com/

中国禁毒微信：onncc626

故曰：“图难于其易也，为大于其细也。”千丈之堤，以蝼蚁之穴溃；百步之室，以突隙之烟焚。故曰：白圭之行堤也塞其穴，丈人之慎火也涂其隙，是以白圭无水难，丈人无火患。此皆慎易以避难，敬细以远大者也。

——《韩非子·喻老》

# 第二章 尊重科学、守护人身安全

人身安全，从广义上讲，包括人的生命、健康、行动自由、住宅、人格、名誉等安全。从狭义上讲，如刑法上人身安全的本义，是作为自然人的身体本身的安全。

人身权是人格权和身份权的合称，是指民事主体依法享有的，与其自身不可分离亦不可转让的没有直接财产内容的法定民事权利。

人身安全无小事，人身安全无死角。确保人身安全，要从我们的日常生活、生活细节入手。

### 泾　溪

唐・杜荀鹤

泾溪石险人兢慎，终岁不闻倾覆人。却是平流无石处，时时闻说有沉沦。

这首诗告诉我们：舟是人驾的，舟的载沉，不取决于路的平险，而决定于人的状况。

《三国志》记载：蜀汉大将关羽统兵伐魏，围困樊城，水淹七军，兵锋所指，无不望风披靡。于是，关羽骄傲起来，放松了对其后路东吴的戒备。结果，吴将吕蒙袭夺荆州，关羽败走麦城，身首异处。

《三国演义》中的故事：曹操打败了袁绍的主力，袁绍病死了。他的儿子和女婿精诚团结，退据北方。曹操急攻不下，便采用了谋士郭嘉的建议，引兵撤退。危险暂时消除了，曾经并肩战斗的袁家子弟们开始了争权夺利。他们自相残杀起来，结果是两败俱伤。曹军顺势北进，彻底消灭了袁家的残余势力，统一了祖国北方。

确保人身安全，需要我们不麻痹、不懈怠、不固步自封、不分裂（闹不团结、争权夺利、只顾自己、以自我为中心）。维护个人的人身安全是这样，维护国家、民族、社会的安全（实质上是维护个人的人身安全）也是这样。

本章内容，围绕个人人身安全进行探讨，有助于帮助我们更好地维护和实现个人人身安全。

# 第3课　运动、游戏、户外活动要守规

## 生活警示

### 无视安全仿扣篮死亡

成都某中学学生杨某和另外两名同学未经学校许可，私自进入某大学职工篮球场打篮球。

打球过程中，篮球卡到了篮板与篮框夹缝中，三人没报告老师，就将球场边上的桌子搬到篮球架下去取卡在那里的篮球。

取完球后，三人无视安全，站在桌子上扣篮，而且又进一步模仿 NBA 球员把手吊在篮框上扣篮，并在扣篮过程中把身体吊在篮框上悬空摇晃。

杨某在第一次扣篮完成后又进行了第二次扣篮。此时意外发生，篮球架倒塌，将杨某头部砸中，经 120 送医抢救无效死亡。

### 无视警示探黄河溺水

黄河济阳县张辛河务段，5 名高中学生相约到黄河边玩耍。4 个人在岸边吃了饭，喝了啤酒之后，4 人下河游泳，1 名学生在岸边观看。

4 名学生下水后遇到急流，其中 1 名学生游泳上岸，1 名学生被路过的市民救起，另外 2 名学生溺水死亡。

生活在黄河边的村民，一直对孩子进行着“绝对不能下黄河”的教育，5 名学生甚至在放暑假前还曾在一份写有“不到有水的区域玩耍”的《安全公约》上签名，老师也经常教育学生“坚决不能下黄河”，但他们仍然认为，这段河水很安全，不会出事。

附近村的小朋友承认，曾偷偷到黄河边玩过几次。

### 违规驾车遭车祸

福建省泉州市，一辆载有 3 名学生的摩托车与一辆水泥罐车迎面相撞，骑车男学生（17 岁）当场死亡，另外两人在被送往医院途中身亡。

根据《机动车驾驶证申领和使用规定》的要求，年满 18 周岁才能申请机动车驾驶证，驾驶机动车必须有驾驶证，驾驶、乘坐二轮摩托车一定要戴好安全头盔。

据调查，三位学生是偷偷跑出去参加同学生日聚会的。

生活不是游戏，也不是下棋。

这些学生的班主任老师平时总是反复强调学生不要骑摩托车出门，在出事前一天还在家长群里再次强调家长要督促好孩子。

### 盲目野外探险遇险

2018 年 8 月 25 日，来自江苏盐城、上海等地的 49 名驴友在仙居县丽人谷溯溪游玩时遭遇突发暴雨而引发的山洪，陷入险境。经过彻夜营救，遇险的 49 名驴友除 1 人被洪水冲走遇难外，其余 48 名驴友成功获救。

2019 年 4 月 21 日 14 时许，黄陂蔡店派出所接到多名群众报警称，姚家山景区内有人被石头压住被困。民警到达景区后得知，驴友被困地点属于景区未对游客开放的溪谷，救援车辆及大型救援设备无法进入。民警当即找来景区向导带路，携带绳索及简单应急医护包等物品进山搜救。此时大雨刚过，山路崎岖，而且手机信号极弱，从断断续续的通话中得知，被大石压住的女士已被同行的驴友从大石下拉出，但因在水里泡了很久，体温很低，暂未发现明显外伤。

2019 年 7 月 21 日，200 多名“驴友”因山洪暴发被困于江西省靖安县高湖镇西头村。此次事件中的死亡人数为 4 人。

## 生活探究

**【知道、识道】**

1. 说说：我在运动、校内活动、游戏玩乐、恶作剧、户外活动中所遭遇到的伤害、危险与危机及其应对、解决之道。

2. 谈谈：我所知道的中学生运动、校内活动、游戏玩乐、打打闹闹、户外活动产生的伤害、危险与危机及其应对、解决之道。

3. 想想：我们在运动、校内活动、游戏玩乐、打打闹闹、户外活动中是否会产生意外伤害？是否预见到可能发生哪些伤害、危机、危险？我们应该如何预防、应对、解决它？

**【问道、得道】**

4. 讨论：上述案例中，他们为何会受到伤害？他们的行为给自己、家庭、社会造成了什么样的影响？

作者：熊婧

> 每个人都是自己健康、安全的第一责任人。

5. 出谋划策：根据上述案例，你认为他们能否避免这些伤害的发生？如果能，该如何避免？如果不能，该如何正确面对，使伤害最小？

6. 取经：上述意外伤害的发生给我们什么教训或启示？我们在运动、游戏、玩耍、户外活动中如何规避意外伤害？

【行道、布道】

7. 讨论：上述案例中的伤害，以及生活中类似的危机、危险、危害的发生能给我们哪些警示？

8. 在我们的日常生活中，我们该如何避免类似危机、危险、危害？当类似危机、危险、危害发生后，该如何将伤害降到最低限度，并预防二次伤害？

9. 我们该做些什么来避免发生这类危机、危险、危害？或消除、降低隐藏着的其他可能发生的危机、危险和危害？

## 知识仓库

### 1. 什么是意外伤害?

意外伤害是指因意外导致身体受到伤害的事件，常用于保险业。按照保险业的常见定义，意外伤害是指外来的（身体外部原因）、突发的（在极短时间内发生，来不及预防）、非本意的（预料外的和非故意）、非疾病的使身体受到伤害的客观事件。

### 2. 中学生校内意外伤害事故最易发生的时间、地点

时间：上学和放学 15 分钟内、体育课、运动会、课外活动、全校大型集体活动、实验课、课间 10 分钟、节假日、寒暑假。

地点：十字路口、校门口 200 米内、运动场、楼道、实验室、食堂、黑暗拐角处、海边、河边、湖边、江边、水库边、水沟边、池塘边等。

### 3. 中学生常见意外伤害的类型

跌落/绊倒伤、碰撞/挤压/踩踏伤、打/踢/拧/咬/抓伤、锐器伤、化学药剂伤、溺水伤或死亡、交通事故伤等。

### 4. 校内外活动时常见的安全防护

（1）公共空间遵守秩序，文明礼让

不在教室走廊疯赶打闹；不在课间搞恶作剧；上下楼梯时，自觉靠右走，留出左边通道；重大活动有序进场、离场，不制造拥挤，避免相撞、踩踏事故。

（2）学生在校园内如何加强自我保护

①要有人身安全保护意识。身体不适，或者大病初愈，要向老师请假，尽量减少运动、不参加剧烈运动。

②运动前认真做好准备活动。活动关节，舒活筋骨，做好热身运动，使肌肉、肌腱、关节都处于伸展状态，减少肌肉拉伤、撕裂、关节损伤。

③运动时正确使用体育器械。检查器械是否完好；他人使用器材时，保持一定的安全距离；做好防护措施，放置必要的海绵垫、佩戴防护手套等保护装置；严格按老师的技术指导要求去做，不擅作主张。

④运动后加强舒缓训练。按照老师要求做好放松运动。

（3）预防高空抛杂物

不要在高楼靠窗站在凳子上看风景或拾掇物品，更不能将头探出窗外。不随手往窗外扔东西。

（4）遵守劳动纪律，擦门擦窗要小心

校内劳动时，遵守劳动纪律，不要拿着劳动工具嬉戏、追逐、打闹，以免工具伤人。擦高处门窗时，团结合作，不要加垫好几张凳子，不要轻易将身体探到窗户外面，确保安全。

（5）意外伤害发生时的自救互救

储备简单的医学知识，小毛病及时处理；及时寻求校医、老师或家长的帮助；必要时紧急拨打120，寻求正规医院的帮助。

## 5. 溺水的安全防护

（1）预防溺水的措施

①学会游泳，在成人带领下掌握游泳的本领。

②不去非游泳区游泳，不到深水区游泳。

③游泳前要做适当的准备活动，以防抽筋。

④不单独或结伴在海边、江边、河边、池塘边、水库边玩耍或到水中游泳。

⑤坐船、坐游轮时要正确系好安全装备。

⑥雨天行走，或在井边、河边取水时要格外小心。

（2）溺水时的自救方法

①不要慌张，立即大声呼救。

②放松全身，让身体飘浮在水面上，将头部浮出水面，用脚踢水，防止体力丧失，等待救援。

③身体下沉时，可将手掌向下压。

④如果在水中突然抽筋，又无法靠岸时，立即求救。如周围无人，可深吸一口气潜入水中，伸直抽筋的那条腿，用手将脚趾向上扳，以解除抽筋症状。

（3）救护溺水者的方法

①可将救生圈、竹竿、木板等物抛给溺水者，再将其拖至岸边。

②若没有救护器材，在确保自身安全的情况下可入水直接救护。接近溺水者时要转动他的髋部，使其背向自己然后拖运。拖运时通常采用侧泳或仰泳拖运法。

特别强调：未成年人发现有人溺水，不能贸然下水营救，应立即大声呼救，或利用救生器材呼救。

（4）现场急救溺水者的方法

①将溺水者搭救上岸后，立刻撬开其牙齿，迅速清除溺水者口、鼻中的污泥、杂草及分泌物，保持呼吸道通畅，并拉出舌头，以避免堵塞呼吸道。

②将溺水者举起，使其俯卧在救护者肩上，腹部紧贴救护者肩部，头脚下垂，以使呼吸道内积水自然流出；或者抢救者屈膝，将病人俯卧于大腿上，头朝下，按压腹部迫使呼吸道及胃内的水倒出，但都不要因为呛水而耽误进行心肺复苏的时间。

③如溺水者的呼吸和心跳均已停止，应将其头向上做胸外心脏按摩和人工呼吸，同时联系急救中心或送去医院抢救。

### 6. 急救处理原则

（1）抢救生命首先要注意的是受伤者的呼吸、心跳是否正常

如果受伤者心跳、呼吸不规律，快要停止或刚刚停止，当务之急就是设法暂时用人为的力量来帮助病人呼吸，以期恢复自主呼吸，支持病人心脏正常功能。在常温下，呼吸、心跳完全停止 4 分钟以上，生命就会岌岌可危；超过 10 分钟，病人很难复苏。因此，当病人的呼吸、心跳发生严重障碍时，如果不立即进行急救，只等送医院再救，往往造成不可挽回的后果。

（2）在现场抢救中要尽量减少病人痛苦，以改善病情

因为意外伤害往往是严重的，如各种烧烫伤、骨折时疼痛剧烈，甚至出现休克，加重病情。因此在处理和搬运病人时，动作要轻柔，位置要适当，语言要温和，必要时给其镇痛、镇静药物。

（3）预防并发症

在抢救病人时要尽量预防和减少并发症的出现和以后留下后遗症，如摔伤或坠落伤时可发生脊柱骨折。当病人脊背疼痛疑有脊柱骨折时，应严禁让病人走动，转运时一定用木板作担架运送。如果让病人走动，或用绳索等软担架运送，或抱着、背着转送，都可能因脊椎的活动而损伤脊髓神经，造成截瘫。

## 活动拓展

### 冬夜读书示子聿

宋・陆游

古人学问无遗力，少壮工夫老始成。
纸上得来终觉浅，绝知此事要躬行。

子曰：“学而时习之，不亦说乎？有朋自远方来，不亦乐乎？人不知而不愠，不亦君子乎？”（《学而》）

曾子曰：“吾日三省吾身：为人谋而不忠乎？与朋友交而不信乎？传不习乎？”（《学而》）

子曰：“温故而知新，可以为师矣。”（《为政》）

子曰：“学而不思则罔，思而不学则殆。”（《为政》）

子曰：“由，诲女知之乎！知之为知之，不知为不知，是知也。”（《为政》）

子曰：“见贤思齐焉，见不贤而内自省也。”（《里仁》）

子曰：“三人行，必有我师焉。择其善者而从之，其不善者而改之。”（《述而》）

曾子曰：“士不可以不弘毅，任重而道远。仁以为己任，不亦重乎？死而后已，不亦远乎？”（《泰伯》）

子曰：“岁寒，然后知松柏之后凋也。”（《子罕》）

子贡问曰："有一言而可以终身行之者乎？"子曰："其恕乎！己所不欲，勿施于人。"（《卫灵公》）

——《论语》

学习的过程，是一个阅读思考、归纳整理的过程，也是一个交流传播、包容互鉴的过程，还是一个才华展示、实践探究的过程。

在这一过程中，不断纠正错误，发现真理、发展真理，拓展生活视野，丰富生活阅历，升华人生灵魂。

**【才艺展示】**

1. 编写关于慎对意外伤害（如洪水、泥石流、触电、雷击、溺水、骨折等）的顺口溜、民谣、歌曲、对联、宣传语、三句半、格言、诗词、标语、警示用语等。

2. 编演小品或情景剧：人身意外伤害又一起（自选一种伤害类型，自创情境表演。模拟事发经过，演示自救、互救措施）。

3. 辩论：人身意外伤害可以避免？人身意外伤害不可以避免？

4. 交流你知晓的或参与过的避免人身意外伤害的办法或意外伤害发生后的自救、救助措施。

5. 制作宣传避免人身意外伤害、意外伤害救助、意外伤害自救方法的手册、连环画、漫画、绘本、展板、海报等。

6. 举办"慎对人身意外伤害"为主题的班会、故事会、经验分享会、演讲比赛、辩论赛、知识竞赛、技能大比拼等活动。

7. 拍摄预防、应对、降低意外伤害、危险、危机、危害的小视频、照片。

8. 制定户外活动方案及应急处理预案。

9. 撰写应对运动损伤、游戏活动伤害、户外活动突发伤害的方法技能的演讲稿。

**【交流活动】**

1. 查阅国内外有关"人身意外伤害及其应对的案例"的资料。

2. 设计一个关于本地某一方面人身意外伤害多发事故的现状与原因的调查问卷。

3. 举办关于防范、应对人身意外伤害的专题讲座。

4. 观看官方制作的人身意外伤害警示教育宣传片。

5. 组织学生收集整理中国传统文化中有关应对意外伤害（如被毒蛇、毒蜘蛛、毒虫咬，遭雷击等）的治疗方法、单方，并通过科学手段验证后交流。

6. 每学期组织一次应对意外伤害知识普及会。

7. 组织"中学生意外伤害预防与应对方法技能"的专家讲座。

8. 组织中学生开展"如何预防与应对意外伤害"的讨论会。

9. 组织中学生参观"意外伤害预防与应对"的知识展览。

【信息共享】

请同学们收集整理有关身体健康的歌曲，并粘贴于此处。

粘　贴

【认识活动】

1. 到社区、周边学校走访，了解中学生意外伤害事故频发案和社区中高楼坠物、动物伤人、汽车伤人的现状、原因以及预防此类事件发生的方法、措施，并提出自己的建议。

2. 寻找意外伤害受害人，了解其受害的原因，探索现代社会正确应对意外伤害的方法、技巧。

3. 联系专业应急、救援机构，聘请专业人士来校讲座、演示、模拟应对意外伤害的自救、救助方法，演示高科技应急救援装备使用方法。

4. 用展板、集会、沙龙、演讲等形式，分享自己和身边应对意外伤害失败的案例和经验教训。

5. 组织学生观看应对灾难、灾害事故的影视，评估自身及生活环境可能发生意外伤害的风险，并撰写慎对意外伤害的论文。

6. 组织阅读应对灾难、灾害事故的文学作品（比赛）活动。

7. 召开家庭会议等形式，寻找家庭及成员可能发生意外伤害的隐患，提出改进、应对之策（或方案）。

8. 列举社会上意外伤害发生的类型、后果、应对措施，通过讨论去寻找如何避免意外伤害发生及其正确应对的方法。

【实践活动】

1. 在社区、家庭、公共场所开展有效防范意外伤害和应急措施的志愿宣传活动，检测其慎对意外伤害的措施是否到位，并做出相关风险评估。

2. 制作正确使用救助技巧、使用现代救援设备的宣传资料，到相关学校开展正确应对意外伤害的经验和方法的宣讲。

3. 就如何预防中学生意外伤害、规避意外风险，强化人们敬畏规则，重视人身安全保护的意识，减少中学生意外伤害，向有关部门提出政策建议，或向本区学生发出倡议或提出建议书。

4. 收集整理中国传统文化中的应对蛇咬、户外骨折、溺水、雷击等意外伤害的有效偏方、古方、古法。

## 实践探究

### 为学一首示子侄

清·彭端淑

天下事有难易乎？为之，则难者亦易矣；不为，则易者亦难矣。人之为学有难易乎？学之，则难者亦易矣；不学，则易者亦难矣。

吾资之昏，不逮人也，吾材之庸，不逮人也；旦旦而学之，久而不怠焉，迄乎成，而亦不知其昏与庸也。吾资之聪，倍人也，吾材之敏，倍人也；屏弃而不用，其与昏与庸无以异也。圣人之道，卒于鲁也传之。然则昏庸聪敏之用，岂有常哉？

蜀之鄙有二僧：其一贫，其一富。贫者语于富者曰："吾欲之南海，何如？"富者曰："子何恃而往？"曰："吾一瓶一钵足矣。"富者曰："吾数年来欲买舟而下，犹未能也。子何恃而往！"越明年，贫者自南海还，以告富者，富者有惭色。

西蜀之去南海，不知几千里也，僧富者不能至而贫者至焉。人之立志，顾不如蜀鄙之僧哉？是故聪与敏，可恃而不可恃也；自恃其聪与敏而不学者，自败者也。昏与庸，可限而不可限也；不自限其昏与庸，而力学不倦者，自力者也。

### 学　弈

弈秋，通国之善弈者也。使弈秋诲二人弈，其一人专心致志，惟弈秋之为听；一人虽听之，一心以为有鸿鹄将至，思援弓缴而射之。虽与之俱学，弗若之矣。为是其智弗若与？曰：非然也。

### 答章孝标

唐·李绅

假金方用真金镀，若是真金不镀金。十载长安得一第，何须空腹用高心。

这三篇古文，对我们学习生活有何启示？
成功没有意外。学习有学习的规律要遵循，学习有学习的规则要遵守。
真理面前人人平等，要持之以恒，不忘初心，方得始终。

**【才艺拓展】**

1. 编写中学生意外伤害发生原因、应对方法、预防措施、降低二次伤害的方法技巧的小册子、连环画、漫画册。

2. 创作描写中学生发生意外伤害原因、应对方法、预防措施、降低二次伤害的方法技巧的歌剧、舞蹈、歌曲、小品、相声等文艺作品，并表演。

3. 用自己所学专业（物理、化学、生物等）的知识，通过讲座、演示等方式，给中小学生解释雷击现象及其规避措施、溺水及其救助措施等。

4. 用自己所学专业（物理、化学、生物等）的知识，参与意外伤害事故抢险、救助，规避二次伤害。

5. 设计个人、家庭、社区、学校进行预防、应对、降低意外伤害等有效、可行、简单、实用的技术产品、办法、措施。

6. 制作“防范意外伤害系列”市民手册，录制防范意外伤害、正确救助的微视频、短片，向市民发放、放映，加强宣传。

7. 分析安全意识淡漠、盲目应对意外伤害的利弊、风险，就如何规避风险向有关部门提出政策、法律建议。

8. 开展慎对意外伤害的课题研究，找寻当前治理意外伤害的薄弱环节和漏洞，提出可行的治理措施。

【创新发展】

1. 开办应对意外伤害的市民论坛、网站、专栏、社区交流平台、主题晚会等，传播正确使用应急的技巧、方法。

2. 收集、整理世界各国关于人身意外伤害预防、自救、处理的先进、高效的理念、策略、救助工具、设备、队伍建设，为我国建立完善相关制度提出建议。

3. 收集中学生因物理、化学、生物、信息技术等学科实验操作活动失误而造成伤害的案例，组织关于实验活动安全知识的班会。

4. 创新、发明、开发预防、预警意外伤害事故发生的工具，研发应对或降低意外伤害的设备、工具，开发、设计、创造新的救援设备、工具。

## 我的收获

教育家陶行知说：“忽略健康的人，就是等于在与自己的生命开玩笑。”儒家《孝经》曰：“身体发肤，受之父母，不敢毁伤，孝之始也。”通过本课的学习，如何防范意外伤害，我的态度是：

## 相关链接

1. 武汉教育电视台溺水防范专题《戏水之殇》：http：//www. wetv. com. cn/view/265. html
2. 《中华人民共和国道路交通安全法》《中华人民共和国道路交通安全法实施条例》
3. 《学生伤害事故处理办法》

持枢，谓春生、夏长、秋收、冬藏，天之正也，不可干而逆之。逆之者，虽成必败。故人君亦有天枢，生养成藏，亦复不可干而逆之，逆之虽盛必衰。此天道、人君之大纲也。

——《鬼谷子·持枢·全篇》

同样，每个人的健康、安全的维护和实现，也离不开遵循规律，遵守规则，尊崇伦理道德、风俗习惯、公序良俗。唯此，我们才能健康、快乐地成长。

# 第4课　科学规避灾害、危险

## 生活警示

### 临震镇定终获救

2008年5月12日，绵竹市汉旺镇东汽中学高二（6）班正在上化学课。突然教室剧烈地晃动起来，薛某和几个同学赶紧往桌子下钻，几秒钟后整个教室垮塌了。薛某被埋在一片黑暗之中，耳边不时传来呜咽的哭声，薛某心里很慌乱。“我是龙某，还有谁在？”十几个声音陆续响起，同学们的声音让薛某镇定下来，黑夜来临，为让大家都保持着清醒的头脑，埋在废墟里的同学们开始唱歌，定下的规矩是：一个人唱两句后，下一个人接着唱。第一晚，薛某没有睡觉，身边的同学也让他没有一丝害怕，他坚信自己一定可以出去。15日19时，救援人员发现薛某和另一名幸存者，薛某伤势较重却坚持让救援人员先救另一个幸存者。“先救她，她是女孩子！”薛某说。在灾难过后第80个小时，薛某终于获救。

### 不听劝阻丢性命

某日下午，当地气象部门发布红色暴雨警告，东城中学停课，并通知家长将已到校的学生接回家。该校初一（7）班吴某珊、杨某云两名学生没直接回家，而是去了同班同学家里玩。下午16时30分左右，吴某珊、杨某云离开同学陈某娣家返回，当时正下着暴雨，路面积水较深，两名学生不听从旁人劝告，坚持要淌水过去。在洪水淹没的中间路段，前进中的杨某云大呼救命，被及时赶到的村民救起，吴某珊则被洪水冲走，不见踪影。东城中学接报后，立即组织人员奔赴现场搜救，当地三防部门还出动冲锋舟参与救援，当晚19时找到吴某珊，后经抢救无效死亡。

### 科学应对，守护安全

2016年7月19—20日霞云岭乡平均降雨量340毫米。按照经验，连续几场雨后，山体含水量趋于饱和，是地质灾害发生的危险期。8月2日17时，庄户台村群测群防员石某利巡查回来，路过台儿港口的山包时，看到有滚石落下。他爬上山顶，发现在山包东偏南的位置出现了一条新近裂开的10来米长的裂缝。有着地质灾害处置经验的石某利立刻向村里做了汇报。

8月3日早上，地质灾害应急调查队勘测现场时发现，裂缝比前一天加大了。当时的判断是，发生崩塌地质灾害的可能性极大。于是，当地政府组织山下住户和游客撤离，还沿山体拉起警戒区，派专人现场看守，禁止人员进入。5日凌晨5时10分，台儿港口的山体发生崩塌，10000立方米山石掩埋了7间房屋，另有10间房屋受损，但无一人伤亡。

> **老农述灾象作**
>
> 沈世瑾
>
> 一雨四十日，低田行大舟。
> 饿犬屋上吠，巨鱼床下游。
> 张网捕鱼食鱼肉，瓮中无米煮薄粥。
> 天寒日短风萧萧，前村寡妇携儿哭。

## 面对绑匪，机智逃脱

晓佳的爸爸是做建筑生意的，非常忙。一天下午，晓佳独自在家写作业，有人来敲门，晓佳在屋子问了一声："谁呀"？外边人说："我是你爸爸单位的，你爸爸让我来接你。"晓佳一听说是爸爸单位的人，马上把门打开，陌生人对晓佳说："你爸爸让我来接你去明珠城吃饭。"晓佳跟着陌生人上了车，一上车就立即被两个人按住塞进了大袋子里。晓佳知道自己被绑架了，哭闹已没有用。

天黑了，晓佳被带到只有几户人家的山沟里。她知道，父母很难找到这里。她趁几次出去上厕所的时候观察地形，决定逃出去。看守她的 40 多岁大胡子男人，整天不说话，她努力与他多沟通，给他讲故事，唠有趣的事儿，赢得了大胡子的好感，慢慢放松了对晓佳的看管。

一天早晨，大胡子去取面包，没绑她，她顺利逃了出来。她在大山里失去方向不知往哪儿走，情急之下想起"二战时期一个飞行员跳伞落在森林里迷了路顺着小溪流水方向走而获救"的故事，就大胆地向山里走，终于在不远处发现了一个小溪，她沿着小溪流水而下，傍晚时晓佳在前方发现一个农场，最终获救。

## 生活探究

**【知道、识道】**

1. 说说：你或你的父母、同学、老师、朋友或者认识的其他人经历过地震、洪水、泥石流、滑坡、火灾、台风、干旱、高温等自然灾害或疫病（如禽流感、登革热、埃博拉、猪瘟等）灾害吗？在灾害面前，你或者他们是怎样预防或应对的？

2. 谈谈：你还知道哪些现在经常发生的灾害？哪些是本地经常发生的灾害？你知道哪些学生被绑架、校园欺凌以及学生校外约架、斗殴等事件？这些事件最后是怎样解决的？本校是否存在校园欺凌现象？

3. 想想：我们今后的生活、学习、游玩、外出活动中还可能遭遇哪些人为灾害或自然灾害？我们是否可以避免这些灾害的伤害？如果我们面临灾害，我们该如何应对？

**【问道、得道】**

4. 分析：上述灾害的发生产生了怎样的影响和后果？它们发生的原因有哪些？哪些灾害是可以预防的？对不能有效预防的灾害，我们该如何将其损害降到最低？

5. 讨论：上述材料及案例中发生的灾害及其应对方法给了我们哪些经验教训？当我们遇到这样的灾害时，正确的做法应该是什么？

6. 出谋划策：灾害的发生具有客观必然性。但有的灾害我们可以避免、预防，或将灾害的影响和损害降到最低，或实现趋利避害、为我所用，对此，你有何奇招妙想？

**【行道、布道】**

7. 讨论：灾害不可怕，可怕的是灾害变成灾难。灾害变成灾难的原因有哪些？我们该如何做才能避免灾害变成灾难？

8. 分享：当灾害、伤害已经出现（如：山洪、泥石流、滑坡、火灾、虫灾、猪瘟、禽流感、绑架、校园欺凌等）时，你是如何机智应对、避免被进一步伤害的？

9. 传道：青少年是国家的未来、民族复兴的传承者，有效提升青少年特别是中学生学会科学预防、应对灾害，避免灾害变成灾难，你有何建议？

## 知识仓库

### 1. 遇到滑坡或崩塌怎么办？

行人与车辆不要进入或通过有警示标志的滑坡、崩塌危险区。

当发现有滑坡、崩塌的前兆时，应立即报告当地政府或有关部门，同时通知其他受威胁的人群。要提高警惕，密切注意观察，做好撤离准备。

当遇到山体滑坡后，一定要朝着滑坡的垂直方向跑，千万不要朝着滑坡方向跑，更不要不知所措或是顺着滑坡滚动。如果实在是无法跑出去，那应该迅速抱住身边的树木等固定的物体，最好要躲在结实的障碍物的下方，或是蹲在地坎地沟里来进行躲避。注意要保护好头部，可以用身边的衣服来裹住头部，再将灾害情况及时告知相关部门。

山体滑坡停止以后千万不要立即返回，因为滑坡是会连续发生的，如果贸然返回有可能会受到二次伤害。所以只有等山体滑坡真正过去以后，而且房屋是远离滑坡的地方，才可以进入，否则是很危险的。

### 2. 遇到泥石流如何避险？

在沟谷内逗留或活动时，一旦遭遇大雨、暴雨，要迅速转移到安全的高地，不要在低洼的谷底或陡峻的山坡下躲避、停留。留心周围环境，特别警惕远处传来的土石崩落、洪水咆哮等异常声响，这很可能是即将发生泥石流的征兆。发现泥石流袭来时，要马上向沟岸两侧高处跑，千万不要顺沟方向往上游或下游跑。暴雨停止后，不要急于返回沟内住地，应等待一段时间。野外扎营时，要选择平整的高地作为营址，尽量避开有滚石和大量堆积物的山坡下方或山谷、沟底。

### 3. 遇到暴雨或是洪涝等自然灾害时，如何自救？

如果是被困住了，你可以利用通信设施或是色彩鲜艳的衣服来进行求救。

如果是被卷入洪水之中，那就尽可能地抓住固定或是能够漂浮的东西。

如果你正在开车，那就远离路灯、高压线广告牌等危险的东西。

当车子在水中已经熄火，千万不要试图发动车子，你可以带上贵重物品，待在安全的地方等待救援。

### 4. 遇到地震时，该如何自救？

如果是在室内，应该要选在狭小的空间来进行避震，要远离外墙、阳台、门窗等，不要使用电梯，更不要盲目地跳楼；注意保护头部，要迅速跑到空旷的地方蹲下。

如果正在野外，那就避开山脚、陡崖等地段；如果不幸被压住，那就设法挪开脸和胸口前面的东西，要保证自己有足够的氧气，可以顺畅地呼吸；不要大声呼救，要保存体力，可以敲击物体来让外界的人发现自己。

### 5. 在室内遇到大火、煤气中毒、触电时，该如何自救？

首先应立即报警，再以湿毛巾捂住口鼻，迅速地撤离火场，不要乘坐电梯；身上着火，可以用水淋湿，卧倒翻滚扑灭火，千万不要站立奔跑；当高层失火，没有办法逃离的时候可以暂时到阳台上躲避。

如果是在家中遇到危险，比如煤气中毒，首先一定要打开门窗，切断煤气，再将中毒的患者转移到安全地带，然后送往医院。

如果是触电，要迅速切断电源，穿上胶鞋，再用干燥的木棍挑开电线。

### 6. 野外遭遇自然灾害如何自救？

寻找自然灾害的规律。自然灾害看似很可怕，但在速度、破坏范围和致命力度三方面不至于同时达到最大限度，我们不必盲目恐惧，要学会抓住自然灾害的漏洞，争取一线生机。

不惊慌失措。我们首先要立刻把目光从自然灾害区转移开，快速深呼吸，让头脑不至于在惊恐中失去清晰和敏捷的思考能力，否则后果不堪设想。

快速反应。自我镇定和快速反应须一气呵成，要赶在灾害到达前找出逃生路线和方式，例如泥石流的破坏力巨大但范围有限，我们就应该避开锋芒往高处逃生。

远离覆盖层疏松区域。对于覆盖层疏松的地理环境，要么远离，要么减少振动，降低表面压强，避免引起自然灾害比如干雪崩，如已经遇到，护住头部，横向逃生。

准备求救信号物。已暂时避开自然灾害锋芒幸存下来，但仍处受困状态时，必须准备有效的求救信号物，优先选择手机，其次白天选择大红色物品，晚上选择亮黄色光源。

多想开心的往事。在后果未知的情况下，等待救援的过程易摧毁人的意志，这时必须用精神力量来支撑自己保持清醒不能昏睡，否则容易功亏一篑。

正确配合救援。救援人员赶到时，一定不能被强烈的求生欲望扰乱心智，或武断按照自己的想法脱困，应控制好情绪，按救援人员的要求操作，减少不必要的麻烦。

## 活动拓展

### 胡笳十八拍

汉·蔡文姬

我生之初尚无为，我生之后汉祚衰。天不仁兮降乱离，地不仁兮使我逢此时。干戈日寻兮道路危，民卒流亡兮共哀悲。烟尘蔽野兮胡虏盛，志意乖兮节义亏。对殊俗兮非我宜，遭忍辱兮当告谁？笳一会兮琴一拍，心愤怨兮无人知。

戎羯逼我兮为室家，将我行兮向天涯。云山万重兮归路遐，疾风千里兮扬尘沙。人多暴猛兮如虺蛇，控弦被甲兮为骄奢。两拍张弦兮弦欲绝，志摧心折兮自悲嗟。

越汉国兮入胡城，亡家失身兮不如无生。毡裘为裳兮骨肉震惊，羯膻为味兮枉遏我情。鼙鼓喧兮从夜达明，胡风浩浩兮暗塞营。伤今感昔兮三拍成，衔悲畜恨兮何时平。

无日无夜兮不思我乡土，禀气合生兮莫过我最苦。天灾国乱兮人无主，唯我薄命兮没戎虏。殊俗心异兮身难处，嗜欲不同兮谁可与语！寻思涉历兮多艰阻，四拍成兮益凄楚。

雁南征兮欲寄边声，雁北归兮为得汉青。雁飞高兮邈难寻，空断肠兮思愔愔。攒眉向月兮抚雅琴，五拍泠泠兮意弥深。

冰霜凛凛兮身苦寒，饥对肉酪兮不能餐。夜闻陇水兮声呜咽，朝见长城兮路杳漫。追思往日兮行李难，六拍悲来兮欲罢弹。

日暮风悲兮边声四起，不知愁心兮说向谁是！原野萧条兮烽戍万里，俗贱老弱兮少壮为美。逐有水草兮安家葺垒，牛羊满野兮聚如蜂蚁。草尽水竭兮羊马皆徙，七拍流恨兮恶居于此。

为天有眼兮何不见我独漂流？为神有灵兮何事处我天南海北头？我不负天兮天何配我殊匹？我不负神兮神何殛我越荒州？制兹八拍兮拟排忧，何知曲成兮心转愁。

天无涯兮地无边，我心愁兮亦复然。人生倏忽兮如白驹之过隙，然不得欢乐兮当我之盛年。怨兮欲问天，天苍苍兮上无缘。举头仰望兮空云烟，九拍怀情兮谁与传？

城头烽火不曾灭，疆场征战何时歇？杀气朝朝冲塞门，胡风夜夜吹边月。故乡隔兮音生绝，哭无声兮气将咽。一生辛苦兮缘别离，十拍悲深兮泪成血。

我非贪生而恶死，不能捐身兮心有以。生仍冀得兮归桑梓，死当埋骨兮长已矣。日居月诸兮在戎垒，胡人宠我兮有二子。鞠之育之兮不羞耻，愍之念之兮生长边鄙。十有一拍兮因兹起，哀响缠绵兮彻心髓。

东风应律兮暖气多，知是汉家天子兮布阳和。羌胡蹈舞兮共讴歌，两国交欢兮罢兵戈。忽遇汉使兮称近诏，遗千金兮赎妾身。喜得生还兮逢圣君，嗟别稚子兮会无因。十有二拍兮哀乐均，去住两情兮难具陈。

不谓残生兮却得旋归，抚抱胡儿兮注下沾衣。汉使迎我兮四牡騑騑，胡儿号兮谁得知？与我生死兮逢此时，愁为子兮日无光辉，焉得羽翼兮将汝归。一步一远兮足难移，魂消影绝兮恩爱遗。十有三拍兮弦急调悲，肝肠搅刺兮人莫我知。

身归国兮儿莫之随，心悬悬兮长如饥。四时万物兮有盛衰，唯我愁苦兮不暂移。山高地阔兮见汝无期，更深夜阑兮梦汝来斯。梦中执手兮一喜一悲，觉后痛吾心兮无休歇时。十有四拍兮涕泪交垂，河水东流兮心是思。

十五拍兮节调促，气填胸兮谁识曲？处穹庐兮偶殊俗。愿得归来兮天从欲，再还汉国兮欢心足。心有怀兮愁转深，日月无私兮曾不照临。子母分离兮意难怪，同天隔越兮如商参，生死不相知兮何处寻！

十六拍兮思茫茫，我与儿兮各一方。日东月西兮徒相望，不得相随兮空断肠。对萱草兮忧不忘，弹鸣琴兮情何伤！今别子兮归故乡，旧怨平兮新怨长！泣血仰头兮诉苍苍，胡为生兮独罹此殃！

十七拍兮心鼻酸，关山阻修兮行路难。去时怀土兮心无绪，来时别儿兮思漫漫。塞上黄蒿兮枝枯叶干，沙场白骨兮刀痕箭瘢。风霜凛凛兮春夏寒，人马饥豗兮筋力单。岂知重得兮入长安，叹息欲绝兮泪阑干。

胡笳本自出胡中，缘琴翻出音律同。十八拍兮曲虽终，响有余兮思无穷。是知丝竹微妙兮均造化之功，哀乐各随人心兮有变则通。胡与汉兮异域殊风，天与地隔兮子西母东。苦我怨气兮浩于长空，六合虽广兮受之应不容！

【才艺展示】

1. 举办编写“冷静面对地震、火灾、洪水、山洪、滑坡”的顺口溜、民谣、对联、宣传语、三句半、格言、诗词的比赛。

2. 用图说、绘画、漫画、文字等方式，制作预防和应对校园欺凌、绑架、擂肥方法的海报、展板、黑板报、宣传专栏等。

3. 表演校园欺凌并产生严重后果或机智应对擂肥、绑架的情景剧、小品、舞蹈、相声等。

4. 收集整理旅游活动中避免山洪、泥石流、滑坡的方法及措施，并上传到自己的网络空间、现代社交平台（如 QQ、微信、微博等）。

5. 收集并向同学们讲述机智应对火灾、水灾、触电的故事，举办沙龙、故事会、读书会、诗词会、讲座，交流自己知道的机智预防、应对火灾、水灾、触电，化解安全风险的方法。

6. 组织学生开展“规避自然灾害，或面对自然灾害的态度和做法”的歌唱、诗词朗诵、散文朗诵比赛。

7. 开展拍摄宣传“拒绝校园欺凌”的微视频、照片比赛展示活动。

【交流活动】

1. 举办中学生“冷静面对火灾、水灾、地震”的主题班会、主题征文、短文比赛、主题演讲比赛。

2. 收集整理“远离山洪、火灾、洪水、滑坡、泥石流”的方法措施，交流“冷静、理性面对擂肥、绑架、校园暴力”的经验、方法，并上传到网络、社交平台上。

3. 编写并拍摄“科学应对火灾、洪灾、绑架、擂肥、校园暴力”情景剧的小视频，并在学校电视台播出。

4. 收集有关“面对疫情、科学预防应对”的方法和策略，并整理成册，到公共场所发放。

5. 用列举、讲述、讨论等方式，谈谈校园欺凌发生的原因、后果与危害，并向全校学生发出“拒绝校园欺凌”的签名倡议活动。

【信息共享】

请同学们收集整理有关应对灾害或校园欺凌的歌曲，并粘贴于此处。

粘　贴

【认识活动】

1. 开展中学生“冷静面对灾害”的意识与行为的调查，对调查结果进行分析，寻找风险防范存在个体意识差异的原因、产生的影响，并提出解决的对策。

2. 走进社区，了解居民们曾经历过的火灾、洪灾、泥石流、滑坡的情形，分析其遭遇的原因，产生的危害和后果，以及他们应对的方法、建议。

3. 上网收集地质灾害、气象灾害、突发公共卫生事件发生的原因，规避、应对的措施。

4. 走进社区，了解突发公共卫生事件发生后公众的心理、情感、需求、态度及应对情况，收集我国各级应对突发公共卫生事件的措施，提出改进措施。

5. 收集社会上有关灾害（或灾害发生后）的谣言，了解谣言传播的特点及规律，思考我们如何做好不传谣、不信谣、举报谣言、辟谣、制止谣言传播？

6. 观看描写灾害发生及其应对的灾难片（如《流浪地球》《唐山大地震》《烈火英雄》等），并写观后感交流。

【实践活动】

1. 收集不同学校发生校园欺凌的真实案例，分析、归纳其发生的主客观原因，并寻找解决的措施。

2. 收集人们“机智化解绑架”“机智应对绑架后的伤害”“机智应对擂肥”的实例、方法、技巧，为中学生提供一些切实可行的预防或化解绑架、擂肥的小妙招，整理成册。

3. 在社区开展有关“探险游、自驾游、国外游”的社会调查，了解社区居民的冒险意识和行为经历状况，预防和应对灾害的准备和经历，分析居民的灾难意识及预防、应对措施和行为的科学性。

4. 在学校、社区、景区等地开展“山区活动”“景区活动”“境外活动”面临灾害的应对策略志愿服务宣传活动，制作并发放相关宣传资料，介绍“冷静面对灾害”的经验、方法。

5. 设计“灾害预警”的风险测试表、风险提示工具，并做出相关风险提示。

## 实践探究

### 狼　三　则

清·蒲松龄

#### 其一

有屠人货肉归，日已暮，欻一狼来，瞰担上肉，似甚垂涎，随尾行数里。屠惧，示之以刃，少却；及走，又从之。屠无计，思狼所欲者肉，不如姑悬诸树而早取之。遂钩肉，翘足挂树间，示以空担。狼乃止。屠归。昧爽，往取肉，遥望树上悬巨物，似人缢死状。大骇，逡巡近视之，则死狼也。仰首细审，见狼口中含肉，钩刺狼腭，如鱼吞饵。时狼皮价昂，直十余金，屠小裕焉。缘木求鱼，狼则罹之，是可笑也。

人愤慨的那一个刹那，智商是零。

**其二**

一屠晚归，担中肉尽，止有剩骨。途中两狼，缀行甚远。

屠惧，投以骨。一狼得骨止，一狼仍从。复投之，后狼止而前狼又至。骨已尽矣，而两狼之并驱如故。

屠大窘，恐前后受其敌。顾野有麦场，场主积薪其中，苫蔽成丘。屠乃奔倚其下，弛担持刀。狼不敢前，眈眈相向。

少时，一狼径去，其一犬坐于前。久之，目似瞑，意暇甚。屠暴起，以刀劈狼首，又数刀毙之。方欲行，转视积薪后，一狼洞其中，意将隧入以攻其后也。身已半入，止露尻尾。屠自后断其股，亦毙之。乃悟前狼假寐，盖以诱敌。

狼亦黠矣，而顷刻两毙，禽兽之变诈几何哉？止增笑耳。

**其三**

一屠暮行，为狼所逼。道旁有夜耕所遗行室，奔入伏焉。狼自苫中探爪入。屠急捉之，令不可去。但思无计可以死之。惟有小刀不盈寸，遂割破狼爪下皮，以吹豕之法吹之。极力吹移时，觉狼不甚动，方缚以带。出视，则狼胀如牛，股直不能屈，口张不得合。遂负之以归。

非屠，乌能作此谋也！三事皆出于屠；则屠人之残暴，杀狼亦可用也。

**【才艺拓展】**

1. 编绘“科学预防、冷静面对灾害”的宣传册、连环画、漫画册。

2. 创作“科学预防、冷静面对灾害”的歌曲、歌剧、舞蹈、戏剧戏曲，并开展展演活动。

3. 创作表现机智应对“水灾、火灾、洪灾、绑架、擂肥”的小品、相声、湖北大鼓、二人转、说书、诗词，并进行展演。

4. 搜集国民在境外活动中遭遇雪灾等自然灾害、飞行安全事故、公共卫生安全事故、枪击安全事故、绑架、恐怖袭击、政变、动乱的案例，归纳预防、应对策略措施，并绘制境外灾害风险地图。

5. 编演在境外“冷静面对绑架、枪击恐袭，科学应对雪灾、洪灾”的模拟情景剧，宣传在境外“冷静面对灾害”的方法，并在网络上推广剧本。

6. 编写《山区活动指南》《探险活动指南》《自驾游活动指南》《境外活动指南》《景区活动指南》等，并上传到自己的社交平台。

**【创新发展】**

1. 设计志愿活动方案，并到地铁站、学校、社区开展面对灾害“不信谣、不传谣”的志愿服务宣传活动，并对活动进行总结或利用美篇进行报道。

2. 制作校园“预防校园欺凌”的网页，设计“同学关系”测试表，设计同学关系风险提示 App，预防“校园暴力”。

3. 用所学知识，改进、创新、发明能及时预警自然灾害的工具设备或救助工具设备。改进、创新、发明能及时检测疫情的技术、工具，能及时预警伤害的工具等。

4. 通过采访、走访、实地勘察等手段，拍摄能起到警示宣传作用的“冷静面对水灾、火灾、洪灾、绑架、播肥、校园欺凌”微电影、视频、视频广告，并在学校电视台、社交平台发布。

5. 开展中国留学生面临恐袭、枪击、动乱、自然灾害、绑架的原因、诱因、影响、后果和危害的课题研究，探寻其发生的规律性，寻求预防及科学应对的办法、措施和政策性建议。

6. 走进大学实验室，在大学老师的指导下，开展相关灾害的实验，研究其机理。

**沁园春**

追次文丞相，题张巡许远两忠臣庙

元・沈禧

临死不惧，临危不惊，何碍何妨。
纵刀锯在前，鼎镬居后，当斯之际，观作寻常。
天汉桥头，睢阳城上，两处成名一样香。
精忠操，何堪与比，出冶坚钢。
江山几见兴亡，□野草平原总战场。
慨区区忍死，偷生恃宠，欺孤虐寡，敢并遗芳。
庙食从今，纲常不弛，功烈何如郭汾阳。
千秋下，论二公节义，天地难量。

## 我的收获

随着城市人口的增多和人口密集度的不断提升，一旦灾害发生，有可能演变为灾难，导致的损失将难以估量。如何主动学习，科学应对灾害，是我们亟待学习的课题。

面对可能发生或遇到正在发生的灾害，我们如何做到未雨绸缪、防患于未然？

## 相关链接

1.《中华人民共和国突发事件应对法》
2.《学生伤害事故处理办法》
3.《中国领事保护和协助指南》
4. 最高人民法院《关于审理人身损害赔偿案件适用法律若干问题的解释》
5. 预防灾害网：http://www.yfzh.org.cn/
6.《中国领事证件服务指南》

# 第三章 守法尚德、护持隐私安全

现代科技让我们生活更精彩，但也给我们带来烦恼和安全隐患。安全生活、安全使用现代科技，需要我们始终保持一颗对法律和道德等规则的敬畏之心。

## 谋　战

明·刘基

凡敌始有谋，我从而攻之，使彼计穷而屈服。法曰："上兵伐谋。"

春秋时，晋平公欲伐齐，使范昭往观齐国之政。齐景公觞之。酒酣，范昭请君之樽酌。公曰："寡人之樽进客。"范昭已饮，晏子撤樽，更为酌。范昭佯醉，不悦而起舞，谓太师曰："我欲成周之乐，能为我奏，吾为舞之。"太师曰："瞑臣不习。"范昭出，景公曰："晋，大国也。来观吾政，今子怒大国之使者，将奈何?"晏子曰："范昭非陋于礼者，今将惭吾国，臣故不从也。"太师曰："夫成周之乐，天子之乐也，惟人主舞之。今范昭人臣，而欲舞天子之乐，臣故不为也。"范昭归报晋平公曰："齐未可伐，臣欲辱其君，晏子知之；臣欲犯其礼，太师识之。"仲尼〔闻之〕曰："不越樽俎之间，而折冲于千里之外，晏子之谓也。"

——《百战奇略》

## 藏　锄

清·游戏主人

丈夫在田间耕作，妻子招呼他吃饭，丈夫大声回答道："等我藏好锄头便来。"丈夫归来后，妻子告诫丈夫道："藏锄头应秘密进行，你高声叫喊，岂不要被别人偷去。"边说边催促丈夫去看，丈夫一看锄头果然丢失了。于是急忙返回，低声附在妻子耳边说："锄头已经被人偷去了。"

——《笑林广记·殊禀部》

个人隐私是个人的自然权利，是当事人不愿他人知道、干涉、入侵或他人不便知道、干涉、入侵的个人信息、个人私事的个人领域。安全交往、个人隐私安全事关个人权益安全。本章同学们了解保护隐私安全的重要性，探讨保护隐私的办法。

# 第5课　正确使用现代社交平台

## 生活警示

### 微信随心聊，遣返随时到

一位中国留学生在微信聊天中向朋友透露：“我不喜欢这个学校，只是临时挂一下身份。”后来，他请假回国半月，再入境美国时被海关看到这段几个月前的聊天记录，海关认定其学生身份不实，拒绝她入境美国，并因此将她遣返回中国。

一位在温哥华读书的中国籍学生，入境时被加拿大边境服务局检测手机，在QQ群聊中发现有“疑似未成年人淫秽视频”，被原地遣返。

一名广东女孩去温哥华旅游，海关查看了她的Facebook，发现她说是来加拿大“捞”，结果当时就被遣返！（不要以为说粤语就没事）

一对中国父女到美国旅游，从洛杉矶入境，海关检查微信发现，这位中国爸爸在与妻子的微信对话中，在美国买房、生活以及女儿在美国上学等话题出现频率很高，因此认定他们有移民倾向，当场遣返，还责令这对父女5年内不得入境美国。

### 言论有规则，随意要担责

柳某与皮某是微信好友。皮某出于私愤和主观猜疑，在微信朋友圈中多次发表柳某“破坏别人家庭”“当小三给你祖宗十八代都蒙羞”等言论并配图。柳某委托律师向皮某发出律师函，要求皮某删除针对柳某的所有不当言论，并在微信平台公开发布道歉信息。皮某收到律师函后，删除了首次在微信朋友圈发布的内容，但未赔礼道歉、赔偿损失。柳某诉至法院。法院经审理判决皮某立即删除微信朋友圈中针对柳某的不当言论，并于判决生效后3日内赔偿柳某精神损害抚慰金1000元，并在微信朋友圈中发道歉声明（内容由法院审定）。

### 随性发信息，罚

奋达科技拟在深交所披露关于董事长“兜底增持”的倡议书，但证券部助理罗某斌不慎将《增持倡议书公告》遗忘在文印室复印机台上，女员工杨某桃看到后将其拍下并传到了朋友圈。

本来只是随手一发，但奋达科技电器产品技术部副经理林某看到该信息后便通过本人证券账户交易“奋达科技”股票69000股。林某此举构成内幕交易的行为。证监局遂决定对杨某桃泄露内幕信息的行为处以3万元罚款，没收林某内幕交易违法所得10.67万元，并处以10.67万元的1倍罚款。

### 虚拟世界，是非多

成都公安成功打击一个特大网络诈骗团伙，抓获犯罪嫌疑人200人。该诈骗团伙利用微信群设立所谓的“网络投资平台”，引诱受害者入群投资。在“专家”和“教授”的引导下，受害人前期的小额投资会获得一些收益。当取得受害人信任后，群内的“专家”会提出大额“投资”的建议，随后便会以投资失败等理由将受害人的钱财据为己有。其实，微信群内除了受害人之外，其余的“角色”都是诈骗分子冒充的。该团伙涉及全国范围内网络诈骗案件 900 余件，涉案资金超 1000 万元。

利用网络社交工具的便捷性和匿名性，有不法分子通过网络社交和移动支付工具，以兜售低价商品为诱饵，待当事人支付购物款后，就将当事人拉黑；或是冒充电商平台客服人员，以商品出现异常需要退货为由，发送虚假链接或二维码，在不知不觉中将被害人银行卡中的钱款转走。不法分子在婚恋网站和交友 App（应用程序）上获取作案对象，把受害人引入社交平台进行接触，在骗取受害人信任后，再将受害人“转移”到第三方平台或通过 App 网站进行充值操作，最后通过网银等第三方支付方式转移赃款。

某人窃取小明的 QQ 密码，并远程启动视频探头，事先录取小明的视频资料，然后登录所窃 QQ，冒充小明有针对性地选择其 QQ 好友，要求与其视频聊天，向其播放事先录取的小明视频。骗取信任后，编造出车祸、急需周转资金等各种借口骗取钱财。

## 生活探究

**【知道、识道】**

1. 说说：我或我的同学、亲人、朋友、亲戚、熟人用 QQ、微信、微博等现代社交工具进行社交活动中遭遇过怎样的伤害、危机、危险？

2. 谈谈：我所知道的中学生因用现代社交工具进行交往的过程中产生的典型案例。

3. 想想：将来，还可能出现什么样的现代即时通信工具？我们使用现代社交工具还可能遭遇哪些伤害、危机、危险？

**【问道、得道】**

4. 讨论：上述案例中，为何会遇到麻烦、受到伤害？这会对自己、家庭、社会造成什么样的影响？

5. 分析：我们在用现代社交工具进行交往时能否避免这些麻烦和伤害？要做到这些，我们应该做些什么？

6. 谋划：你还知道哪些预防和应对使用现代社交工具产生的危害的途径和方法？你对现代社交工具，特别是即时通信工具上出现的危险有何有效应对办法？当现代社交工具特别是即时通信工具上出现不良信息、未经证实的信息时，我们应该做些什么？我们应该如何正确使用这些工具？

**【行道、布道】**

7. 讨论：根据上述案例，我们用现代社交工具进行交往的过程中遭遇的伤害、危险能给我们带来什么教训或启示？我们对待现代社交工具应该采取什么样的态度和对策？

8. 分享：我是如何预防和应对即时通信工具上的陷阱、欺诈等麻烦和危害的？当类似麻烦和危害发生后，我是如何将麻烦和损害降到最低限度的？

9. 传道：为有效预防和应对现代社交工具特别是即时通信工具使用时给我们带来的麻烦、危险，我们青少年该做些什么？怎样才能消除、降低隐藏着的其他可能发生的危机和危害？增强现代社交工具特别是即时通信工具上的正能量，我们该做些什么？

## 知识仓库

### 1. 最高人民法院关于适用《中华人民共和国民事诉讼法》的司法解释

该解释明确手机短信、电子邮件、网聊记录、微博等可作为民事案件证据。

（1）作为证据的电子聊天记录要合法

《最高人民法院关于适用〈中华人民共和国刑事诉讼法〉若干问题的解释》第93条规定，电子数据证据合法性的审查，需审查以下内容：

首先，要审查该电子数据证据是否随原始存储介质移送；在原始存储介质无法封存、不便移动或者依法应当由有关部门保管、处理、返还时，提取、复制电子数据是否由二人以上进行，是否足以保证电子数据的完整性，有无提取、复制过程及原始存储介质存放地点的文字说明和签名。

其次，收集程序、方式是否符合法律及有关技术规范；经勘验、检查、搜查等侦查活动收集的电子数据，是否附有笔录、清单，并经侦查人员、电子数据持有人、见证人签名；没有持有人签名的，是否注明原因；远程调取境外或者异地的电子数据的，是否注明相关情况；对电子数据的规格、类别、文件格式等注明是否清楚。

最后，还应该排除各种合理怀疑。如果对电子数据有疑问的，应当进行鉴定或者检验。只有这样才能确保电子数据证据的合法性。

（2）参与者和聊天内容都要客观真实

《最高人民法院关于适用〈中华人民共和国刑事诉讼法〉若干问题的解释》第93条规定，在审查电子数据证据时一定要审查“电子数据内容是否真实，有无删除、修改、增加等情形”；如果存在删除、修改、增加等情形，须有正当理由并依法予以说明，所做说明符合法定程序和标准，也可作为定案依据。在存在质疑的情况下，可以调取聊天软件运营商服务器上的证据予以查证。

（3）收集证据时要保护隐私

收集证据时要严格依照合法程序，尤其是向运营商等第三方调取电子数据时，应严格限制申请人员和调取内容。提交电子聊天记录内容应在保证连贯性的基础上仅限于要证明的内容。出示涉及隐私内容的电子聊天记录证据应当严格限定范围，出示方式在满足证据展示的基础上应有利于隐私的保护。任何人未经当事人允许不得泄露作为证据的涉及他人隐私的电子聊天记录。

### 2. 国家互联网信息办公室印发《互联网群组信息服务管理规定》

该规定所称互联网群组，是指如微信群、QQ群、微博群、贴吧群、陌陌群、支付宝群聊等各类互联网群组。该规定要求，互联网群组建立者、管理者应当履行群组管理责任，即“谁建群谁负责”“谁管理谁负责”，规范群组网络行为和信息发布，群组成员在参与群组信息交流时，应当遵守相关法律法规，文明互动、理性表达。

### 3. 在美国使用微信、QQ等，小心触碰“雷区”

（1）种族歧视。一位被哈佛大学录取的学生，在和朋友聊天中一句玩笑话“黑人实在太难看了，打死也不会找黑人对象的”，被认定存在种族歧视，直接被学校取消录取资格。

（2）未成年色情、暴力。来自中国杭州 22 岁的小倪，在社交网络上发布持枪照，并配文字说挂科就枪杀教授，被认定为危险分子，被学校开除。

（3）毒品与犯罪。江苏苏州的 Anmy 获得工作 offer 后，在 Instagram 上分享了一张他人抽大麻的照片，随后即被公司以职位暂不需要为由在最后时刻取消了 offer 。

（4）移民倾向。一对夫妇去美国看望留学的女儿，海关发现他们的微信聊天记录中存在移民、买房等信息，被认定为有移民倾向，当场遣返，且父女俩 5 年内不得入境美国。而实际上，他们也只是随便聊聊相关话题，并无移民意图。

（5）微商。休斯顿 30 多名中国留学生合伙开了家微信私厨，售卖甜品。当地一家中餐馆老板知道后，认为被抢了生意，怒而举报，这 30 多名留学生将面临被遣返的命运。对于在美留学生而言，F 签证状态下，留学生打工需在校内，即使是在 CPT 与 OPT 期间，也会受到各种限制。即使是美国公民或永久居民，从事网络平台的商业活动也需注册公司，获取相关证书和报税。

### 4. 美国国土安全部公布在边界加强搜查旅客电子设备新规定

美国执法人员可以对所有进出境的旅客，广泛地搜查电子设备，要求旅客提供密码，必要时，可以扣留设备及其在内的相关信息。

执法人员拥有更大的裁量空间。在全美所有的边界，政府部门拥有广泛的法定授权，可以在没有搜索令的情况下，搜查通关旅客的财物。

边境官员在搜查所有进出境旅客的电子设备时，可遵循下列原则：

（1）可通过电子设备的软件，搜索储存在其内的信息，但不能从该电子设备中，取得储存在设备以外的信息。

（2）边境官员可要求旅客，将他们的电子设备置于离线模式或禁止网络连接，并且确保他们没有改变设备中的内容。

（3）如果存在违法行为或威胁国家安全的合理怀疑，并获得主管的批准，执法官员可以对旅客进行更进一步的搜查。

（4）执法人员可以要求旅客提供电子设备的密码，以及扣留被加密或无法开启的设备，以进一步调查。正常情况下，扣留时间不能超过 5 天。

特别提醒：任何涉及儿童色情的影像及照片都不要携带，自己孩子的裸体照片也不可以存放在电子设备里，这也算作涉及儿童色情。有人因微信表情包太黄，收藏了“裸女跳舞”的动画被遣返，也有查到留学生代购，还有留学生因为说挂靠学校而被遣返。

美国国务院计划要求除外交、公务等特定签证申请者外的所有美国签证申请者，提供过去五年在指定或非指定社交媒体平台上的个人信息。此外，签证申请者还被要求提供过去五年曾使用的电话号码、电子邮箱地址、国际旅行记录，以及是否曾违反移民法、是否曾被驱逐出境、是否有家庭成员参与恐怖主义活动等信息。

新规针对的指定社交媒体平台有 20 家。其中大部分设在美国，包括脸书、推特、领英、优兔等。此外，新规还涉及设在中国的豆瓣、QQ、新浪微博、腾讯微博和优酷视频以及俄罗斯社交媒体平台 vk、比利时交友平台 twoo 和拉脱维亚社交问答平台 ask. fm。

下列几大类的聊天内容千万别出现在你的社交账号中：

①“来读书就不想回国了”“成绩不好，来了只是混混的”之类的话。

②在社交网络上发布黄色图片（表情包）、未成年人不雅照、黄色视频等。

③讨论来美国买房等问题。

④用“捞”字。有华人去加拿大旅游，和朋友聊微信开玩笑说准备来加拿大“捞”，结果当场就被遣返。最好换成“打工”等词。

⑤说敏感词。比如：摧毁美帝、基地组织、ISIS、组织团队、小分队等。美国国安部还公开了374个用于监控社交网站和在线媒体的“敏感词”：attack（袭击）、Al Queda（基地组织）、dirtybomb（净弹）、pork（猪肉）、cloud（云）、team（团队）、Mexico（墨西哥）。

## 活动拓展

### 辨　奸　论

宋·苏洵

事有必至，理有固然。惟天下之静者，乃能见微而知著。月晕而风，础润而雨，人人知之。人事之推移，理势之相因，其疏阔而难知，变化而不可测者，孰与天地阴阳之事。而贤者有不知，其故何也？好恶乱其中，而利害夺其外也。

昔者山巨源见王衍曰：“误天下苍生者，必此人也！”郭汾阳见卢杞曰：“此人得志，吾子孙无遗类矣！”自今而言之，其理固有可见者。以吾观之，王衍之为人，容貌言语，固有以欺世而盗名者。然不忮不求，与物浮沉，使晋无惠帝，仅得中主，虽衍百千，何从而乱天下乎？卢杞之奸，固足以败国；然而不学无文，容貌不足以动人，言语不足以眩世，非德宗之鄙暗，亦何从而用之？由是言之，二公之料二子，亦容有未必然也。

今有人，口诵孔老之言，身履夷齐之行，收召好名之士、不得志之人，相与造作言语，私立名字，以为颜渊孟轲复出；而阴贼险狠，与人异趣，是王衍卢杞合而为一人也，其祸岂可胜言哉！

夫面垢不忘洗，衣垢不忘浣，此人之至情也。今也不然，衣臣虏之衣，食犬彘之食，囚首丧面而谈诗书，此岂其情也哉？凡事之不近人情者，鲜不为大奸慝，竖刁易牙开方是也。以盖世之名，而济其未形之患，虽有愿治之主，好贤之相，犹将举而用之，则其为天下患，必然而无疑者，非特二子之比也。

孙子曰：“善用兵者，无赫赫之功。”使斯人而不用也，则吾言为过，而斯人有不遇之叹，孰知祸之至于此哉！不然，天下将被其祸，而吾获知言之名，悲夫！

人生只为欲字所累，便如马如牛，听人羁络；为鹰为犬，任物鞭笞。若果一念清明，淡然无欲，天地也不能转动我，鬼神也不能役使我，况一切区区事物乎！

——明·洪应明《菜根谭·评议》

思考：他山之石可以攻玉。上述材料对我们识人、处理人际交往有什么启示？

【才艺展示】

1. 开展正确使用现代社交工具健康交往的顺口溜、民谣、对联、宣传语、三句半、格言、诗词等作品的比赛，并展示比赛成果。

2. 用图说、展板、绘画、漫画、文字等方式，制作宣传如何正确使用现代社交工具的海报、展板、黑板报、宣传专栏等。

3. 表演使用现代社交工具特别是即时通信工具遭遇危险的情景剧、小品、舞剧、相声等。

4. 收集整理“正确使用即时通信工具”的方法及措施，并上传到自己的网络空间、现代社交平台（如 QQ、微信、微博等）。

5. 收集并向同学们讲述利用微信、QQ 等欺诈、坑蒙拐骗的损招，向同学们传授识别欺诈、坑蒙拐骗的方法。

6. 举办沙龙、故事会、读书会、诗词会、讲座，交流自己正确使用现代社交工具的经验体会。

【交流活动】

1. 举办中学生“正确使用即时通信工具”的主题征文、短文比赛、演讲比赛，以及识别现代社交平台，特别是即时通信工具上的欺诈、坑蒙拐骗伎俩的知识或技能竞赛。

2. 举办宣传“正确使用现代社交工具”的演出活动，交流“应对微信、QQ 等现代社交平台上的诈骗、坑蒙拐骗”的经验、方法，并上传到网络、社交平台上。

3. 收集有关“利用现代社交平台违法犯罪受到法律制裁”的资料，宣传正确使用现代社交工具的方法和策略，并整理成册，到公共场所发放。

4. 用列举、讲述、讨论等方式，谈谈微信、QQ 等现代社交平台发布不良信息、坑蒙拐骗、欺诈的危害及影响。

5. 组织旁听法院审理利用微信违法犯罪等审判活动，并撰写“正确使用现代社交工具”的倡议或建议书。

6. 举办如何正确使用现代社交工具的主题班会、经验介绍会、教训总结会，方法交流推荐会。模拟正确使用现代社交工具的活动流程。

【信息共享】

请同学们收集整理有关正确使用现代社交平台的歌曲，并粘贴于此处。

粘　贴

【认识活动】

1. 开展中学生对微信、QQ 等网络社交工具的观念与行为的调查，并对调查结果进行分析，寻找风险存在的原因、产生的影响，积极寻求解决问题的对策。

2. 走进社区，收集人们“正确利用微信、QQ 等现代社交工具开展社会活动的好处，错误使用现代社交工具产生的危害和后果”案例，形成相关经验教训集。

3. 上网收集“错误使用现代社交工具产生的危害和后果”的典型案例，形成对正确使用现代社交工具的认识。

4. 开展以“正确使用现代社交工具”为主题的辩论比赛活动，或经验教训交流活动。

5. 开展“现代社交工具使用情况”的社会调查，了解现代社交工具对人们生活的影响，分析现代社交工具的利弊，提出“如何充分发挥现代社交工具在全面建设社会主义现代化国家中的作用”的建议。

6. 收集因错误使用现代社交工具导致危害的案例，归纳导致错误使用的主客观原因，以及给人们的警示。

【实践活动】

1. 开展“正确使用现代社交工具”的志愿服务宣传活动，传播正确使用现代社交工具的方法、好处。

2. 运用所学知识，调查当前能预警、规避使用现代交往工具过程中产生的网络风险的相关技术软件现状情况，提出相关技术改进措施或方案。

3. 在社区开展有关“使用现代社交工具情况”的社会调查，了解使用状况，检测人们使用现代社交工具的风险，做出相关风险提示，或提出应对措施。

4. 开展“正确使用现代社交工具”的经验、方法介绍会，发出“正确使用现代社交工具”的倡议，或开展相关的签名活动。

5. 向相关国家机关举报使用现代社交工具进行的违法行为。

6. 设计“远离现代社交平台危险”的测试表，检测人们使用现代社交工具的风险，并做出相关风险提示。

7. 组织学生到网管中心等地参观、调查，提出相关建议。

## 实践探究

### 三人成虎

西汉·刘向

庞葱与太子质于邯郸，谓魏王曰：“今一人言市有虎，王信之乎？”王曰：“否。”“二人言市有虎，王信之乎？”王曰：“寡人疑之矣。”“三人言市有虎，王信之乎？”王曰：“寡人信之矣。”庞葱曰：“夫市之无虎明矣，然而三人言而成虎。今邯郸去大梁也远于市，而议臣者过于三人，愿王察之。”王曰：“寡人自为知。”于是辞行，而谗言先至。后太子罢质，果不得见。（庞葱 一作 庞恭）

心能辨事非，处事方能决断。（清·王永彬《围炉夜话》）

## 塞翁失马

西汉 · 刘安

近塞上之人，有善术者，马无故亡而入胡。人皆吊之，其父曰：“此何遽不为福乎?”居数月，其马将胡骏马而归。人皆贺之，其父曰：“此何遽不能为祸乎?”家富良马，其子好骑，堕而折其髀。人皆吊之，其父曰：“此何遽不为福乎?”居一年，胡人大入塞，丁壮者引弦而战。近塞之人，死者十九。此独以跛之故，父子相保。

## 人有亡斧者

秦 · 吕不韦

人有亡斧者，意其邻人之子。视其行步，窃斧也；视其颜色，窃斧也；听其言语，窃斧也；动作态度，无为而不窃斧者也。俄而掘其沟而得其斧，他日，复见其邻之子，其行动、颜色、动作皆无似窃斧者也。

## 酒煮滚汤

清 · 游戏主人

有以淡酒宴客者。客尝之，极赞府上烹调之美。主曰：“粗肴未曾上桌，何以见得?”答曰：“不必论其他，只这一味酒煮白滚汤，就妙极了。”

——《笑林广记 · 贪吝部》

上述四则故事，在现代人们的交往中仍然具有借鉴意义，对我们正确使用现代网络交往工具有重要的启示。它们给你的启示是什么?

**【才艺拓展】**

1. 编绘“正确使用现代社交工具”的小宣传册、连环画、漫画册，并展示编绘成果。

2. 开展正确使用现代交往工具的模拟活动，创作“正确使用现代社交工具”的歌曲、歌剧、话剧、舞蹈作品，并开展展演晚会活动。

3. 创作表现网络社交平台危险（如欺诈、坑蒙拐骗等）并产生严重后果，或机智应对利用现代社交平台信息诱惑人上当受骗的小品、相声、戏剧作品，并进行展演。

4. 收集现代社交平台使用风险，整理正确应对现代社交平台使用风险的方法，并制作人们使用现代社交工具风险检测表或风险警示手册。

5. 通过自己的走访、观察，创作能起到警示作用的“现代社交工具使用风险及其应对”的绘画、漫画、诗歌作品，并开展绘画展、漫画展、诗歌比赛等活动。

君子生非异也，善假于物也。(《劝学》)

6. 开展拍摄能起到警示宣传作用的“现代社交工具使用风险及其应对”微电影、视频或照片比赛活动，并上传到社交平台或网站。

**【创新发展】**

1. 到地铁站、学校、社区开展几场“正确使用现代社交工具”的志愿服务宣传活动，并对活动进行总结或利用美篇进行报道。

2. 制作中学生“正确使用现代社交工具，促进人格健全、全面发展”的网页，设计预防“现代社交平台危害”的 App。

3. 走进大学创新基地，在大学老师的指导下，利用所学知识开发能规避或过滤有害信息，预防网络欺诈的技术、工具。

4. 走进看守所、监狱等机构，调查、了解错误使用现代社交工具而导致违法犯罪的典型案例，剖析其原因，研究预防的措施、应对的策略。

5. 开展错误使用现代社交工具危害及后果的研究，探索相关预防、过滤技术，探讨应对使用现代社交平台风险的措施。

6. 开发能监测、规避现代社交工具风险的技术软件，或设计能预防使用网络、手机、微信、QQ 等现代社交工具交往风险的技术产品。

7. 开展中学生使用现代社交工具现状与特点的研究，并提出相关的政策性建议。

## 我的收获

贪心胜者，逐兽而不见泰山在前，弹雀而不知深井在后；疑心胜者，见弓影而惊杯中之蛇，听人言而信市上之虎。人心一偏，遂视有为无，造无作有。如此，心可妄动乎哉！

——明·洪应明《菜根谭·评议》

我们在人际交往过程中，既需要智商（IQ），更需要情商（EQ）、德商（MQ）等。成长离不开交往。通过学习上述关于现代交往工具的使用，我懂得了很多。

## 相关链接

1. 中共中央网络安全和信息化委员会办公室、中华人民共和国国家互联网信息办公室网站：http：//www. cac. gov. cn/

2. 《中华人民共和国网络安全法》《中华人民共和国电子签名法》《全国人民代表大会常务委员会关于加强网络信息保护的决定》《全国人民代表大会常务委员会关于维护互联网安全的决定》《互联网群组信息服务管理规定》《微博客信息服务管理规定》《互联网跟帖评论服务管理规定》《互联网论坛社区服务管理规定》《互联网直播服务管理规定》

# 第 6 课 保护隐私和个人信息

## 生活警示

### 直播，小心侵权

天津某中学高三女生，在其周围同学并不知情的情况下，直播同班同学课堂学习、课间休息、室外活动等开学第一天场景，并通过某平台全网直播。此次直播过程同时在线观看人数一度达到数百人，观看者多以二十至三十岁男性为主，直播过程的互动留言有潜在的淫秽色情和暴力内容。直播已经涉及他人的名誉权及隐私权。事情经媒体曝光后，学校第一时间约谈该女生并要求其停止直播行为。

国内某知名直播平台存在大量全国各地学校教室直播，其“教育”专栏分类下有 159 个直播间，涉及全国多省份的幼儿园、小学、中学和教育培训机构。直播内容包含学术上课、考试画面，课间活动、午休场景。事件曝光后，涉事公司道歉并宣布永久关闭相关直播平台。

### 个人信息泄露，后果惨

2017 年 3 月，小刘买了一部新手机，把自己的旧手机稍作处理后就卖给了回收旧手机的商贩。半个月后，他突然发现电话打不出去了，到营业厅查询才发现，这张手机的 SIM 卡已经作废，而且已经在异地被补办。刘先生急忙重新补办了新的 SIM 卡，却惊奇地发现，有四个账户的资金以不同的方式被迅速转走了 24 笔款项，共计 10 万多元。

山东临沂大学生小赵在某电子商城买了一部手机，下单后第二天接到一个“130”开头自称客服的电话，说订单出现异常，只能货到付款；如同意只需填一下信息。小赵填完信息后，银行卡中近千元不翼而飞。经警方调查发现，该电子商城某配送站站长利用职务之便，进入内部管理系统，将订单资料截屏，并在网上以每条 4 元到 6 元的价格出售。

### 恶意散布他人隐私，行拘

网民“爷独霸青楼”系洮阳镇某村村民胡某某，与田某某因感情问题发生纠纷，后胡某某故意将田某某的隐私照、视频发到该村微信群，民警接警调查发现是胡某某所为，依法将胡某某传唤至派出所；经询问，胡某某对其散布他人隐私的违法事实供认不讳。根据《中华人民共和国治安管理处罚法》第四十二条第六项之规定，甘肃省临洮县公安局给予胡某某行政拘留 10 日的行政处罚。

张某因公司财务纠纷与冯某发生矛盾，遂在境外色情网站中捏造事实，对冯某进行人身污蔑并留下手机号码以对其进行骚扰。冯某陆续收到大量陌生人电话和添加微信好友要求，并要与其询问价格进行色情交易。这些人均反映是从一个境外色情论坛中看到冯某的信息和电话。于是，冯某报警。民警最终将张某抓获归案，并收缴作案工具。最终，张某因在网上寻衅滋事被警方处以行政拘留 10 日的行政处罚。

### 恶意篡改他人信息，违法！

出于嫉妒，高中生陈某盗取同学信息，偷偷篡改了四个同学的志愿，导致他们无法进入心仪的高校就读，造成了恶劣的社会影响。他本人也因篡改同学高考志愿，以破坏计算机系统罪，被判处有期徒刑 7 个月。陈某不仅自己上不了考上的大学，其他四个被篡改了志愿的学生，人生轨迹也被改变。

7 月 3 日，浙江台州考生小张查看高考志愿情况时，发现之前所填学校变成了一个从未填报过的学校。小张将遭遇告诉同学小鲍和小汤，结果二人发现自己的志愿也被篡改了！天台警方介入调查后，发现与三人关系很好的朋友陈某有重大嫌疑。陈某称，因 6 月 26 日回校填志愿时，他发现三人成绩出色，但自己只考了 300 多分，担心成绩不好被取笑，因知道三人身份证号和密码统一的情况，在志愿填报结束前，他利用手机登录篡改了三人的志愿。7 月 12 日，浙江省考试院根据后台记录恢复三人原志愿，因违反《治安管理处罚法》，陈某被行政拘留 10 天。

## 生活探究

**【知道、识道】**

1. 说说：我或我的同学、亲人、朋友、亲戚、熟人的个人隐私、个人信息泄露情况。其泄露是否给你带来了伤害、危机、危险？如果有，是怎样的？有哪些？

2. 谈谈：我所知道的个人隐私、个人信息泄露的典型案例。特别是个人隐私、个人信息泄露造成伤害、危机、危险的案例。

3. 想想：将来还可能出现什么样的个人隐私、个人信息泄露的情况？我们能否避免个人隐私、个人信息泄露？是依靠法治，还是依靠道德？或是依靠技术？或是依靠自我保护？

**【问道、得道】**

4. 讨论：上述案例中，为何会出现个人隐私、个人信息泄露？个人隐私、个人信息泄露有何麻烦、影响或危害？你会在意个人隐私、个人信息泄露问题吗？

5. 分析：我们能否避免个人隐私、个人信息泄露？避免个人隐私、个人信息泄露，我们应该做些什么？

6. 谋划：个人隐私、个人信息泄露有哪些途径？上述案例给我们预防、应对个人隐私、个人信息泄露有何教训或启示？对待个人隐私、个人信息泄露，我们该采取何种态度和对策？当个人隐私、个人信息泄露时，我们应该做些什么？

**【行道、布道】**

7. 讨论：随着科技的进步，社会的发展以及对个人隐私权的保护力度加强，预防个人隐私、个

> 祸与福同门，利与害同城。（《增广贤文》）

人信息泄露会有什么新途径、新手段、新方法？

8. 分享：我是如何预防和应对个人隐私、个人信息泄露的？当个人隐私、个人信息泄露造成麻烦、产生危害后，我是如何将麻烦和损害降到最低限度的？

9. 传道：为有效预防和应对个人隐私、个人信息泄露给我们带来麻烦、伤害，我们青少年该做些什么？怎样才能消除、降低个人隐私、个人信息泄露可能出现的麻烦和危害？保护个人隐私、个人信息安全，我们该做些什么？

## 知识仓库

### 1. 个人隐私（privacy of individual）

个人隐私是指公民个人生活中不愿为他人公开或知悉的秘密。隐私权是自然人享有的对其个人的、与公共利益无关的个人信息、私人活动和私有领域进行支配的一种人格权。

隐私权是指自然人享有的私人生活安宁与私人信息秘密依法受到保护，不被他人非法侵扰、知悉、收集、利用和公开的一种人格权，而且权利主体对他人在何种程度上可以介入自己的私生活，对自己的隐私是否向他人公开以及公开的人群范围和程度等具有决定权。其客体包括个人活动、个人信息和个人领域。隐私权是一种基本人格权利。包括：个人生活自由权，情报保密权（个人生活情报包括所有的个人信息和资料，诸如身高、体重、女性三围、病历、身体缺陷、健康状况、生活经历、财产状况、婚恋、家庭、社会关系、爱好、信仰、心理特征等），个人通信秘密权（对个人信件、电报、电话、传真及谈论的内容加以保密，禁止他人非法窃听或窃取），个人隐私利用权。即对隐私的隐瞒、利用、维护和支配权利。

### 2. 个人信息安全

个人信息安全是指公民身份、财产等个人信息的安全状况。包括基本信息、设备信息、账户信息、隐私信息、社会关系信息和网络行为信息等。个人信息主要包括以下类别：

（1）基本信息。包括姓名、性别、年龄、身份证号码、电话号码、E-mail 地址及家庭住址等个人基本信息，婚姻、信仰、职业、工作单位、收入等相对隐秘的个人基本信息。

（2）设备信息。使用的计算机终端设备（包括移动和固定终端）的基本信息，如位置信息、WiFi 列表信息、Mac 地址、CPU 信息、内存信息、SD 卡信息、操作系统版本等。

（3）账户信息。主要包括网银账号、第三方支付账号，社交账号和重要邮箱账号等。

（4）隐私信息。主要包括通讯录信息、通话记录、短信记录、IM 应用软件聊天记录，以及个人视频、照片等。

（5）社会关系信息。主要包括好友关系、家庭成员信息、工作单位信息等。

（6）网络行为信息。主要是指上网行为记录，消费者在网络上的各种活动行为，如上网时间、上网地点、输入记录、聊天交友、网站访问行为、网络游戏行为等个人信息。

### 3.《中华人民共和国民法典》

第 1018 条　自然人享有肖像权，有权依法制作、使用、公开或者许可他人使用自己的肖像。

第 1024 条　民事主体享有名誉权。任何组织或者个人不得以侮辱、诽谤等方式损害他人的名誉。

第 1032 条　自然人享有隐私权。任何组织或者个人不得以刺探、侵扰、泄露、公开等方式侵害他人的隐私权。

隐私是自然人的私人生活安宁和不愿为他人知晓的私密空间、私密活动、私密信息。

第 1033 条　除法律另有规定或者权利人明确同意外，任何组织或者个人不得实施下列行为：

（一）以电话、短信、即时通讯工具、电子邮件、传单等方式侵扰他人的私人生活安宁；

（二）进入、拍摄、窥视他人的住宅、宾馆房间等私密空间；

（三）拍摄、窥视、窃听、公开他人的私密活动；

（四）拍摄、窥视他人身体的私密部位；

（五）处理他人的私密信息；

（六）以其他方式侵害他人的隐私权。

### 4.《最高人民法院关于审理利用信息网络侵害人身权益民事纠纷案件适用法律若干问题的规定》

网络用户或者网络服务提供者利用网络公开自然人基因信息、病历资料、健康检查资料、犯罪记录、家庭住址、私人活动等个人隐私和其他个人信息，造成他人损害，被侵权人请求其承担侵权责任的，人民法院应予支持。

被侵权人因人身权益受侵害造成的财产损失或者侵权人因此获得的利益无法确定的，人民法院可以根据具体案情在 50 万元以下的范围内确定赔偿数额。

### 5. 最高人民法院和最高人民检察院发布的《关于办理侵犯公民个人信息刑事案件适用法律若干问题的解释》

规定“贩卖 50 条以上公民个人信息或者提供公民个人信息违法所得五千元以上的都将入罪”。

## 活动拓展

### 黔　之　驴

唐・柳宗元

黔无驴，有好事者船载以入。至则无可用，放之山下。虎见之，庞然大物也，以为神，蔽林间窥之。稍出近之，慭慭然，莫相知。

他日，驴一鸣，虎大骇，远遁；以为且噬己也，甚恐。然往来视之，觉无异能者；益习其声，又近出前后，终不敢搏。稍近，益狎，荡倚冲冒。驴不胜怒，蹄之。虎因喜，计之曰：“技止此耳！”因跳踉大㘎，断其喉，尽其肉，乃去。

噫！形之庞也类有德，声之宏也类有能。向不出其技，虎虽猛，疑畏，卒不敢取。今若是焉，悲夫！

## 惠子相梁

先秦·佚名

惠子相梁，庄子往见之。或谓惠子曰："庄子来，欲代子相。"于是惠子恐，搜于国中三日三夜。庄子往见之，曰："南方有鸟，其名为鹓鶵，子知之乎？夫鹓鶵发于南海，而飞于北海；非梧桐不止，非练实不食，非醴泉不饮。于是鸱得腐鼠，鹓鶵过之，仰而视之曰：'吓！'今子欲以子之梁国而吓我邪？"

## 滥竽充数

先秦·韩非

齐宣王使人吹竽，必三百人。南郭处士请为王吹竽，宣王说之，廪食以数百人。宣王死，湣王立，好一一听之，处士逃。

思考：子曰："三人行，必有我师焉。择其善者而从之，其不善者而改之。"上述材料对我们今天认识个人隐私、个人信息安全具有启迪和借鉴意义。你从中悟出了什么道理？

**【才艺展示】**

1. 开展预防个人隐私、个人信息泄露的顺口溜、民谣、对联、宣传语、三句半、格言、诗词等作品的比赛，并展示比赛成果。

2. 用图说、展板、绘画、漫画、文字等方式，制作宣传如何预防个人隐私、个人信息泄露的海报、展板、黑板报、宣传专栏等。

3. 表演个人隐私、个人信息泄露，或预防个人隐私、个人信息泄露的情景剧、小品、舞剧、相声等。

4. 收集整理"预防个人隐私、个人信息泄露"的方法及措施，并上传到自己的网络空间、现代社交平台（如QQ、微信、微博等）。

5. 收集并向同学们讲述聊天、购物、上网、通信等活动中发生或可能存在的预防个人隐私、个人信息泄露情况，向同学们传授预防个人隐私、个人信息泄露的方法。

6. 举办沙龙、故事会、读书会、诗词会、讲座，交流自己预防个人隐私、个人信息泄露的经验体会。

**【交流活动】**

1. 举办中学生"正确预防个人隐私、个人信息泄露"的主题征文、短文比赛、演讲比赛，以及预防个人隐私、个人信息泄露的知识或技能竞赛。

2. 举办宣传"个人信息泄露遇骚扰、诈骗"的演出活动，交流"应对个人信息泄露遭遇诈骗、坑蒙拐骗"的经验、方法，并上传到网络、社交平台上。

3. 收集有关"个人信息泄露遭遇骚扰、诈骗、坑蒙拐骗"的资料，宣传正确使用网络，规避、预防泄露个人隐私和个人信息的方法和策略。

4. 用列举、讲述、讨论等方式，谈谈微信、QQ、计算机、网络通信、手机等现代社交平台随意发布他人个人隐私和个人信息的危害及影响。

5. 组织旁听法院审理泄露个人隐私、个人信息致违法犯罪等审判活动，并撰写“正确使用网络和现代社交工具”的倡议或建议书。

6. 举办如何正确对待和处理他人隐私和信息的主题班会、经验介绍会、教训总结会、方法交流推荐会。模拟正确使用现代社交工具时保护个人隐私、个人信息的活动流程。

**【信息共享】**

## 前汉韩信

宋·张预

韩信者，淮阴人也。始为布衣时，贫无行，不得推择为吏，又不能治生商贾，常从人寄饮食，人多厌之者。常数从其下乡南昌亭长寄食，数月，亭长妻患之，乃晨炊蓐食。时信往，不为具食。信亦知其意，怒，因绝去。信钓于城下，诸母漂，有一母见信饥，饭信，终漂数十日。信喜，谓漂母曰：“吾必有以重报母。”母怒曰：“大丈夫不能自食，吾哀王孙而进食，岂望报乎？”淮阴屠中少年有侮信者，曰：“若虽长大，好带刀剑，中情怯耳。”众辱之曰：“信能死，刺我；不能死，出我胯下。”于是信熟视之，俛出胯下，蒲伏。一市人皆笑信，以为怯。及项梁渡淮，信杖剑从之，居麾下，无所知名。项梁败，又属项羽，以为郎中。数以策干项羽，不用。汉王之入蜀，信亡楚归汉，未得知名，为连敖。坐法当斩，其辈十三人皆已斩，次至信，信乃仰视，适见滕公，曰：“上不欲就天下乎？何为斩壮士？”滕公奇其言，壮其貌，释而不斩，与语，大说之。言于上，上拜以为治粟都尉，上未之奇也。信数与萧何语，何奇之。至南郑，诸将行道亡者数十人。信度何等已数言上，上不我用，即亡。何闻信亡，不及以闻，自追之。人有言上曰：“丞相何亡。”上大怒，如失左右手。居一二日，何来谒上，上且怒且喜，骂何曰：“若亡，何也？”何曰：“臣不敢亡也，臣追亡者尔。”上曰：“若所追者谁何？”曰：“韩信也。”上复骂曰：“诸将亡者以十数，公无所追；追信，诈也。”何曰：“诸将易得耳，至如信者，国士无双。王必欲长王汉中，无所事信；必欲争天下，非信无可与计事者。顾王策安所决耳。”王曰：“吾亦欲东耳，安能郁郁久居此乎？”何曰：“王计必欲东，能用信，信即留；不能用信，信终亡耳。”王曰：“吾为公以为将。”何曰：“虽为将，信必不留。”王曰：“以为大将。”何曰：“幸甚。”于是王欲召信拜之。何曰：“王素慢无礼，今拜大将如呼小儿耳，此乃信所以去也。王必欲拜之，择良日，斋戒，设坛场，具礼，乃可耳。”王许之。诸将皆喜，人人各自以为得大将。至拜大将，乃韩信也，一军皆惊。信拜礼毕，上坐。王曰：“丞相数言将军，将军何以教寡人计策？”信谢，因问王曰：“今东乡争权天下，岂非项王邪？”汉王曰：“然。”曰：“大王自料勇悍仁强孰与项王？”汉王默然良久，曰：“不如也。”信再拜贺曰：“惟信亦以为大王不如也。然臣尝事之，请言项王之为人也。项王喑恶叱咤，千人皆废，然不能任属贤将。此特匹夫之勇耳。项王见人恭谨慈爱，言语呕呕，人有疾病，涕泣分食饮；至使人有功当封爵者，印刓弊，忍不能予。此所谓妇人之仁也。项王虽霸天下，不居关中而都彭城。所过无不残灭，天下多怨，百姓不亲附，特劫于威强耳。名虽为霸，实失天下心，故曰其强易弱。今大王诚能反其道，任天下武勇，何所不诛！以天下城邑封功臣，何所不服！以义兵从思东归之士，何所不散！且三秦王为秦将，将秦子弟数岁矣，所杀亡不可胜计；又欺其众降诸侯，至新安，项王诈坑秦降卒二十馀万，唯独邯、欣、翳得脱。秦父兄怨此三人，痛入骨髓。今楚强以威王此三人，秦民莫爱也。大王之入武关，秋毫无所害，除秦苛法，与秦民约法三章耳，秦民无不欲得大王王秦者。于诸侯之约，大王当王关中，关中民咸知之。大王失职入汉中，秦民无不恨者。今大王举而东，三秦可传檄而定也。”于是汉王大喜，自以为得信晚。

——《十七史百将传·卷二》(又称《百将传》《正百将传》)

## 应对个人信息安全事件，小心！

8月10日下午，宋振宁接收到一条显示发自“95599”的短信，称他的一张信用卡将被扣除1980元的年费。宋振宁一直拨打短信中的“咨询电话”，直到8月12日上午，电话才接通。“客服人员”说宋振宁名下有一张信用卡，并于近期在山东济南一家珠宝店消费了6.8万元，并说可能是他的身份信息被人冒用，于是提供了一个报警电话号码。宋振宁随即拨打该电话，一位“警官”说宋振宁的其他银行卡可能也不安全，要立即采取措施。随后，宋振宁赶往县城，按对方要求，去银行给对方转了2000元钱。对方还让他把小票撕掉，但他没撕。在回家的路上与亲戚聊天时得知可能被骗了，他才意识到自己上了当。“我这么聪明的人咋就被骗了。”宋振宁有点懊恼，他和亲戚去派出所报警。惶恐悔恨的他在晚饭时跟父母说了自己被骗的事，他父亲安慰他说：钱没了可以再赚，别太难过了。8月23日早5时许，宋振宁家人发现宋振宁在沙发上不省人事，120急救人员到场后，确认宋振宁系猝死。经了解，宋振宁生前生活作息正常，无异常表现。

上面的事例对我们看待和利用个人隐私和个人信息有何启示？

**【认识活动】**

1. 开展中学生聊天、购物、上网、通信活动中对个人隐私、个人信息安全保护的观念与行为的调查，并分析调查结果，寻找安全风险存在的原因，寻求解决问题的对策。

2. 走进社区，收集人们“个人隐私、个人信息泄露产生麻烦、伤害”的案例，形成相关经验教训集。

3. 上网收集“中学生个人隐私、个人信息泄露，或泄露中学生个人隐私、个人信息”的途径，形成对个人隐私、个人信息安全风险的正确认识。

4. 开展以“正确使用网络、社交平台，规避个人隐私和个人信息安全风险”为主题的辩论比赛活动，或经验教训交流活动。

5. 开展“家庭成员个人隐私、个人信息泄露情况”的社会调查，了解个人隐私、个人信息泄露对人们生活、工作的影响，分析个人隐私、个人信息泄露的安全风险。

6. 收集有意泄露他人隐私和信息的危害的案例，归纳导致有意泄露他人隐私和信息的主客观原因，以及给人们的警示。

【实践活动】

1. 开展“保护个人隐私和个人信息安全”的志愿服务宣传活动，传播正确维护和利用个人隐私和个人信息的方法、好处。

2. 运用所学知识，调查当前能预警、规避使用个人信息过程中的产生的安全风险的相关技术软件现状情况，提出相关技术改进措施或方案。

3. 在社区开展有关“使用个人隐私和个人信息情况”的社会调查，了解使用状况，检测人们使用个人隐私和个人信息的安全风险，做出相关风险提示，或提出应对措施。

4. 开展“正确使用他人隐私和他人信息”的经验、方法介绍会，发出“正确使用他人隐私和信息”的倡议，或开展相关的签名活动。

5. 向相关国家机关举报偷窥他人隐私，贩卖他人信息的违法行为。

6. 设计“正确使用个人隐私和个人信息”的测试表，检测人们的使用个人隐私和个人信息时的安全风险，并做出相关风险提示。

7. 组织学生到本校网管中心、本地街道监控中心等地参观、调查，提出相关建议。

## 实践探究

### 非法获取个人信息，违法犯罪

2016年4月，杜某禹利用安全漏洞侵入“山东省2016高考网上报名信息系统”网站，下载了60多万条山东省高考考生信息，高考结束后开始在网上非法出售。6月陈某辉从杜某手中以每条0.5元的价格购买了1800条高中毕业生资料。并雇陈某生、黄某春、熊某、郑某锋、郑某聪、陈某地等人拨打诈骗电话，进行诈骗。

2016年高考，徐某玉以568分的成绩被南京邮电大学录取。18日，她接到教育部门的电话，让她办理助学金的相关手续（她全家只靠父亲在外打工挣钱），说钱过几天就能发下来。19日下午4点30分许，她接到一陌生电话，对方声称有笔2600元助学金要发放给她。因前一天接到教育部门电话是真的，所以当时他们并没怀疑这个电话的真伪。按照对方要求，徐某玉将准备交学费的9900元（一家人省吃俭用大半年才凑出来的）打入了骗子提供的账号。发现被骗后，徐某玉万分难过，当晚就和家人去派出所报了案。在回家的路上，徐某玉突然晕厥（生前身体健康，并无重大疾病），不省人事，经医院全力抢救仍没能挽回她18岁的生命。

2017年10月至2018年8月间，陈某（男）通过QQ、微信等方式，与“张生”“云南人”联系，通过百度网盘、QQ等途径从“张生”“云南人”处非法获取大量公民身份证件信息，并利用上述非法获取的信息，为两人申请、激活中国移动、中国电信、中国联通等公司的实名登记手机卡，从“张生”处获利32 500元，从“云南人”处获利2 500元。法院审理认为，被告人陈某的行为已构成侵犯公民个人信息罪，依法判处被告人陈某有期徒刑九个月，并处罚金3.5万元。

> 守身不敢妄为，恐贻羞于父母。（《荀子·不苟》）

上述两则案例告诉我们，非法获取他人个人信息，未经他人授权非法使用他人个人信息获取利益，会产生严重的后果。这给我们正确获取他人个人信息、正确使用他人个人信息提供了重要的启迪。给你的启迪是什么？

【才艺拓展】

1. 编绘“正确获取和使用个人隐私和个人信息”的小宣传册、连环画，并展示编绘成果。

2. 开展科学预防个人隐私和个人信息泄露的模拟活动，创作“科学维护个人隐私和个人信息安全”的歌曲、歌剧、话剧、舞蹈作品，并开展展演晚会活动。

3. 创作表现网络社交平台泄露个人隐私和个人信息的安全风险（如诈骗、坑蒙拐骗等）并产生严重后果，或机智应对个人信息泄露导致上当受骗的小品、相声、戏剧作品，并进行展演。

4. 收集个人隐私和个人信息使用风险，整理科学预防个人隐私和个人信息泄露安全风险的方法，并制作人们使用个人隐私和个人信息时的风险检测表或风险警示手册。

5. 通过自己的走访、观察，创作能起到警示作用的“个人隐私和个人信息使用风险及其应对”的绘画、漫画、诗歌作品，并开展绘画展、漫画展、诗歌比赛等活动。

6. 开展拍摄能起到警示宣传作用的“非法获取利用、个人隐私和个人信息”微电影、视频或照片比赛活动，并上传到社交平台或网站。

【创新发展】

1. 到地铁站、学校、社区开展“科学预防个人隐私和个人信息泄露”的志愿服务宣传活动，并对活动进行总结或利用美篇进行报道。

2. 制作中学生“正确使用个人隐私和个人信息”的网页，设计预防“个人隐私和个人信息泄露安全风险”的 App。

3. 走进大学创新基地，在大学老师的指导下，利用所学知识开发能规避或示警个人隐私和个人信息泄露的技术或工具。

4. 走进法庭、看守所、监狱等机构，调查、了解非法获取、利用他人个人隐私和个人信息，并产生严重后果的典型案例，剖析其原因，研究预防的措施、应对的策略。

5. 开发能监测、规避个人隐私和个人信息泄露的技术软件或工具，设计能预防使用网络、手机、微信、QQ 等现代社交工具时，提示个人隐私和个人信息有泄露风险的技术。

6. 开展发达国家个人隐私和个人信息立法保护的研究，并提出相关的立法建议。

大丈夫处事，论是非，不论祸福。（清 · 王永彬《围炉夜话》）

## 我的收获

A young mother found video clips of her newborn baby among nearly 6 000 other infants on a commercial website. Without parent's consent, how did the footage get uploaded online? What other private information has been leaked?

我们在交往过程中，既需要让渡自己的部分隐私和信息，又需要保护个人的隐私和信息。保护个人隐私和个人信息安全，我的做法是：

**葡萄架倒**

清·游戏主人

有个官吏怕老婆，一天被妻子抓破脸皮。第二天上堂，太守见了问他脸皮怎么破的，官吏搪塞说："晚上乘凉，葡萄架倒下，因此刮破了。"太守不信，说："这一定是你妻子抓破的，快派差役捉来。"不料太守的老婆在后堂偷听，十分恼怒地跳出堂外，太守慌忙对官吏说："你先暂时退下，我内衙葡萄架也要倒了。"

——《笑林广记·殊禀部》

## 相关链接

1.《中华人民共和国宪法》《中华人民共和国刑法》《中华人民共和国民法典》《中华人民共和国未成年人保护法》《中华人民共和国网络安全法》《中华人民共和国消费者权益保护法》

2.《最高人民法院关于审理利用信息网络侵害人身权益民事纠纷案件适用法律若干问题的规定》和最高人民法院与最高人民检察院发布的《关于办理侵犯公民个人信息刑事案件适用法律若干问题的解释》

# 第四章 崇真尚善、守正身心安全

我们生活在一个相互依赖、共存合作又彼此竞争的社会。人间自有真情在，真情也是不可或缺的，人成长的道路上，有高潮也会有低潮、有阳光灿烂也会有风霜雨雪，需要我们正确面对、科学应对。

## 立身之基，贵审其守

真君曰：所谓孝子，欲体亲心，当先立身。立身之基，贵审其守。无身之始，身于何始？有身之后，身于何育？有挟俱来，不可或昧。当思在我，设处亲身，爱子之身，胜于己身，苦苦乳哺，望其萌芽，冀其成材，寸节肢体，日渐栽培，何一非亲。身自劳苦，得有此身，亲爱我身，如是之切，保此亲身，岂不重大，守此亲身，尤当倍笃。尊规合矩，如前所为，矜骄不形，淫佚不生，嗜欲必节。

——《文昌孝经·守身章》

心体澄彻，常在明镜止水之中，则天下自无可厌之事；意气和平，常在丽日光风之内，则天下自无可恶之人。当是非邪正之交，不可少迁就，少迁就则失从违之正；值利害得失之会，不可太分明，太分明则起趋避之私。

——明·洪应明《菜根谭·应酬》

## 贺新郎·甚矣吾衰矣

宋·辛弃疾

甚矣吾衰矣。怅平生、交游零落，只今余几！白发空垂三千丈，一笑人间万事。问何物、能令公喜？我见青山多妩媚，料青山见我应如是。情与貌，略相似。

一尊搔首东窗里。想渊明、《停云》诗就，此时风味。江左沉酣求名者，岂识浊醪妙理。回首叫、云飞风起。不恨古人吾不见，恨古人不见吾狂耳。知我者，二三子。

尊重生命就要关爱生命，让有限的生命焕发无限的光彩，就绝不辜负生命，绝不让它从我手中流失。不论未来遇福遇祸，或喜或忧，我都愿意为它奋斗。

本章内容，告诉我们对人对己的原则、价值判断与价值选择的意义。

# 第 7 课　热心助人要善规避风险

## 生活警示

### 好心帮友成毒贩

3 名香港“90 后”的朋友“明姐”在得知他们外出旅行会经过泰国时，便托付他们帮她从巴西带“木雕”到泰国，再从泰国送到广州，并愿意为此支付他们每人 8000 元港币的丰厚报酬。三人认为这件事只是举手之劳，况且还有酬金，于是欣然答应。

3 人从泰国入境时，警方从他们的行李箱暗格里查出了超 12 公斤的毒品可卡因，三人面面相觑，他们从未曾想过运送“木雕”的行李箱暗格里居然藏着毒品，警方以走私及持有毒品等罪名逮捕了他们。几位年轻人，本想体验一次免费的回国之旅，谁知道，却成为玩命之旅！

### 借出无心，借用有意

一天中午，唐女士在办公室接到电话，对方称是中通快递员，让她取件。在填单子的时候，唐女士的手机响了，对方称是中通公司的，有急事找快递员，但他的手机始终打不通，如果他正给她派件，希望叫他听下电话。因为当时在单位，唐女士也没多想就把手机递给了快递员。一两分钟之后，唐女士填完了单子，快递员把手机还给了她，她拿着包裹就上楼了。回单位后，她发现手机关机了，打开手机后发现 SIM 卡不见了。拆开包裹，里面有一包糖，唐女士正纳闷是不是送错了，这时，她收到多笔银行出账记录，总共被刷了 12 万元。

### 热心助人竟被拐走奸杀

山西省大同市浑源县公安局官网发布通报：犯罪嫌疑人杨某林于 2018 年 2 月 13 日 12 时开车行至浑源县益民街，看到被害人张某霖独自行走，便心生歹意，以汽车刹车有问题为由，利用被害人热心助人的心理，将被害人骗至车内帮忙。在车内将被害人用胶带纸捆绑控制后，前往刁窝采煤一工区，后在其所在饭店内将被害人强奸后杀害，为逃避罪责，将被害人尸体在其住处肢解后，在该饭店内焚烧。接警后，浑源县公安局调用警力 200 余人，经过连续近 30 小时的昼夜奋战，终于将犯罪嫌疑人杨某林抓获。

2013 年，17 岁的胡某萱在路边遇见一个摔倒的孕妇谭某蓓，谭某蓓将扶起自己的胡某萱诱骗至家中，又骗她喝下带有安眠药的饮料，供丈夫奸淫。事后，夫妻二人又将胡某萱杀害抛尸荒郊。

### 热心肠，别忘防受伤

宁化人廖某驾驶和朋友邱某一同购买的汽车在某路口上坡时，不慎滑入路边水沟。行人游某正好经过此处，廖某便向游某请求帮助，希望他能够帮自己把车子拉上岸。

应廖某要求，好心的游某便与其他人一起帮忙撬车。不料，在撬动车辆的过程中，轿车被顶起后向后滑动，站在车辆后方的游某被撞倒受伤。

游某的伤情经司法鉴定所鉴定为伤残五级一处、九级一处。事故发生后，廖某和邱某仅支付了游某的医疗费，其余赔偿款分文未付。游某认为自己是在帮助廖某的过程中受了伤，理应得到赔偿，为此向宁化县人民法院提起诉讼。

法院经审理认为，游某因帮助别人而使自己身体受到伤害。事故发生的原因是车主在撬车之前未能对撬车人员采取一定的安全保护措施，使得车子滑动碾压到撬车人员，但游某也未尽到安全注意义务造成自己受伤。车主应该负主要责任。经法院调解，当事人自愿达成协议，廖某同意分 13 期赔偿游某 28 万元，邱某同意分 7 期赔偿游某 12 万元。

> **《中华人民共和国民法典》第 1192 条规定：**个人之间形成劳务关系，提供劳务一方因劳务造成他人损害的，由接受劳务一方承担侵权责任……提供劳务一方因劳务受到损害的，根据双方各自的过错承担相应的责任。
>
> **《最高人民法院关于审理人身损害赔偿案件适用法律若干问题的解释》第十四条第一款规定：**帮工人因帮工活动遭受人身损害的，被帮工人应当承担赔偿责任。被帮工人明确拒绝帮工的，不承担赔偿责任；但可以在受益范围内予以适当补偿。

## 生活探究

**【知道、识道】**

1. 说说：我或我的同学、亲人、朋友、亲戚、熟人在热心助人时是怎样做的？遭遇过哪些危害或风险？又是怎样处理的？

2. 谈谈：我所知道的中学生因热心助人是怎样做的？遭遇到了怎样的危害或风险？又是如何处理的？

3. 想想：将来在热心助人方面，我们还可能面对什么样的危害或风险？我们会怎样做？我们在助人为乐后，会是怎样一种局面？

**【问道、得道】**

4. 讨论：上述案例中，为何会遭遇危害或风险？它给自己、家庭、社会造成什么样的影响？我们该如何对待助人为乐遭遇的危害或风险呢？

5. 分析：我们在助人为乐时能否避免这些麻烦和伤害？能否避免发生安全事故？做到这些，社会各方面应该做些什么？

6. 谋划：你还知道有哪些途径和方法可以预防和应对助人为乐中的危害或风险？为了让好人流血、流汗不流泪，我们应该做些什么？我们能够做些什么？

【行道、布道】

7. 讨论：上述案例，给我们在助人为乐时遭遇的危害或风险有什么教训或启示、警示、提示？我们助人为乐遭遇危害或风险时，应该采取什么样的态度和对策？

8. 分享：我在助人为乐时是如何预防和应对危害或风险的？当类似麻烦和危害发生后，我是如何将麻烦和损害降到最低限度的？当伤害发生后，我是如何维权的？

9. 传道：为有效预防和应对人们助人为乐时可能给助人为乐者带来的麻烦、危险，我们青少年该做些什么？怎样才能消除、降低隐藏着的其他可能发生的危害和风险？增强助人为乐的正能量，我们该做些什么？

## 知识仓库

### 1. 社交原则

（1）尊重原则。包括自尊和尊重他人。自尊就是在各种场合都要尊重自己，维护自己的尊严，不自暴自弃。尊重他人就是要尊重别人的生活习惯、兴趣爱好、人格和价值。

（2）真诚原则。诚以待人，胸无城府，才能产生感情的共鸣，收获真正的友谊。

（3）宽容原则。学会宽容别人，不斤斤计较。人不犯我，我不犯人。人先犯我，礼让三分。不因小事陷纠纷。

（4）互利合作原则。人际交往永远是双向选择，双向互动，才能长久。在满足对方需要时，又能得到对方的报答。交往中应互相关心、互相爱护，既考虑双方的共同利益，又深化感情。

（5）理解原则。真正了解对方处境、心情、好恶、需要等，并能设心处地地关心对方。

（6）平等原则。一视同仁，不嫌贫爱富，不盛气凌人。学会将心比心，换位思考。

### 2.《中华人民共和国民法典》的相关规定

第一百八十一条　因正当防卫造成损害的，不承担民事责任。

正当防卫超过必要的限度，造成不应有的损害的，正当防卫人应当承担适当的民事责任。

第一百八十二条　因紧急避险造成损害的，由引起险情发生的人承担民事责任。

危险由自然原因引起的，紧急避险人不承担民事责任，可以给予适当补偿。

紧急避险采取措施不当或者超过必要的限度，造成不应有的损害的，紧急避险人应当承担适当的民事责任。

第一百八十三条　因保护他人民事权益使自己受到损害的，由侵权人承担民事责任，受益人可以给予适当补偿。没有侵权人、侵权人逃逸或者无力承担民事责任，受害人请求补偿的，受益人应当给予适当补偿。

第一百八十四条　因自愿实施紧急救助行为造成受助人损害的，救助人不承担民事责任。

### 3.《见义勇为人员奖励和保障条例》

各省发布《××省见义勇为人员奖励和保障条例》，并出台了《关于进一步加强见义勇为人员奖励和保障工作的实施意见》，明确、细化对见义勇为人员奖励和保障工作。

2017 年 3 月，公安部发布《见义勇为人员奖励和保障条例（草案公开征求意见稿）》，规定了见义勇为者的医疗、康复费用先由加害人、责任人、受益人承担，其逃避或无力承担的，由医保报销和政府解决，有效解决了见义勇为者的后顾之忧。见义勇为者获取奖励和捐赠的权利不因责任人、受益人承担责任而减损。只有这样才能体现国家和社会对见义勇为的重视和肯定，也让见义勇为者多受益，少受损，有效激发社会正能量。

**4. 帮扶老人如何防止被讹**

（1）不要急于扶起老人。卫生部公布的《老年人跌倒干预技术指南》提出，不要急于扶起，要分情况进行处理，如老人意识清楚，救助者应询问老年人跌倒情况及对跌倒过程是否有记忆；如不能记起，可能为晕厥或脑血管意外，应立即护送老人到医院或打急救电话，并尝试呼救，以期附近医疗专业人士进行现场救治。

（2）在救助前做好相关取证。在帮扶跌倒老人时，可以寻求第三者的帮忙，共同施救，或者是寻求第三者的相关信息，留作证人。有完整信息，事件的真相才可以完全还原。

（3）施救过程应有拍摄记录。利用手机、数码相机等摄影器材，可拍摄照片，留下现场原状，或者是拍摄视频、录音等留下施救的过程，并记录证人联系方式。或者可以留意事件发生的现场，周围有无摄像头等监控设施，也可以当做日后维护权益的证据。

**5. 出入境需注意的事项**

（1）尽量拒绝帮带：①委婉回绝帮带要求（除非你确实了解你帮带的为何物）；②不贪图“帮带费”；③不在机场帮陌生人（或在机场刚认识的“好朋友”）分担行李空间。

（2）如果你确定要帮带，须牢记以下几点：①所有帮带物件都要拆开过目，不接受任何密封物件。②不帮带任何海关违禁物品。③合法过关的保健品或酒类液体物品，尽量能与委托人到商场一同购买，保证货品没有被掉包，如果是委托人交来，则要保证原封，没有被动过手脚。④不帮带商业用物件过关，如产品样品等，商业物品需要报关。

（3）关注行李箱，不要让它离开你的视线，谨防他人往你的行李箱里塞东西。

## 慎　行（节选）

秦·吕不韦

行不可不孰。不孰，如赴深溪，虽悔无及。君子计行虑义，小人计行其利，乃不利。有知不利之利者，则可与言理矣。荆平王有臣曰费无忌，害太子建，欲去之。王为建取妻於秦而美，无忌劝王夺。王已夺之，而疏太子。无忌说王曰：“晋之霸也，近于诸夏；而荆僻也，故不能与争。不若大城城父而置太子焉，以求北方，王收南方，是得天下也。”王说，使太子居于城父。居一年，乃恶之曰：“建与连尹将以方城外反。”王曰：“已为我子矣，又尚奚求？”对曰：“以妻事怨，且自以为犹宋也。齐晋又辅之。将以害荆，其事已集矣。”王信之，使执连尹，太子建出奔。左尹郄宛，国人说之。无忌又欲杀之，谓令尹子常曰：“郄宛欲饮令尹酒。”又谓郄宛曰：“令尹欲饮酒于子之家。”郄宛曰：“我贱人也，不足以辱令尹。令尹必来辱，我且何以给待之？”无忌曰：“令尹好甲兵，子出而寘之门，令尹至，必观之已，因以为酬。”及飨日，惟门左右而置甲兵焉。无忌因谓令尹曰：“吾几祸令尹。郄宛将杀令尹，甲在们矣。”令尹使人视之，信。遂攻郄宛，杀之。国人大怨，动作者莫不非令尹。沈尹戌谓令尹曰：“夫无忌，荆之谗人也。亡夫太子建，杀连尹奢，屏王之耳目。今令尹又用之杀众不辜，以兴大谤，患几及令尹。”令尹子常曰：“是吾罪也，敢不良图？”乃杀费无忌，尽灭其族，以说其国。动而不论其义，知害人而不知人害己也，以灭其族，费无忌之谓乎！崔杼与庆封谋杀齐庄公。庄公死，更立景公，崔杼相之。庆封又欲杀崔杼而代之相，于是㧞崔杼之子，令之争后。崔杼之子相与私哄。崔杼往见庆封而告之。庆封谓崔杼曰：“且留，吾将兴甲以杀之。”因令卢满嫳兴甲以诛之。尽杀崔杼之妻子及枝属，烧其室屋，报崔杼曰：“吾已诛之矣。”崔杼归，无归。因而自绞也。庆封相景公，景公苦之。庆封出猎，景公与陈无宇、公孙灶、公孙虿诛封。庆封以其属斗，不胜，走如鲁。齐人以为让，又去鲁而如吴，王予之朱方。荆灵王闻之，率诸侯以攻吴，围朱方，拔之。得庆封，负之斧质，以徇于诸侯军，因令其呼之曰：“毋或如齐庆封，弑其君而弱其孤，以亡其大夫。”乃杀之。黄帝之贵而死，尧舜之贤而死，孟贲之勇而死，人固皆死，若庆封者，可谓重死矣。身为戮，支属不可以见，行忮之故也。凡乱人之动也，其始相助，后必相恶。为义者则不然，始而相与，久而相信，卒而相亲，后世以为法程。

——《吕氏春秋》

【才艺展示】

1. 开展编写预防、规避热心助人中遭遇讹诈、欺诈、诬陷的顺口溜、民谣、对联、宣传语、三句半、格言、诗词等作品的比赛，并展示比赛成果。

2. 用图说、展板、绘画、漫画、文字等方式，制作宣传如何正确规避、应对热心助人中的风险的海报、展板、黑板报、宣传专栏等。

3. 表演热心助人中的讹诈、欺诈、诬陷、安全风险预防或应对的情景剧、小品、舞剧、相声等。

4. 收集整理“热心助人中如何规避风险”的方法及措施，并上传到自己的网络空间、现代社交平台（如QQ、微信、微博等）。

5. 收集并向同学们讲述热心助人中可能遭遇的风险种类、预防与规避的方法、应对的措施步骤。

6. 举办沙龙、故事会、读书会、诗词会、讲座，交流自己正确规避、应对热心助人中的安全风险的经验体会。

【交流活动】

1. 举办中学生“热心助人，传播正能量”的主题征文、短文比赛，以及热心助人中的安全预警知识或技能竞赛。

2. 举办宣传“扶不扶”的演出活动，交流“热心助人”的经验教训、体会方法，并上传到网络、社交平台上。

3. 收集本地典型的“年度好人”资料，宣传这些好人热心助人的方法和策略，并整理成册，到公共场所发放。

4. 用列举、讲述、讨论等方式，谈谈热心助人中的讹诈、欺诈、危险事件发生的危害、影响及解决之道。

5. 组织旁听法院审理讹诈、欺诈、诬陷热心助人的好人的审判活动，并撰写“让好人流血流汗不流泪”的倡议或建议书。

6. 举办如何热心助人的主题班会、经验介绍会、教训总结会，方法交流推荐会。模拟热心助人的流程。

【信息共享】

请同学们收集整理有关科学理性安全热心助人的歌曲，并粘贴于此处。

粘　贴

只能见到小小的利益，就不能立下大的功绩。心中存着自私的心，就不能为公众谋事。

——清·王永彬《围炉夜话》

【认识活动】

1. 开展中学生对“热心助人、传播正能量”的观念与行为的调查，并对调查结果进行分析，寻找风险存在的原因、产生的影响，积极寻求解决问题的对策。

2. 走进社区，收集人们“热心助人”做好人的典型案例，分析这些好人热心助人后的处境、影响，提出保护、鼓励人们做好人的政策性建议。

3. 上网收集“热心助人后遭讹诈、欺诈、诬陷产生的危害和影响”的典型案例，形成对热心助人活动中风险规避与预防的方法措施。

4. 开展以热心助人“帮不帮”“扶不扶”“为不为”为主题的辩论比赛活动或演讲比赛。

5. 开展“热心助人现状情况”的社会调查，了解热心助人后果对人们心理、社会风尚、社会生活的影响，分析对待热心助人不同态度、不同措施的利弊，提出“如何充分发挥‘热心助人正能量’在全面小康社会建设中的作用”的建议。

6. 收集讹诈、欺诈、诬陷热心助人的好人的危害的案例，分析导致好人难做的主客观原因，以及对全面建成小康社会的影响。

【实践活动】

1. 开展“热心助人，传播正能量”的志愿服务宣传活动，传播如何规避热心助人中的风险的方法、措施。

2. 运用所学知识，调查当前能预警、规避热心助人过程中产生的安全风险、利益风险的技术工具现状情况，提出相关技术改进措施或方案。

3. 在社区开展“热心助人现状与结果”的社会调查，了解社区热心助人状况，分析社区居民在热心助人中存在的安全（权益）风险，做出相关风险提示，或提出应对措施。

4. 开展“如何有效规避热心助人中的风险”的经验、方法介绍会，发出“安全有效热心助人”的倡议，或开展相关的签名活动。

5. 向相关国家机关举报对热心助人的好人进行讹诈、欺诈、诬陷的违法行为，或收集（如果是）目击证人勇敢站出来为热心助人的好人作证的案例。

6. 设计“热心助人风险”测试表，检测人们热心助人中的风险，并做出相关风险提示。

## 实践探究

### 观　　行

古之人目短于自见，故以镜观面；智短于自知，故以道正已。故镜无见疵之罪，道无明过之恶。目失镜，则无以正须眉；身失道，则无以知迷惑。西门豹之性急，故佩韦以缓已；董安于之心缓，故弦统以自急。故以有余补不足，以长续短，之谓明主。

天下有信数三：一曰智有所有不能立，二曰力有所不能举，三曰强有所有不能胜。故虽有尧之智而无众人之助，大功不立；有乌获之劲而不得人助，不能自举；有贲、育之强而无法术，不得长胜。故势有不可得，事有不可成。故乌获轻千钧而重其身，非其重于千钧也，势不便也。离硃易百步而难眉睫，非百步近而眉睫远也，道不可也。故明主不穷乌获以其不能自举，不困离硃以其不能自见。因可势，求易道，故用力寡而功名立。时有满虚，事有利害，物有生死，人主为三者发喜怒之色，则金石之士离心焉。圣贤之朴深矣。古明主观人，不使人观已。明于尧不能独成，乌获之不能自举，贲育之不能自胜，以法术则观行之道毕矣。

——《韩非子》

### 说　　难

昔者郑武公欲伐胡，故先以其女妻胡君以娱其意。因问于群臣：“吾欲用兵，谁可伐者?”大夫关其思对曰：“胡可伐。”武公怒而戮之，曰：“胡，兄弟之国也。子言伐之，何也?”胡君闻之，以郑为亲己，遂不备郑。郑人袭胡，取之。宋有富人，天雨墙坏。其子曰：“不筑，必将有盗。”其邻人之父亦云。暮而果大亡其财。其家甚智其子，而疑邻人之父。此二人说者皆当矣，厚者为戮，薄者见疑，则非知之难也，处知则难也。故绕朝之言当矣，其为圣人于晋，而为戮于秦也，此不可不察。

昔者弥子瑕有宠于卫君。卫国之法：窃驾君车者刖。弥子瑕母病，人间往夜告弥子，弥子矫驾君车以出。君闻而贤之，曰：“教哉！为母之故，亡其刖罪。”异日，与君游于果园，食桃而甘，不尽，以其半啖君。君曰：“爱我哉！亡其口味以啖寡人。”及弥子色衰爱弛，得罪于君，君曰：“是固尝矫驾吾车，又尝啖我以余桃。”故弥子之行未变于初也，而以前之所以见贤而后获罪者，爱憎之变也。故有爱于主，则智当而加亲；有赠于主，则智不当见罪而加疏。故谏说谈论之士，不可不察爱憎之主而后说焉。

【才艺拓展】

1. 编绘并展示“热心助人如何规避、应对风险”的小宣传册、连环画。

2. 开展“科学有效地热心助人”的模拟活动，创作“科学有效地热心助人”的歌曲、歌剧、话剧、舞蹈作品，并开展展演晚会活动。

3. 创作表现热心助人的遭遇（如讹诈、欺诈、诬陷等）产生的严重后果，或机智应对利用好人热心助人进行讹诈、诬陷、欺诈的小品、相声、戏剧作品，并进行展演。

4. 收集热心助人中遭遇的风险，整理科学有效应对热心助人风险的方法，并制作人们热心助人风险检测表或风险预防手册。

5. 通过自己的走访、观察，创作能起到警示作用的“热心助人风险及其应对”的绘画、漫画、诗歌作品，并开展绘画展、漫画展、诗歌比赛等活动。

6. 开展拍摄能起到警示宣传作用的“热心助人遭讹诈（欺诈、诬陷）”微电影、视频或照片比赛活动，并上传到社交平台或网站。

【创新发展】

1. 到地铁站、景区、社区、商业网点、公园等地开展“科学有效地热心助人”的志愿服务宣传活动，并对活动进行总结或利用美篇进行报道。

2. 制作中学生“科学有效地热心助人”的网页，设计预防“热心助人中的安全（权益）风险”的 App，拍摄揭露利用好人热心助人对好人进行讹诈、诬陷、欺诈的情景剧、系列剧等。

3. 走进大学创新基地，在大学老师的指导下，利用所学知识开发能发现、规避或应对热心助人中的安全风险的技术、工具。

4. 走进看守所、监狱等机构，调查、了解利用热心助人对好人进行讹诈、欺诈、诬陷的典型案例，剖析其原因，研究预防的措施、应对的策略。

5. 开展热心助人风险研究，探索相关预防或规避的技术、探讨让好人好起来、火起来的立法政策建议。

君子生非异也，善假于物也。(《劝学》)

## 我的收获

王永彬在《围炉夜话》中说“莫之大祸，起于须臾之不忍，不可不谨”。“言不可尽信，必揆诸理；事未可遽行，必问诸心。”“忧先于事故能无忧，事至而忧无救于事，此唐史李绛语也。其警人之意深矣，可书以揭诸座右。”“小心谨慎者，必善其后，畅则无咎也。”热心助人、做一个对社会有益的人，我的收获是：

| |
|---|
| |
| |
| |
| |
| |
| |
| |
| |
| |
| |
| |
| |

## 相关链接

1. 中华人民共和国公安部：http：//www. mps. gov. cn/

2.《老年人跌倒干预技术指南》《儿童溺水干预技术指南》《儿童跌倒干预技术指南》《儿童道路交通伤害干预技术指南》

3.《湖北省见义勇为人员奖励和保障条例》和公安部《见义勇为人员奖励和保障条例（征求意见稿）》

4.《中华人民共和国民法典》

## 三　峡

南北朝·郦道元

自三峡七百里中，两岸连山，略无阙处。重岩叠嶂，隐天蔽日。自非亭午夜分，不见曦月。(“阙”通缺；“重岩”一作“重峦”)

至于夏水襄陵，沿溯阻绝。或王命急宣，有时朝发白帝，暮到江陵，其间千二百里，虽乘奔御风，不以疾也。(“溯”同“泝”；“暮到”一作“暮至”)

春冬之时，则素湍绿潭，回清倒影。绝巘多生怪柏，悬泉瀑布，飞漱其间，清荣峻茂，良多趣味。(“巘”一作“山献”)

每至晴初霜旦，林寒涧肃，常有高猿长啸，属引凄异，空谷传响，哀转久绝。故渔者歌曰：“巴东三峡巫峡长，猿鸣三声泪沾裳。”

## 木兰花·拟古决绝词

清·纳兰性德

人生若只如初见，何事秋风悲画扇。等闲变却故人心，却道故人心易变。

骊山语罢清宵半，泪雨霖铃终不怨。何如薄幸锦衣郎，比翼连枝当日愿。

## 件　件　熟

帮闲人除夜与妻同饭，忽然笑曰：“我想一生止受用得一个‘熟’字。你看大老官，哪个不熟；私窠小娘，哪个不熟？游船上，哪个不熟？戏子歌童，哪个不熟？箫管唱曲的朋友，哪个不熟？”说未毕，妻忽大恸。其人问故，曰：“天杀的！你既件件皆熟，如何我这件过年布衫，偏不替我赎（音熟）”。

——《笑林广记·世讳部》

热心助人，形式多样，内容丰富多彩，经历精彩纷呈，有酸甜苦辣的体验，如同郦道元笔下的《三峡》。但不变的是，有一颗善良的心、一份温暖的情。

让生活充满希望、爱、真诚、责任、信任和激情，这是我们不可磨灭的责任。

# 第 8 课　正确面对困境、挫折和失败

## 生活警示

### 春日勿尝未熟果

英语课代表小丽，学习成绩优秀，工作认真负责，个性活泼开朗，长得也很漂亮，老师和同学们都很喜欢她。高二下学期，班上转来了一位英俊帅气、性格沉稳、成绩不错的男同学，引起了小丽的好感。没过多久，二人的关系变得亲密起来。自此，小丽上课注意力不集中，作业写得也不认真，对自己的外貌形象非常在意，经常拿着小镜子照，成绩急速下滑。高三第一次考试，她的成绩从原来的前五名直接掉落到二十名之后。

考试惊醒了沉迷于甜蜜爱情中的小丽，她深刻认识到，半年的情感尝试让她偏离学习方向。她对未来的升学和人生道路开始冷静思考。痛定思痛，她毅然决然地跟那位男生进行了坦诚的沟通，终止了这段“过火”的交往，开始集中全部精力投入到高三复习中。经过一年持之以恒的辛苦努力，小丽用优异的高考成绩给自己的青春画上了精彩的句号。

### 不可以失败？停！

福建建宁县 2006 年高考状元小叶，顺利考上浙江大学。一年多过后，小叶的父母便再也联系不上他了，仿佛人间蒸发了一样。直到 2018 年 2 月，寻找了儿子十年的小叶父母，终于在一处公园凉亭内找到了小叶。此时的小叶衣衫褴褛，以捡破烂为生，成为蓬头垢面的流浪汉。

小叶的自甘堕落，不仅仅是因为抗挫力差，更重要的原因是，他一直成长在一个不允许失败的环境里。小叶的心结是什么？就是不可以失败，必须每次都拿第一。给小叶种下这个心结的不是别人，正是小叶的父母、小叶村里的邻居。

### 面对挫折，及时调整

W 同学一直都是别人眼中的学霸，在国内的时候经常拿到全年级第一，她的父母对她寄予厚望，在留学热潮的推动下，W 同学在初三的时候来到加拿大的一所公立高中读九年级，她的妈妈为照顾 W 的生活起居也放弃了国内的工作，成为“陪读妈妈”。

W 来到加拿大读书，按照父母的预期应该会非常顺利，可 W 的英文能力根本无法应对正常的英文交流和课程内容，随之九年级的成绩下滑到 70 多分，英文成绩徘徊在及格的边缘。W 的父母无法接受这样的成绩，以前在中国，W 每次拿到 99 分都会被认为没有认真答题。

W 不停抱怨：为什么父母要送她来加拿大读书？她的母亲抱怨 W 没有以前那么热爱学习。其实，W 的母亲来到多伦多后患了严重的躁郁症，W 受到妈妈的影响，经常不吃饭，无法按时完成作业，学校出勤率也很低。

在这种情况持续了一年后，W 和母亲决定放弃加拿大的所有学分，回国重新参加中考。

## 蜕变，从心灵开始！

成绩平平的周某君，考入一所普通高中。有着美好未来规划的她伤心了许久，情绪十分低落，觉得一切都失去了意义，感觉自己被命运抛弃。

经过调整和思考，她认识到，只有学会冷静和理智，克服心中的痛苦和障碍，直面问题，才能摆脱困境。在高中，在遭遇不适和困难时，她总提醒自己平静对待，并寻求老师、同学、朋友的理解支持和帮助。当情绪低沉时，她就到操场上或大自然中快走或跑步。平时加强体育锻炼，磨练自己的意志和耐受力。学习之余广泛阅读，她还积极参加学校的集体活动，投身公益。遇到无法化解的迷茫和苦闷时，她会去学校心理咨询中心接受心理辅导和支持。渐渐地，她遇事不再慌张、恐惧，也不怨天尤人或自怨自艾，能很好地驾驭自己的学习和生活，变得更加沉稳自信。进入高三第一天，她毅然剪掉自己的秀美长发，脸上总挂着笑容。高考，她收获了一个令所有人震惊的成绩——全校第三名。

## 生活探究

【知道、识道】

1. 说说：我或我的同学、亲人、朋友、亲戚、熟人曾经有过的困境、挫折、失败的经历。如果带来了伤害、危机、危险，有哪些？

2. 谈谈：我所知道的中学生因困境、挫折、失败而对学习、生活生烦生厌，甚至破罐子破摔的情况，以及由此而对人生产生严重影响的典型案例。我所知道的勇于面对困境、挫折、失败而有所成就的案例。

3. 想想：将来我们的生活还可能遭遇哪些困境、挫折或失败？为什么困境、挫折、失败会如影随行？

【问道、得道】

4. 讨论：上述案例中，为何困境、挫折、失败会让人受到伤害和损失？别人的困境、挫折、失败与我无关吗？我们该如何正确对待困境、挫折、失败？

5. 分析：困境、挫折、失败对我们有无价值？如何让困境、挫折、失败的价值最大化？

6. 谋划：面对困境、挫折、失败，我们应该如何避免？如何应对？如何做到趋利避害？如何做到化害为利？当遭遇困境、挫折、失败时，我们该如何止损？

【行道、布道】

7. 讨论：困境、挫折、失败出现的原因有哪些？上述案例给我们勇敢、机智、科学面对困境、挫折、失败有何启迪或经验教训？

8. 分享：我是如何预防和应对困境、挫折、失败的？当我遇到别人正在遭遇困境、挫折、失败时，我是怎样帮助别人的？当困境、挫折、失败给我造成麻烦、损失后，我是如何将麻烦和损失降到最低限度的？

9. 传道：困境、挫折、失败是一份重要的财富。如何让青少年敢于、勇于、善于面对困境、挫折、失败？如何让青年学生在困境、挫折、失败面前沉着应对、精神抖擞？如何让青年学生当国家面临艰难困苦、外部打压时，坚定信念、团结一心？

## 知识仓库

### 生于忧患，死于安乐

先秦・孟子及其弟子

舜发于畎亩之中，傅说举于版筑之间，胶鬲举于鱼盐之中，管夷吾举于士，孙叔敖举于海，百里奚举于市。

故天将降大任于是人也，必先苦其心志，劳其筋骨，饿其体肤，空乏其身，行拂乱其所为，所以动心忍性，曾益其所不能。(是人 一作 斯人)

人恒过，然后能改；困于心，衡于虑，而后作；征于色，发于声，而后喻。入则无法家拂士，出则无敌国外患者，国恒亡。

然后知生于忧患而死于安乐也。

### 改过之法

明・袁黄

春秋诸大夫，见人言动，亿而谈其祸福，靡不验者，左国诸记可观也。大都吉凶之兆，萌乎心而动乎四体，其过于厚者常获福，过于薄者常近祸，俗眼多翳，谓有未定而不可测者。至诚合天，福之将至，观其善而必先知之矣。祸之将至，观其不善而必先知之矣。今欲获福而远祸，未论行善，先须改过。

但改过者，第一，要发耻心。思古之圣贤，与我同为丈夫，彼何以百世可师？我何以一身瓦裂？耽染尘情，私行不义，谓人不知，傲然无愧，将日沦于禽兽而不自知矣；世之可羞可耻者，莫大乎此。孟子曰：耻之于人大矣。以其得之则圣贤，失之则禽兽耳。此改过之要机也。

第二，要发畏心。天地在上，鬼神难欺，吾虽过在隐微，而天地鬼神，实鉴临之，重则降之百殃，轻则损其现福，吾何可以不惧？不惟此也。闲居之地，指视昭然；吾虽掩之甚密，文之甚巧，而肺肝早露，终难自欺；被人觑破，不值一文矣，乌得不懔懔？不惟是也。一息尚存，弥天之恶，犹可悔改；古人有一生作恶，临死悔悟，发一善念，遂得善终者。谓一念猛厉，足以涤百年之恶也。譬如千年幽谷，一灯才照，则千年之暗俱除；故过不论久近，惟以改为贵。但尘世无常，肉身易殒，一息不属，欲改无由矣。明则千百年担负恶名，虽孝子慈孙，不能洗涤；幽则千百劫沉沦狱报，虽圣贤佛菩萨，不能援引。乌得不畏？

第三，须发勇心。人不改过，多是因循退缩；吾须奋然振作，不用迟疑，不烦等待。

小者如芒刺在肉，速与抉剔；大者如毒蛇啮指，速与斩除，无丝毫凝滞，此风雷之所以为益也。

具是三心，则有过斯改，如春冰遇日，何患不消乎？然人之过，有从事上改者，有从理上改者，有从心上改者；工夫不同，效验亦异。

如前日杀生，今戒不杀；前日怒詈，今戒不怒；此就其事而改之者也。强制于外，其难百倍，且病根终在，东灭西生，非究竟廓然之道也。

善改过者，未禁其事，先明其理；如过在杀生，即思曰：上帝好生，物皆恋命，杀彼养己，岂能自安？且彼之杀也，既受屠割，复入鼎镬，种种痛苦，彻入骨髓；己之养也，珍膏罗列，食过即空，疏食菜羹，尽可充腹，何必戕彼之生，损己之福哉？又思血气之属，皆含灵知，既有灵知，皆我一体；纵不能躬修至德，使之尊我亲我，岂可日戕物命，使之仇我憾我于无穷也？一思及此，将有对食痛心，不能下咽者矣。

如前日好怒，必思曰：人有不及，情所宜矜；悖理相干，于我何与？本无可怒者。又思天下无自是之豪杰，亦无尤人之学问；行有不得，皆己之德未修，感未至也。吾悉以自反，则谤毁之来，皆磨炼玉成之地；我将欢然受赐，何怒之有？

又闻而不怒，虽谗焰薰天，如举火焚空，终将自息；闻谤而怒，虽巧心力辩，如春蚕作茧，自取缠绵；怒不惟无益，且有害也。其余种种过恶，皆当据理思之。

此理既明，过将自止。

何谓从心而改？过有千端，惟心所造；吾心不动，过安从生？学者于好色，好名，好货，好怒，种种诸过，不必逐类寻求；但当一心为善，正念现前，邪念自然污染不上。如太阳当空，魍魉潜消，此精一之真传也。过由心造，亦由心改，如斩毒树，直断其根，奚必枝枝而伐，叶叶而摘哉？

大抵最上治心，当下清净；才动即觉，觉之即无；苟未能然，须明理以遣之；又未能然，须随事以禁之；以上事而兼行下功，未为失策。执下而昧上，则拙矣。

顾发愿改过，明须良朋提醒，幽须鬼神证明；一心忏悔，昼夜不懈，经一七，二七，以至一月，二月，三月，必有效验。

或觉心神恬旷；或觉智慧顿开；或处冗沓而触念皆通；或遇怨仇而回嗔作喜；或梦吐黑物；或梦往圣先贤，提携接引；或梦飞步太虚；或梦幢幡宝盖，种种胜事，皆过消罪灭之象也。然不得执此自高，画而不进。

昔蘧伯玉当二十岁时，已觉前日之非而尽改之矣。至二十一岁，乃知前之所改，未尽也；及二十二岁，回视二十一岁，犹在梦中，岁复一岁，递递改之，行年五十，而犹知四十九年之非，古人改过之学如此。

吾辈身为凡流，过恶猬集，而回思往事，常若不见其有过者，心粗而眼翳也。然人之过恶深重者，亦有效验：或心神昏塞，转头即忘；或无事而常烦恼；或见君子而赧然相沮；或闻正论而不乐；或施惠而人反怨；或夜梦颠倒，甚则妄言失志；皆作孽之相也，苟一类此，即须奋发，舍旧图新，幸勿自误。

——《了凡四训》

欣赏下列几首诗词，看看他（她）们是如何面对困境、挫折、失败的？

**水调歌头 · 游泳**

毛泽东

才饮长沙水，又食武昌鱼。万里长江横渡，极目楚天舒。不管风吹浪打，胜似闲庭信步，今日得宽馀。子在川上曰：逝者如斯夫！

风樯动，龟蛇静，起宏图。一桥飞架南北，天堑变通途。更立西江石壁，截断巫山云雨，高峡出平湖。神女应无恙，当惊世界殊。

**水调歌头 · 明月几时有**

宋 · 苏轼

丙辰中秋，欢饮达旦，大醉，作此篇，兼怀子由。

明月几时有？把酒问青天。不知天上宫阙，今夕是何年。我欲乘风归去，又恐琼楼玉宇，高处不胜寒。起舞弄清影，何似在人间？（何似 一作 何时；又恐 一作 惟/唯恐）

转朱阁，低绮户，照无眠。不应有恨，何事长向别时圆？人有悲欢离合，月有阴晴圆缺，此事古难全。但愿人长久，千里共婵娟。（“长向”一作“偏向”）

**声声慢 · 寻寻觅觅**

宋 · 李清照

寻寻觅觅，冷冷清清，凄凄惨惨戚戚。乍暖还寒时候，最难将息。三杯两盏淡酒，怎敌他、晚来风急！雁过也，正伤心，却是旧时相识。

满地黄花堆积。憔悴损，如今有谁堪摘？守着窗儿，独自怎生得黑？梧桐更兼细雨，到黄昏、点点滴滴。这次第，怎一个愁字了得！（“守着窗儿”一作“守著窗儿”）

**钗头凤 · 红酥手**

宋 · 陆游

红酥手，黄縢酒，满城春色宫墙柳。东风恶，欢情薄。一怀愁绪，几年离索。错、错、错。

春如旧，人空瘦，泪痕红浥鲛绡透。桃花落，闲池阁。山盟虽在，锦书难托。莫、莫、莫！

**钗头凤 · 世情薄**

宋 · 唐婉

世情薄，人情恶，雨送黄昏花易落。晓风干，泪痕残。欲笺心事，独语斜阑。难，难，难！

人成各，今非昨，病魂常似秋千索。角声寒，夜阑珊。怕人寻问，咽泪装欢。瞒，瞒，瞒！（“装欢”通“妆”）

## 活动拓展

### 金缕曲 · 其七 · 答友

清 · 黄钧宰

天气清于洗，恰将些，愁丝恨缕，沁人心里。当日情怀今后事，细想从何说起。

便说也，无人听矣，放眼天池真咫尺，问何时，才作飞鹏徙，有志者，那能已。

年来我已心如水，但如何，人闲恨事，都无料理。只有文章遭挫折，还是伤心余事，独不见，如君壮志。酒后酣歌挥泪语，十年前，自负奇男子，怎潦倒，竟如此。

### 贺新凉　感怀

清 · 熊琏

把卷无心读。已拼著、烧琴煮鹤，锄松砍菊。不是才人多挫折，自信生来薄福。

更休说、穷途欲哭。昨夜梦中身有翼，听云边、谁唱飞仙曲。又却是，风敲竹。

人生到处难求足。最留意、炉香茗碗，山青水绿。长愿避人归净业，安得三间茅屋。

便逃出、红尘碌碌。鞠育深恩还未报，频稽首、私向慈云祝。身后事，何暇卜。

## 郑鄙人学盖

明・刘基

郑之鄙人学为盖。三年而大旱，无所用，弃而为秸槔。三年而大雨，又无所用，则还为盖焉。未几，盗起，民尽戎服，鲜用盖者。欲学为兵，则老矣。越有善农者，凿田种稻，三年皆涝。人谓宜泄水种黍，弗听，而仍其旧，乃大旱连岁。计其获，则偿歉而赢焉。故曰："旱斯具舟，热斯具裘。天下名言也！"

——《郁离子》

钟毓、钟会少有令誉。年十三，魏文帝闻之，语其父钟繇曰："可令二子来。"于是敕见。毓面有汗，帝曰："卿面何以汗？"毓对曰："战战惶惶，汗出如浆。"复问会："卿何以不汗？"对曰："战战栗栗，汗不敢出。"

——南朝・刘义庆《世说新语・言语》

思考：上述材料对我们面对困境、挫折与失败有何启迪和借鉴意义？

**【才艺展示】**

1. 开展智慧并勇于面对困境、挫折、失败的顺口溜、民谣、对联、宣传语、三句半、格言、诗词等作品的比赛，并展示比赛成果。

2. 用图说、展板、绘画、漫画、文字等方式，制作宣传如何智于并勇于面对困境、挫折、失败的海报、展板、黑板报、宣传专栏等。

3. 表演中学生智并勇于面对学习、创新活动中的困境、挫折、失败的情景剧、小品、舞剧、相声等。

4. 收集整理"机智或勇于挑战学习、生活中的困境、挫折、失败"的方法及措施，并上传到自己的网络空间、现代社交平台（如QQ、微信、微博等）。

5. 收集他人预防、应对学习活动中成绩总是无法提高，或解决与家长关系不好的方法，并向同学们讲述。

6. 举办沙龙、故事会、读书会、诗词会、讲座，交流自己预防、应对学习活动中成绩总是无法提高，或解决与家长关系（或人际交往）不好的方法、经验、体会。

**【交流活动】**

1. 举办中学生"正确面对和处理学生学习、生活、人际关系中的矛盾"的主题征文、短文比赛、演讲比赛，以及知识或技能竞赛。

2. 举办宣传"困境、挫折、失败面前我怎么办"的演出活动，交流"应对困境、挫折、失败"的经验教训、方法启示，并上传到网络、社交平台上。

3. 收集本年度本校、本年级、本班出现的"成功战胜困难、挫折、失败"的案例，整理后将具有典型意义的案例主人公在班上、年级、全校交流。

4. 用列举、讲述、讨论等方式，谈谈微信、QQ、计算机、网络通信、手机等现代社交平台对学习质量和效益的影响。

5. 组织“我的成长”或“我的无形财富”应对困境、挫折、失败的墙报或展板交流活动。

6. 举办“顺境逆境任我行”“挫折、失败是财富”的主题班会、经验介绍会、教训总结会，方法交流推荐会。

【信息共享】

请同学们收集整理有关正确面对困难、挫折和失败的歌曲，并粘贴于此处。

粘　贴

**一时之计，俱造百世之业！**

明·冯梦龙

楚、汉久相持未决，项羽谓汉王曰：“天下汹汹，徒以我两人。愿与王挑战决雌雄，毋徒罢天下父子为也。”汉王笑谢曰：“吾宁斗智，不能斗力。”项王乃与汉王相与临广武间而语，汉王数羽罪十，项王大怒，伏弩射中汉王，汉王伤胸，乃扪足曰：“虏中吾指。”汉王病创卧，张良强起行劳军，以安士卒，毋令楚乘胜于汉。汉王出行军，病甚，因驰入成皋。

——《智囊全集·捷智部·汉高祖》

【认识活动】

1. 开展中学生遭遇困境、挫折、关键性失误、失败时的观念与行为的调查，并分析调查结果，寻找遭遇困境、挫折、关键性失误、失败的原因，寻求解决的对策。

2. 走进社区，收集人们“忽视或不重视寻找遭遇困境、挫折、关键性失误、失败的原因，寻

千磨万击还坚劲，任尔东西南北风。

求解决的对策而导致更大的损失”的案例，形成相关经验教训集。

3. 上网收集“中学生学业、关键性考试失败”或“中学生学业、关键性考试成功”的案例，分析中学生预防和应对困境、顺境、挫折、成功的特点。

4. 开展以“学习成绩长期低迷、人际交往遭遇障碍，是好事还是坏事”为主题的辩论比赛活动，或“面对学习成绩长期低迷、人际交往遭遇障碍，我的做法”的经验教训交流活动。

5. 开展家长、老师、学生、教育局领导“面对学生较长时间成绩低迷徘徊、波浪式变换的态度与对策”的社会调查，了解他们对学生学习成绩的影响。

6. 收集学生、家长、老师对待学生学习成绩较长时间成绩低迷徘徊、波浪式变换的态度与对策失误造成不利影响的案例，归纳导致不利影响的主客观原因。

**【实践活动】**

1. 开展“勇敢直面困境、挫折、失败的学习生活、人际交往”的志愿服务宣传活动，传播正确认识和处理学习生活、人际交往困境、挫折、失败的方法。

2. 调查当前本班师生认识和处理本班学生学业、同学（或师生、家长与子女）关系困境、挫折的现状，分析存在的问题，探寻改进或解决之道。

3. 在社区家庭开展有关“家长对子女学习困境、挫折的认识和处理情况”的社会调查，了解人们对子女学业的态度和对策、方法，分析影响子女学业质量和学业水平的因素，提出提升子女学业水平和学业质量的方法、措施。

4. 开展“如何摆脱学业（人际交往）困境”的经验、方法介绍会。

5. 开展“正确认识和处理学习（人际交往）困境、挫折”的倡议，或开展相关的签名活动。

6. 设计中学生“学习（人际交往）困境、挫折、失败”测试表，做出相关风险提示。

## 实践探究

### 祸福同门，利害为邻

汉 · 刘安

夫祸之来也，人自生之；福之来也，人自成之。祸与福同门，利与害为邻，非神圣人，莫之能分。凡人之举事，莫不先以其知规虑揣度，而后敢以定谋，其或利或害，此愚智之所以异也。晓自然以为智，知存亡之枢机，祸福之门户，举而用之，陷溺于难者，不可胜计也。使知所为是者，事必可行，则天下无不达之途矣。是故知虑者，祸福之门户也；动静者，利害之枢机也。百事之变化，国家之治乱，待而后成。是故不溺于难者成，是故不可不慎也。

天下有三危：少德而多宠，一危也；才下而位高，二危也；身无大功而受厚禄，三危也。故物或损之而益，或益之而损。何以知其然也？昔者，楚庄王既胜晋于河、雍之间，归而封孙叔敖，辞而不受。病疽将死，谓其子曰：“吾则死矣，王必封女。女必让肥饶之地，而受沙石之间有寝丘者。其地确石而名丑，荆人鬼，越人禨，人莫之利也。”孙叔敖死，王果封其子以肥饶之地。其子辞而不受，请有寝之丘。楚国之俗，功臣二世而爵禄，惟孙叔敖独存。此所谓损之而益也。何谓益之而损？昔晋厉公南伐楚，东伐齐，西伐秦，北伐燕，兵横行天下而无所绻，威服四方而无所诎，遂合诸侯于嘉陵。气充志骄，淫侈无度，暴虐万民。内无辅拂之臣，外无诸侯之助，戮杀大臣，亲近导谀。明年出游匠骊氏，栾书、中行偃劫而幽之。诸侯莫之救，百姓莫之哀，三月而死。夫战胜攻取，地广而名尊，此天下所愿也，然而终于身死国亡，此所谓益之而损者也。夫孙叔敖之请有寝之丘，沙石之地，所以累世不夺也；晋厉公之合诸侯于嘉陵，所以身死于匠骊氏也。众人皆知利利而病病也，唯圣人知病之为利，知利之为病也。夫再实之木根必伤，掘藏之家必有殃。以言大利而反为害也。张武教智伯夺韩、魏之地而禽于晋阳，申叔时教庄王封陈氏之后而霸天下。孔子读《易》，至《损》、《益》，未尝不愤然而叹，曰："益损者，其王者之事与！事或欲与利之，适足以害之；或欲害之，乃反以利之。利害之反，祸福之门户，不可不察也。"

——《淮南子·人间训》

祸福同门，利害为邻。刘安的《人间训》给我们面对困境、挫折与失败有什么启示？

**【才艺拓展】**

1. 编绘"困境、挫折、失败的特点，规避、改变困境、挫折、失败的方法"的小宣传册、漫画册、连环画，并展示编绘成果。

2. 开展勇敢、机智应对学业（人际交往）困境、挫折、失败的模拟活动，创作"直面困境、挫折、失败"的歌曲、歌剧、话剧、舞蹈作品，并开展展演晚会活动。

3. 创作表现消极对待学业（人际关系）困境、挫折、失败等并产生严重后果的小品、相声、戏剧作品，并进行展演。

4. 收集整理科学、理性、机智面对学业（人际关系）困境、挫折、失败的方法，并制作人们在学习（人际交往）时面临的风险检测表或风险警示手册。

5. 创作能起到警示作用的"学业（人际交往）困境、挫折、失败的产生与影响"的绘画、漫画、诗歌作品，并开展绘画展、漫画展、诗歌比赛等活动。

6. 开展拍摄揭示学业（人际交往）困境、挫折、失败产生的影响，以及处理不当（失误）及其影响的微电影、视频比赛活动，并上传到社交平台或网站。

**【创新发展】**

1. 到地铁站、学校、社区开展以"直面困境、挫折、失败"为主题的志愿服务宣传活动，并对活动进行总结或利用美篇进行报道。

2. 制作中学生"直面困境、挫折、失败"的网页，设计如何有效预防与应对学业（人际关系）困境、挫折、失败的 App。

3. 走进大学实验室、创业基地，了解大学是如何预防和应对科学实验、创业过程中的困境、挫折、失败的，并形成可供学习借鉴的成果。

> 事者，难成而易败也；名者，难立而易废也。（西汉·刘安）

4. 走进法庭、看守所、监狱等机构，调查、了解人们不能正确认识和处理困境、挫折、失败而走上犯罪的典型案例，剖析其原因，研究预防的措施、应对的策略。

5. 拍摄对学业（人际关系、工作、生活）困境、挫折、失败应对不同导致不同结果的系列情景剧，并在本校电视台播出，或上传学校网站、个人社交平台。

6. 开展人类（或中国古代）如何处理学业（人生、工作、生活、人际交往）困境、挫折、失败的研究，并提出相关的政策性建议。

## 我的收获

Adversity reveals genius. Mishaps are like knives that either serve us or cut us as we grasp them by the handle or blade. No one can degrade us except ourselves. If we are worthy, no influence can defeat us. No pain , no palm. No cross, no crown. The chinese word for crisis is divided into two characters, one meaning danger and the other meaning opportunity.

困境、挫折、失败，或许会伴我同行，或许一时使我不振。但只要我们有一颗坚强、平常的心，充满正能量和智慧的灵魂，就没有过不去的坎。面对困境、挫折、失败，我会：

## 相关链接

中国心理健康网：http：//www. chinaxlbj. org/

中国心理测试网：http：//www. zgxlcs. com/

中国心理网：http：//www. psy. com. cn/

问世间，情为何物，直教生死相许？

# 第五章 循理尊法、促进成长安全

学习是我们健康、快乐成长的催化剂、营养源。科学学习、智慧健康地生活，既需要我们全心全意、真心实意地去学，更需要我们遵循规律、遵守规矩。

## 读书有所见作

清・萧抡谓

人心如良苗，得养乃滋长；苗以泉水灌，心以理义养。
一日不读书，胸臆无佳想。一月不读书，耳目失精爽。

## 王 冕 好 学

明・宋濂

王冕者，诸暨人。七八岁时，父命牧牛陇上，窃入学舍，听诸生诵书；听已，辄默记。暮归，忘其牛。或牵牛来责蹊田者。父怒，挞之，已而复如初。母曰："儿痴如此，曷不听其所为？"冕因去，依僧寺以居。夜潜出，坐佛膝上，执策映长明灯读之，琅琅达旦。佛像多土偶，狞恶可怖；冕小儿，恬若不见。

安阳韩性闻而异之，录为弟子，学遂为通儒。性卒，门人事冕如事性。时冕父已卒，即迎母入越城就养。久之，母思还故里，冕买白牛驾母车，自被古冠服随车后。乡里儿竞遮道讪笑，冕亦笑。

## 读　　书

唐・柳宗元

幽沉谢世事，俯默窥唐虞。上下观古今，起伏千万途。遇欣或自笑，感戚亦以吁。
缥帙各舒散，前后互相逾。瘴痾扰灵府，日与往昔殊。临文乍了了，彻卷兀若无。
竟夕谁与言，但与竹素俱。倦极更倒卧，熟寐乃一苏。欠伸展肢体，吟咏心自愉。
得意适其适，非愿为世儒。道尽即闭口，萧散捐囚拘。巧者为我拙，智者为我愚。
书史足自悦，安用勤与劬。贵尔六尺躯，勿为名所驱。

科学学习，不可不寻理尊法、孜孜以求。学习本章，以求于无声处浪遏飞舟。

# 第9课　维护学习权益，学会科学学习

## 生活警示

### 冒名顶替入学，谁之过？

内蒙女孩麻某珍临近大学毕业时，得知来自山东的“高考移民”许某娟冒用她的身份信息，从内蒙古考入了山西的中北大学。从得知身份被冒用后，8年间，麻某珍不停奔波于内蒙古财经大学、中北大学、乌海市公安局、内蒙古自治区教育厅、山西省教育厅、教育部。2016年年初，尽管她从公安机关拿到了户籍被许某娟冒用的证明，但问题始终没有解决，麻某珍的学历仍然无法认证，无法考取行业相关的资格证书，无法考研。

### 改变，会有意想不到的收获！

武汉二中的学生曹某怡，是一个聪明、活泼、爱玩、富有爱心、有亲和力、思想上有想法，但叛逆、成绩一直不拔尖，中考没有达到自己理想的二中录取分数线，只进了二中国际部国内班。进入文科班后，上课仍然爱玩手机，喜欢开玩笑，像个男孩疯闹。老师了解到她的情况后，在课堂教学中，有意地利用她爱玩手机的特点和语文课代表的身份，就课外知识请她发言，她偷偷利用手机迅速查阅相关知识并回答，这样逐步改变了她爱玩手机的习惯；老师了解到她喜欢自学国外经济学等专著，与她一起探讨中国经济政治问题及其解决之道，并鼓励她多看看中国经济、政治史，了解我国中华人民共和国成立前的经济政治状况及中华人民共和国成立后我国经济政治发展和理论探索情况。渐渐地，曹某怡懂得了每个国家都有自己的国情，鞋子合不合脚，只有那个国家的人民最清楚。她逐渐改变了原来看问题的方法和对有关问题的看法，学习劲头更足了。在2016年的高考中，曹某怡斩获湖北省文科状元。播种一种行为，收获一种习惯；播种一种习惯，收获一种性格；播种一种性格，收获一种命运。改变一种看问题的方法，你会收获整个世界。

### 学习权利被侵，怎么办？

小李（化名）是某高校的研究生，其导师总是要求小李帮他做一些私人劳务：整理家务，买一日三餐，取快递，洗车等。这些事情占据了小李很多休息和学习时间，有时小李正在图书馆看书，就会收到导师叫他干活的微信，如果小李不能立刻赶到，导师还要责骂小李。小李多次想拒绝，可是又担心导师不让他顺利毕业，他苦不敢言。

### 缓解“择校热”，难！

每年五六月份都是幼升小问题最集中的时段。

教育部要求，按照“学校划片招生、生源就近入学”的总体目标，根据县域内适龄学生人数、学校分布、学校规模、交通状况等因素，为每所义务教育学校科学划定服务片区范围，确保义务教育免试就近入学政策全覆盖。学校数量较多的区县要合理划分学区范围，确保各学区之间优质教育资源大致均衡。

随着城市规模的不断扩大和城市人口的不断增加，上学难仍然是城市发展过程中的一项民生难题，受到人们的热切关注。主要包括：

进城务工人员子女入学、转学问题没有得到很好解决。

学区是按照行政区域划分，但配套的教育服务却简单以区域、户籍、房产等划分，导致入学登记出现多重标准。

人口流动明显增加，以户籍划分学区的方式，导致长期跨区域居住工作的人员子女无法就近入学的矛盾越来越突出。

因教育配套服务较差，导致学区房、学位房无法兑现承诺，同时也导致无法就近入学的情况出现。

因部分公办学校相对条件差，使得就近入学与“择校”现象矛盾突出。

拆迁后无法及时回迁导致无法在租住地实现就近入学，同时也存在拆迁前后入学条件不一的情况。

二孩政策放开也需要及时更新一户一人次享受学区内入学的政策。

## 生活探究

【知道、识道】

1. 说说：我或我的同学、亲人、朋友、亲戚、熟人有过不关注，或损害学习权益的事情吗？是怎样的一些事情？最后的结果是怎样的？我们会学习吗？依据是什么？

2. 谈谈：我所知道的不重视，或伤害学习权益的案例、表现及结果。我们不会科学学习的表现有哪些？

3. 想想：将来还可能出现哪些伤害学习权益的情况和问题？还有可能出现哪些不是科学学习的表现？

【问道、得道】

4. 讨论：上述案例中，为何会伤害学习权益？为何会出现伤害学习权益的情况？它会产生什么样的影响？会/不会科学学习的原因及后果如何？

5. 分析：当不重视、不关注学习权益，或伤害学习权益的情况出现后，人们通常会怎样处理？这样的处理是否合法合规和符合社会发展与人的发展的需要？我们在学习过程中是否重视科学学习？为什么会不重视或者重视？

6. 谋划：我们如何预防和应对不重视、不关注、伤害学习权益的情况发生？如何避免损害学习权益产生严重后果？如何克服学习方法不科学、学习态度不端正、不会安排和管理时间、不会管理和控制情绪等问题？

【行道、布道】

7. 讨论：上述案例，对我们维护学习权益、实现科学学习有什么教训或启示？我们应该如何面对不关注、不重视、伤害学习权益的事情？如何正确面对不会科学学习？

8. 分享：我是如何预防和应对不关注、不重视、伤害学习权益的事情，防止其危害发生的？当类似麻烦和危害发生后，我是如何将麻烦和损害降到最低限度的？

9. 传道：我是如何实现科学学习的？我是如何科学学习的？我是如何捍卫我的学习权益的？维护全社会的学习权益，促进全社会科学学习，我们能做些什么？我们该做些什么？

## 知识仓库

### 1. 受教育权

受教育权，是公民的基本权利之一。由宪法确认和保障的公民受教育的权利。

我国宪法确认的公民有受教育权利和义务，指公民有获得文化科学知识和不断提高思想觉悟、道德水平的权利，而且每个公民都必须按照法律要求，接受教育。《宪法》规定，国家培养青年、少年、儿童在品德、智力、体质等方面全面发展。

受教育权包括两个基本要素：（1）公民均有上学接受教育的权利；（2）国家提供教育设施，培养教师，为公民受教育创造必要机会和物质条件。如某一个人没有受教育的机会，无法上学，他就丧失了受教育权；如果缺乏教育的物质保障或法律保障，公民的受教育权也可能落空。

### 2. 智慧学习的科学方法

（1）规划好每一天或者每一周，设置循序渐进的学习目标并努力达成。夜以继日、埋头苦干并习以为常地用知识填充着自己时，学习的低效益结果不言而喻。经过一晚上的挑灯夜战，认知和记忆能力的负面影响可能长达四天。规划好一天或者每一周，用固定的路线，让大脑更好地学习，几次之后，大脑习惯在固定时间学习，学习会变得更加简单。

（2）将学习时间分割成小块。研究表明，将学习时间分割成小块，比 10 个小时的填鸭式学习要有效得多。把这 10 个小时分散到几周，每次 20~30 分钟效率更佳。这是因为大脑在神经添加数据和处理数据时，小段时间单元不断强化，比单一的大时间单元效率更高。

（3）学会整理知识，形成学习卡片已被证实是帮助记忆的有效工具。研究证明，花上几个小时被动地读笔记或在课本上画重点，效率低下。因为它并不会提升你对知识点的理解，也不会帮助你将关键概念归纳在一起，会浪费时间，还吸引过多的注意力。整理知识，形成学习卡片已被证实是帮助记忆的有效工具。无论是在你规划的学习时间，还是在放学回家的公交车上，学习卡片还可以帮助我们明确每段时间的学习目标，这样就可以避免漫无目的的学习。

（4）善于排除干扰因素，把你的手机扔到旁边。研究表明，在配全你所需工具的特定私密位置学习是最棒的，能让大脑学习更加充分。有些研究证明，特定的古典音乐可以提高注意力，但最近有研究指出，在一个有旋律背景噪音的地方学习，不利于集中注意力，那些学习时不听音乐的人，能更好地集中精力。如果你在学习时，手机在身旁，短信和社交软件的响声提醒，会严重降低你的注意力。

（5）善于练习，适度模拟。学习是离不开练习的。俗话说，拳不离手、曲不离口，强调的就是练习的重要性。如果你以为能听懂老师讲的知识就足够，那就大错特错了。没有经过练习的知识是不会牢固的。在必要的时候，还应该进行强化训练，以增加运用知识的熟练程度。要善于分配练习的时间，知道何时应该适可而止。模拟测试可以提高自信。选一个你想重点关注的方面，如不能简洁地回答，就表明你对知识点的理解不够透彻。模拟测试还被证明可以提高自信，从而使你可以更好地发挥。

（6）勤于思考。学而不思则罔。在学习过程中，如果不进行主动地思考，而仅仅是被动地接受知识，就不是一种有策略的学习，也不会取得好的效果。“勤于思考”要注意知识前后的联系，通过理解知识而掌握知识，而不要死记硬背。通过理解而进行的学习是意义学习。意义学习更牢固、不容易遗忘，并且容易发生迁移，在以后的学习中能举一反三、触类旁通。

（7）勤置疑、善提问、勇发问。小疑则小进，大疑则大进，如果对知识只是不加分析地接受，就不会有任何进步。因为学习的本质是获得能力上的提高，而不是知识的增长。因此，善于并勤于思考，敢于提出质疑，不要做“思想的懒汉”“接受知识的机器”，不是囫囵吞枣，而是咀嚼、消化。学问学问，学习离不开发问。好奇是一种可贵的品质。没有好奇、从不发问，人就不会成长，社会就不会发展。有时，父母或者老师会对你的问题感到不耐烦，那是他们的不对，你并没有错。千万别因为他们的错误行为而放弃自己的正确行为。所以，你一定要继续保持发问的勇气！有时你可能对于提问有很多顾虑。比如，担心别人说自己笨，担心问这个问题很傻，担心问多了老师会不耐烦。孔子说，“敏而好学，不耻下问”，向不如自己的人请教都不是羞耻的事情，更何况是向老师请教？有不懂的地方，勇敢地举起自己的手！否则，日积月累，问题就会越来越多、越来越严重，修补起来会更困难。

## 活动拓展

### 苏洵读书

宋朝的苏洵，又称苏老泉，苏东坡的父亲，唐宋八大家之一。在年轻的时候，苏洵一点儿也不愿意念书，成天东游西逛，无所事事。

北宋明道元年（1032年），苏洵母亲史氏病故，葬于眉山县修文乡安道里苏氏祖坟。苏洵第一次上欧阳内翰书说：“洵少年不学，生二十五岁始知读书，从士君子游。”时间实已太晚，何况一开头的时候，态度又很不认真，仗着聪明，看看与他同辈的人，都不见得比自己高明，以为读书并不难。但是到第一次应乡试举人，他却不幸落第。这次失败，使他痛自检讨，再搬出几百篇自己的旧作细读，不禁喟然叹道：“吾今之学，乃犹未之学也！”决心取出《论语》、《孟子》、韩愈文来从头再读，继续穷究诗书经传诸子百家之书，贯穿古今。每日端坐在书斋里，苦读不休者达六七年，并发誓读书未成熟前，不写任何文章。此时，苏洵已二十七岁。所以欧阳修作墓志铭，张方平作墓表，史本传皆言：“年二十七，始发愤读书。”

苏洵发愤读书后，读书的态度和以前迥然不同。相传有一年的端午节，程夫人看他一直待在书房里，连早餐也忘了，特地剥了几只粽子，连一碟白糖，送去书房，没有打扰他便悄悄地走开了！近午时分，收拾盘碟时，发现粽子已经吃完，糖碟原封未动，然而却在砚台的四周，残留下不少的糯米粒，苏洵的嘴边，也是黑白斑斑，黑的是墨，白的是糯米粒，原来苏洵只顾专心读书，把砚台当成糖碟，蘸在粽子上的，是墨不是糖。

有一天，苏洵在书房里整理他以前写的书稿时，发现了自己的不足，因为连自己也感到不满意，又怎能让它们在世上流传呢？于是他将这数百篇书稿统统抱出屋去，放在一个空地上，点上一把火，化为灰烬。他之所以这样做，正是为了坚定从头学起的决心。焚稿后，他如同放下一个沉重的包袱，更加轻松愉快地刻苦学习了。苏洵有时在家闭门苦读，有时奔走四方，求师访友，一年到头忙个不停，以致后来他两个儿子的学习都要靠他妻子教导。

经过二十多年的努力奋斗，苏洵已经阅读了大量的书籍，既精通《五经》和诸子百家学说，同时又对古今是非成败的道理进行探讨，使自己具有了渊博的知识和惊人的才智，再写起文章来，往往到了“下笔顷刻数千言”的程度。他写了许多有研究价值的论文，受到了家乡学者的倾慕，他自己也真正体会到成功的乐趣。

北宋嘉祐二年（1057年），翰林学士欧阳修知贡举，梅圣俞参与其事。他们看了苏轼的试卷，“以为异人”；对苏辙也颇欣赏，“亦以谓不忝其家”，于是兄弟俩同第进士高等。苏轼当时二十二岁，苏辙十九岁。由于苏氏兄弟一起高中，还曾引起一场风波，落第的考生们有表示不服的，甚至怨谤纷纷。但三苏却因此很快成名了。苏轼兄弟就正是这样在“士人”的“怨谤”中脱颖而出。这时欧阳修又特别赞赏苏洵的文章，誉之为“孙卿子之书”，并献诸朝廷。于是，“一日父子隐然名动京师，而苏氏文章遂擅天下”。许多考生，争读他们的文章，甚至学习他们朴实高古的风格。当时有谚语说：“苏文生，吃菜根；苏文熟，吃羊肉。”是说精熟三苏的文章，就能登科及第，享有富贵，足见三苏文章受世人重视的程度。

据说，苏辙兄弟登科时，苏洵对两个儿子因一举成功，而自己却曾是科场的败将，有所感触道：“莫道登科易，老夫如登天，莫道登科难，小儿如拾芥。”

## 送石昌言使北引

宋·苏洵

昌言举进士时，吾始数岁，未学也。忆与群儿戏先府君侧，昌言从旁取枣栗啖我；家居相近，又以亲戚故，甚狎。昌言举进士，日有名。吾后渐长，亦稍知读书，学句读、属对、声律，未成而废。昌言闻吾废学，虽不言，察其意，甚恨。后十余年，昌言及第第四人，守官四方，不相闻。吾日益壮大，乃能感悔，摧折复学。又数年，游京师，见昌言长安，相与劳问，如平生欢。出文十数首，昌言甚喜称善。吾晚学无师，虽日当文，中甚自惭；及闻昌言说，乃颇自喜。今十余年，又来京师，而昌言官两制，乃为天子出使万里外强悍不屈之虏庭，建大旆，从骑数百，送车千乘，出都门，意气慨然。自思为儿时，见昌言先府君旁，安知其至此？富贵不足怪，吾于昌言独有感也！大丈夫生不为将，得为使，折冲口舌之间足矣。

思考：苏老泉，二十七。始发愤，读书籍。彼既老，犹悔迟。这给我们什么启示？

**【才艺展示】**

1. 开展正确维护学习权益，学会科学学习的顺口溜、民谣、对联、宣传语、三句半、格言、诗词等作品的比赛，并展示比赛成果。

2. 用图说、展板、绘画、漫画、文字等方式，制作宣传如何正确维护学习权益，如何科学学习的海报、展板、黑板报、宣传专栏等。

3. 表演“维护学习权益，学会科学学习”中的酸甜苦辣、艰难困苦、心灵涤荡的情景剧、小品、舞剧、相声等。

4. 收集整理“科学学习”的方法及措施，并上传到自己的网络空间、现代社交平台（如 QQ、微信、微博等）。

5. 收集并向同学们讲述维护学习权益的故事，向同学们传授科学学习的有效方法和技巧。

6. 举办沙龙、故事会、读书会、诗词会、讲座，交流自己正确维护学习权益，学会科学学习的经验体会。

【交流活动】

1. 举办中学生“正确维护和实现学习权益”的主题征文、短文比赛、演讲比赛，以及如何科学学习，提高学习效益的知识或方法交流。

2. 举办宣传“正确维护和实现学习权益”的演出活动，交流“提示学习能力和学科素养”的经验、方法，并上传到网络、社交平台上。

3. 收集有关“阻碍学习权益的有效实现，剥夺、损害学习权益受到法律制裁”的资料，宣传正确维护和实现学习权益的方法和策略。

4. 用列举、讲述、讨论等方式，谈谈利用微信、QQ、网络等现代社交平台开展学习活动的利弊及其影响。

5. 观察同班或同年级同学的学习活动，并撰写“正确、充分、有效行使学习权利”的倡议或建议书。

6. 举办如何正确、充分、有效行使学习权利的主题班会、经验介绍会、教训总结会、方法交流推荐会。模拟正确正确、充分、有效行使学习权利的活动。

【信息共享】

请同学们收集整理关于科学学习的歌曲，并粘贴于此处。

粘　贴

大学之道，在明明德，在亲民，在止于至善。

知止而后有定，定而后能静，静而后能安，安而后能虑，虑而后能得。物有本末，事有终始。知所先后，则近道矣。

古之欲明明德于天下者，先治其国；欲治其国者，先齐其家；欲齐其家者，先修其身；欲修其身者，先正其心；欲正其心者，先诚其意；欲诚其意者，先致其知。致知在格物。物格而后知至，知至而后意诚，意诚而后心正，心正而后身修，身修而后家齐，家齐而后国治，国治而后天下平。

自天子以至于庶人，壹是皆以修身为本。其本乱，而末治者否矣。其所厚者薄，而其所薄者厚，未之有也。此谓知本，此谓知之至也。

——《大学》

**【认识活动】**

1. 开展中学生利用微信、QQ、网络开展学习活动的观念与行为的调查，并对调查结果进行分析，寻找这种学习方式存在的原因、产生的影响及利弊，寻求趋利避害的措施。

2. 走进社区，收集“人们对利用微信、QQ、网络开展学习活动的现状及利弊的认识”以及“利用微信、QQ、网络开展学习活动产生危害和后果”的案例，并形成相关经验教训集。

3. 上网收集“剥夺、妨碍学习权益实现产生的危害和后果”的典型案例，形成对“促进学习权益的维护和实现”的正确认识。

4. 开展以“正确维护和实现学习权益”为主题的辩论比赛活动，或科学学习的经验教训交流活动。

5. 走进年级或社区家庭开展“人们的学习时间及利用状况，学习行为、方式、方法、态度、状态、习惯、效果效益、途径”的社会调查，了解人们学习权益实现的情况和学习对人们工作、生活的影响。

6. 收集错误的学习方法、学习态度，不良的学习习惯、学习行为产生的后果及影响的案例，归纳导致学习权益受损的主客观原因，以及给人们的警示。

**【实践活动】**

1. 开展“正确维护和实现学习权益”的志愿服务宣传活动，传播科学学习的方法、益处。

2. 调查“班级中有损学习权益实现的意识和行为现状及其产生的后果和影响”的情况，提出相关改进措施或方案。

3. 在社区家庭开展有关“维护和实现学生学习权益”的社会调查，了解现状，归纳存在的影响学习权益实现的风险，做出相关风险提示，或提出应对措施。

4. 开展“正确维护和实现学生学习权益，促进科学学习”的经验、方法介绍会，发出“正确维护和实现学生学习权益”的倡议，或开展相关的签名活动。

5. 关注并向相关国家机关举报剥夺或伤害学习权益实现的违法行为。

6. 设计能促进班级同学维护和实现学习权益，实现科学学习的监督表和监督制度。

苟日新，日日新，又日新。

## 实践探究

### 邴原泣学

明 · 李贽

邴原少孤，数岁时，过书舍而泣。师曰：“童子何泣？”原曰：“孤者易伤，贫者易感。夫书者，凡得学者，有亲也。一则愿其不孤，二则羡其得学，中心伤感，故泣耳。”师恻然曰：“欲书可耳！”原曰：“无钱资。”师曰：“童子苟有志，吾徒相教，不求资也。”于是遂就书。一冬之间，诵《孝经》《论语》。

——《初潭集》

### 袁州州学记

宋 · 李觏

皇帝二十有三年，制诏州县立学。惟时守令，有哲有愚。有屈力殚虑，祇顺德意；有假官借师，苟具文书。或连数城，亡诵弦声。倡而不和，教尼不行。

三十有二年，范阳祖君无泽知袁州。始至，进诸生，知学宫阙状。大惧人材放失，儒效阔疏，亡以称上意旨。通判颍川陈君侁，闻而是之，议以克合。相旧夫子庙，狭隘不足改为，乃营治之东。厥土燥刚，厥位面阳，厥材孔良。殿堂门庑，黝垩丹漆，举以法。故生师有舍，庖廪有次。百尔器备，并手偕作。工善吏勤，晨夜展力，越明年成。

舍菜且有日，盱江李觏谂于众曰：“惟四代之学，考诸经可见已。秦以山西鏖六国，欲帝万世，刘氏一呼，而关门不守，武夫健将，卖降恐后，何耶？诗书之道废，人惟见利而不闻义焉耳。孝武乘丰富，世祖出戎行，皆孳孳学术。俗化之厚，延于灵、献。草茅危言者，折首而不悔；功烈震主者，闻命而释兵；群雄相视，不敢去臣位，尚数十年。教道之结人心如此。今代遭圣神，尔袁得贤君，俾尔由庠序，践古人之迹。天下治，则谭礼乐以陶吾民：一有不幸，尤当仗大节，为臣死忠，为子死孝。使人有所赖，且有所法。是惟朝家教学之意。若其弄笔墨以徼利达而已，岂徒二三子之羞，抑亦为国者之忧。”

此年实至和甲午，夏某月甲子记。

——《古文观止 · 卷九 · 唐宋文》

上述两则故事，给我们维护学习权益、学会科学学习提供的借鉴意义和启示是什么？

**【才艺拓展】**

1. 编绘“正确维护和实现学习权益，学会科学学习”的小宣传册、连环画，并展示编绘成果。

2. 开展正确维护和实现学生学习权益的模拟活动，创作“维护和实现学生学习权益”的歌曲、歌剧、话剧、舞蹈作品，并开展展演晚会活动。

3. 创作表现剥夺或伤害学生学习权益实现会产生严重后果，或机智维护和实现学生学习权益的小品、相声、戏剧作品，并进行展演。

4. 收集青少年学生使用 QQ、微信、互联网完成学习任务出现风险的案例，并制作青少年学生使用 QQ、微信、互联网开展学习活动的风险检测表或风险警示手册。

5. 通过自己的走访、观察，创作能起到警示作用的“青少年学生使用 QQ、微信、互联网完成学习的风险及其应对”的绘画、漫画、诗歌作品，并开展绘画展、漫画展、诗歌比赛等活动。

6. 开展拍摄“正确维护和实现学习权益，开展科学学习”的微电影、视频比赛活动，并上传到社交平台或网站。

【创新发展】

1. 到地铁站、学校、社区开展几场“正确维护和实现学习权益”的志愿服务宣传活动，并对活动进行总结或利用美篇进行报道。

2. 制作中学生“正确维护和实现学习权益，开展科学学习，促进全面发展”的网页，设计预防“学习权益受损”的 App。

3. 走进大学创新基地，在大学老师的指导下，利用所学知识开发能促进科学学习的技术或工具。

4. 开展新形势下妨碍或损害学习权益实现的危害及后果的研究，探索相关预防、应对措施，探讨预防或应对新形势下使用社交网络或社交平台学习的风险的措施。

5. 开发能监测、规避使用社交网络或社交平台学习风险的技术软件，或设计能预防使用网络、手机、微信、QQ 等现代社交工具学习风险的技术产品。

6. 开展中学生使用现代互联网学习的现状与特点的研究，并提出相关的政策建议。

## 我的收获

The roots of education are bitter , but the fruit is sweet.

The more a man learns , the more he knows his ignorance.

If a man empties his purse into his head , no man can take it away from him. The investment in knowledge always pays the best interest .

Rome wasn’t built in one day. Your hardworking will be rewarded by god one day. God is equal to everyone!

If you don’t learn to think when you are young, you may never learn.

Always bear in mind that your own resolution to success is more important than anything.

学习对于我们的重要性不言而喻。成长离不开学习。通过学习上述关于维护学习权益，学会科学学习的知识，我懂得了很多。

| |
|---|
| |
| |
| |

## 相关链接

1. 我国与学习权益相关的法律

《宪法》《教育法》《义务教育法》《未成年人保护法》《民办教育促进法》《职业教育法》《教师法》《高等教育法》《国家教育考试违规处理办法》《教育行政处罚暂行实施办法》《中国汉语水平考试（HSK）办法》《高等学校招生全国统一考试管理处罚暂行规定》

2. CCTV 中学生：http：//cctv. studytv. cn/

# 第 10 课　健全人格心理，创造愉悦生活

## 生活警示

### 心病，如何医？

中考成绩不理想的晓东，被爸爸妈妈送到了一所重点中学就读。

刚上学没两天，晓东就给爸妈打电话说生病了，爸妈非常紧张，赶快跑到学校把他接出来去医院做检查，发现指标都正常，就把他又送回了学校。没过两天，晓东又打电话说身体不舒服，爸妈仍然很紧张，又把他从学校里接出来，到医院做了一个更全面的检查，光检查费用就花了四五千，可检查结果还是各项指标正常。没过两天，晓东终于撕破脸皮，直接说："我就是不想在这儿上学，我要回家，你们赶快来接我。"爸妈不答应，孩子就威胁父母，说如果不来接他就离家出走。学校害怕他离家出走，不停敦促家长赶快把晓东接回去。

僵持不下，他的已经工作的姐姐很着急，希望有灵丹妙药，直接把这个问题摆平，最好是弟弟再也不吵着回家，愿意在学校里安心学习，再也不要挟父母，给父母找事儿了。

### 改变，就会实现逆袭！

某市重点中学的蔡某，以为进了重点中学就有了保障。于是开始上网、看小说。基本上每节课都拿着个电子词典躲在后面看小说。放学了，先去网吧玩一个小时再回家。高二分班时，他被分到全年级最差的理科班。一直到高三，其成绩从来没超过 300 分。

他跟父母说想去香港上大学。他妈妈说，只要你考上香港大学，就算把房子卖了也要让你去读。他感动得痛哭了一场，下定决心：一定要创造一个奇迹。离高考还有 230 天。他去书店买了大量的资料，还给自己报了一个补习班。开始每天只睡 7 个小时、不理同学们的嘲笑，通过不懈努力、不骄不躁，高考考了 641 分，成功实现逆袭。

### 别放弃自己！

15 岁的小 A 非常聪明，父母很少管他的学习生活。父母离婚后，小 A 被判给父亲抚养，父亲常年不在家，他和奶奶一起生活，中考成绩刚过普高线，家里十分高兴。小 A 成为某普通中学高一学生，已经超出他及家人对他的预期。他打算高中三年继续混到毕业。

小 A 的学习习惯很不好，不交作业，迟到旷课则更是家常便饭。进校后，他成了学校老师最头疼和最不想教的学生。英语课堂上听写，老师允许他先照着书抄一遍，他却连笔都懒得动。开学一个月，他没交过一次作业，老师找他谈话，他理直气壮地对老师说："我进高中就是来混的，你们不要管我！"。

小 A 网游成瘾，每天回家就是玩游戏，经常玩到凌晨两三点，几乎天天上学迟到，来校后大部分上课时间也是在睡觉中度过。班主任指出小 A 迟到、上课睡觉，他就在教室里和班主任顶撞，说

些难听的话。年轻的班主任回到办公室只能委屈地流泪。

小 A 和同学相处也不友好，还欺负同学。放学后他在篮球场上打球，为争夺场地，和 B 同学吵了起来，还动手狠狠打了 B 同学，导致对方流鼻血并且身上多处瘀青。

对于小 A 在学校及班级产生的恶劣影响，很多老师及家长纷纷要求开除小 A。

### 压力，来自哪里？

小王自从升入高三后，成绩每况愈下，每天一回家，便躲在房间里不出来，而且几乎很少跟父母说话，与朋友的联络也越来越少。一开始王妈妈以为小王是因为升学压力太大，而出现暂时不适应的情况，岂料小王的状况越来越怪异，整日自言自语。某天晚上吃完晚饭后，小王竟然声称看到阎罗王要夺取他的性命，而父母便是牛头马面，于是拿起菜刀想要追杀父母。最后，小王被送入医院急诊，诊断的结果是精神分裂症。

高三学生 A 的成绩不错，但同桌的成绩和行为习惯都不太好。同桌的一些表现让 A 觉得同桌似乎有些嫉妒自己。A 在思考一个题目很入神时，同桌会转笔，飞速地转圈让 A 很反感，也打乱了 A 的思路。同桌吹口哨，但又不会吹曲子，只是在发出吁吁的声音，就像逗小孩小便的声音。当 A 表现出受同桌影响的迹象后，同桌的动作就变得格外变本加厉，让 A 觉得很挫败，影响了 A 的学习效率和心理。

## 生活探究

**【知道、识道】**

1. 说说：我或我的同学、亲人、朋友、亲戚、熟人有没有因心里不舒服而生烦生厌或出事故、生是非、出状况的？这会带来什么样的后果或影响？哪些情景会导致我们心里不舒服？

2. 谈谈：我所知道的中学生因心理、情绪、态度等而导致学习情况发生（好/坏）变化，并产生影响和后果的案例。

3. 想想：还有哪些因人们的心理、人格、情绪发生改变而产生影响和后果的案例？这些案例有何社会影响？

**【问道、得道】**

4. 讨论：上述案例中，为何他人的情绪、心理会影响自己的行为并产生后果，甚至是严重后果？独立、创造、愉悦的生活需要哪些元素？

5. 分析：有哪些情况影响人们的情绪、心理？有哪些因素必然会导致人格分裂和严重的心理疾病？我们该如何防范或化解这些妨碍我们健康成长的因素？

6. 谋划：面对心理、情绪、态度出现问题（或有苗头），我们应该如何做？当心理、情绪、态度出现问题导致（严重）后果出现，我们应该做些什么？

**【行道、布道】**

7. 讨论：如何科学管理自己的情绪、调适自己的心理？如何实现心理健康？如何有效实现独立、创造、愉悦的生活？

8. 分享：我是如何管理自己的情绪、心理的？当我遇到影响我的心理、情绪的事情时，我是怎样处理的？当我看到我的朋友、同学出现情绪、心理有失控的苗头或已经出现后，我是怎样帮助他走出失控的？

9. 传道：为了有效管理情绪、心理，我们该做些什么？怎样才能让更多的人独立、创造、愉悦地生活？为健全人格、健康心理，我们该做些什么？

## 知识仓库

### 1. 心理、人格

生物对客观物质世界的主观反映心理的表现形式叫做心理现象，包括心理过程和心理特性。心理过程按其性质可分为认识过程、情感过程和意志过程，简称知、情、意。

人格也称个性，是指一个人区别于他人的，在不同环境中一贯表现出来的，相对稳定的影响人的外象和行为模式的心理特征的总和，包括需要、动机、能力、气质、性格等。在一定意义上，人格不是独立存在的，而是通过心理过程表现出来的。

### 2. 心理健康

心理健康是指心理的各个方面及活动过程处于一种良好或正常的状态。其特征包括：智力正常、情绪稳定与愉快、行为协调统一、良好的人际关系、良好的适应能力等。其理想状态是保持性格完美、智力正常、认知正确、情感适当、意志合理、态度积极、行为恰当、适应良好的状态。与心理健康相对应的是心理亚健康以及心理病态。心理健康从不同的角度有不同的含义，衡量标准也有所不同。

心理安全指的是人面对所处内外环境的安全景况持有的一种追求平稳、不受威胁的应对性心理机制。

### 3. 人格权

人格权是指为民事主体所固有而由法律直接赋予民事主体所享有的各种人身权利。人格权是一种非财产权，因而与财产权相区别。人格权是一种支配权，因而具有排他的效力。人格权是一种绝对权，因而任何他人都不得妨碍其行使。最后，人格权还是一种专属权，即他人不得代位行使。人格权是社会和个体生存发展的基础，属于整个法律体系中的一种基础性权利。

健全人格就是人格的正常和谐的发展。健全人格的标准是：爱心、忍耐、宽容、乐观、平和、节制、谦逊、守信、责任感、自省。心理学从五个维度来定义一个人的人格是否健全心理，是否健康——性格（内外倾向）、人格品质（善恶）、责任感、情绪稳定性、思维开放性。

### 4. 世界卫生组织关于心理健康的标准

①智力正常。 ②善于协调和控制情绪。

③具有较强的意志和品质。 ④人际关系和谐。

⑤能动地适应并改善现实环境。 ⑥保持人格的完整和健康。

⑦心理行为符合年龄特征。

### 5. 成长中七种不健康心理

①忧郁。长时期处于闷闷不乐、愁眉苦脸、沉默寡言的状态。

②狭隘。表现为斤斤计较，心胸狭窄，不能容人也不理解别人。对小事耿耿于怀，爱钻牛角尖。

③嫉妒。当别人比自己优秀时，表现出不自然、不舒服甚至怀有敌意，更有甚者竟用打击、中伤手段来发泄内心的嫉妒。

④惊恐。对环境和事物有恐惧感，如怕针、怕暗、怕鬼怪。轻者心跳厉害、手发抖，重者睡不着觉、失眠、梦中惊叫等。

⑤残暴。因一点小事自己不快，便向别人发泄，摔摔打打，骂骂咧咧，有的则以戏弄别人为乐趣；对别人冷嘲热讽，没有温暖之心。

⑥敏感。即神经过敏，多疑，常常把别人无意中说的话，不相干的动作当做对自己的轻视或嘲笑，因此而喜怒无常，情绪变化很大。

⑦自卑。对自己缺乏信心，以为在各方面都不如人家，总把自己看得比别人低一等，抬不起头来。

养志者，心气之思不达也。有所欲，志存而思之。志者，欲之使也。欲多则心散，心散则志衰，志衰财思不达。故心气一则欲不徨，欲不徨则志意不衰，志意不衰则思理达矣。理达则和通，和通则乱气不烦于胸中。故内以养志，外以知人。养志则心通矣，知人则识分明矣。将欲用之于人，必先知其养气志。知人气盛衰，而养其志气，察其所安，以知其所能。

志不养，则心气不固；心气不固，则思虑不达；思虑不达，则志意不实。志意不实，则应对不猛；应对不猛，则志失而心气虚；志失而心气虚，则丧其神矣；神丧，则仿佛；仿佛，则参会不一。养志之始，务在安己：己安，则志意实坚；志意实坚，则威势不分，神明常固守，乃能分之。

——《鬼谷子·本经阴符七术·养志法灵龟》(又名《捭阖策》)

## 活动拓展

曹公有马鞍在库，为鼠所伤。库吏惧，欲自缚请死。冲谓曰："待三日。" 冲乃以刀穿其单衣，若鼠啮者，入见，谬为愁状。公问之，对曰："俗言鼠啮衣不吉，今儿衣见啮，是以忧。" 公曰："妄言耳，无苦。" 俄而库吏以啮鞍白，公笑曰："儿衣在侧且啮，况鞍悬柱乎。" 竟不问。

——明·冯梦龙《智囊全集·术智部·曹冲》

创造快乐生活，做生活的强者。

卓文君既奔相如，相如与驰归成都，家居徒四壁立。卓王孙大怒，不分一钱。相如与文君谋，乃复如临邛，尽卖其车骑，置一酒舍酤酒，而令文君当垆，身自穿犊鼻裈，与庸保杂作，涤器市中。王孙闻而耻之，不得已，分予文君僮百人、钱百万，乃复还成都为富人。

——明·冯梦龙《智囊全集·术智部·司马相如》

王右军幼时，大将军甚爱之，恒置账中眠。大将军尝先起，须臾，钱凤入，屏人论逆节事，都忘右军在账中。右军觉，既闻所论，知无活理，乃剔吐污头面被褥，诈熟眠。敦论事半，方悟右军未起，相与大惊曰："不得不除之。"王羲之及开账，乃见吐唾纵横，信其实熟眠。由是得全。

——明·冯梦龙《智囊全集·捷智部·王羲之》

张乖崖守成都，兵火之余，人怀反侧。一日大阅，始出，众遂嵩呼者三。乖崖亦下马，东北望而三呼，复揽辔而行。众不敢讙。（边批：石敬瑭斩三十余人犹不止，泳乃不劳而定。）

上尝召徐中山王饮，迨夜，强之醉。醉甚，命内侍送旧内宿焉。旧内，上为吴王时所居也。中夜，王酒醒，问宿何地，内侍曰："旧内也。"即起，趋丹陛下，北面再拜，三叩头乃出。上闻之，大说。

——明·冯梦龙《智囊全集·捷智部·张咏 徐达》

思考：三人行必有我师焉。曹冲、司马相如、王羲之、张咏和徐达能机智应变，靠的是什么？这对我们的成长、发展有何启示？

**【才艺展示】**

1. 开展健康心理人格，学会独立、创造、愉悦地生活的顺口溜、民谣、对联、宣传语、三句半、格言、诗词等作品的比赛，并展示比赛成果。

2. 用图说、展板、绘画、漫画、文字等方式，制作宣传如何独立、创造、愉悦生活的海报、展板、黑板报、宣传专栏等。

3. 表演在遭遇骗子（电信、网络、微信、QQ 等）诈骗时，或遭遇危机时如何保持清醒头脑、控制情绪，机智应对的情景剧、小品、舞剧、相声等。

4. 收集整理"如何预防和应对情绪、心理失控"的方法及措施，并上传到自己的网络空间、现代社交平台（如 QQ、微信、微博等）。

5. 收集并向同学们讲述在聊天、购物、上网、通信等活动中有效管理情绪、心态的情况，向同学们传授预防、应对诈骗的方法。

6. 举办沙龙、故事会、读书会、诗词会、讲座，交流自己预防情绪失控、应对情绪失控的经验体会。

【交流活动】

1. 举办中学生“科学管理情绪、心态”的主题征文、短文比赛、演讲比赛，以及预防情绪失控的知识或技能竞赛。

2. 举办宣传“科学预防情绪、心理失控和有效管理情绪、心理”的演出活动，交流“有效管理情绪、心态”的经验、方法，并上传到网络、社交平台上。

3. 收集本班级、本年级、本校出现的“情绪、心理失衡失控”案例，宣传正确对待困境、挫折，防止情绪心理失控的方法和策略。

4. 用列举、讲述、讨论等方式，谈谈使用微信、QQ、网络、手机与人交流，与同学、老师、家长、社会人士交往中，情绪心理失控的危害及影响。

5. 组织旁听法院审理因情绪、心理失控而致犯罪的案件审判活动，并撰写“健康心理、健全人格、管控情绪”的倡议或建议书。

6. 举办如何正确对待和处理语言、行为、情绪失控的主题班会、经验介绍会、教训总结会，方法交流推荐会。

【信息共享】

请同学们收集整理有关健全人格心理，创造愉悦生活的歌曲，并粘贴于此处。

粘　贴

【认识活动】

1. 开展中学生遭遇心情郁闷、情绪低落、失误连连时的安全保护观念与行为的调查，并分析调查结果，寻找安全风险存在的原因，寻求解决问题的对策。

2. 走进社区，收集人们“情绪失控，失去理智导致损失”的案例，形成相关经验教训集。

3. 上网收集“中学生成功扭转情绪失控、失误连连”的案例，分析情绪失控的特点，形成对情绪管理的正确认识。

4. 开展以“正确面对心理问题，科学预防和应对心理问题”为主题的辩论比赛活动，或经验教训交流活动。

5. 开展“中学生学习和人际交往遇到困境、挫折、失败时的心理、情绪、心态表现、风险因素与对策”的社会调查，了解情绪、心理心态对中学生学习、人际交往的影响，分析情绪、心理心态对中学生学习、人际交往的安全风险，并提出预防应对之策。

6. 收集中学生情绪、心理心态失衡及其产生影响与危害的案例，分析中学生情绪、心理心态失衡的主客观原因，以及给人们的警示。

【实践活动】

1. 开展“独立、创造、愉悦生活”的志愿服务宣传活动，传播科学管理自己的情绪、心态的方法。

2. 调查本班或本年级同学独立、创造、愉悦生活的现状情况，分析其缺乏独立、创造、愉悦生活的主客观原因，提出促进中学生独立、创造、愉悦生活的措施或方案。

3. 在社区家庭开展有关“中学生独立、创造、愉悦生活的现状情况”的社会调查，了解家长对中学生独立、创造、愉悦生活的态度和做法，分析其安全风险，提出相关风险提示或改进措施。

4. 开展“中学生独立、创造、愉悦生活”的经验、方法介绍会，发出“走出依赖，学会创造，做阳光中学生”的倡议或签名活动。

5. 设计“中学生独立、创造、愉悦生活”测试表，检测人们学习、生活的独立意识和独立生活能力，并做出相关风险提示。

## 实践探究

### 辨　盗

北宋・沈括

陈述古密直知建州浦城县日，有人失物，捕得莫知的为盗者。述古乃绐之曰：“某庙有一钟，能辨盗，至灵!”使人迎置后阁祠之，引群囚立钟前，自陈不为盗者，摸之则无声；为盗者摸之则有声。述古自率同职，祷钟甚肃，祭讫，以帷帷之，乃阴使人以墨涂钟，良久，引囚逐一令引手入帷摸之，出乃验其手，皆有墨。唯有一囚无墨，讯之，遂承为盗。盖恐钟有声，不敢摸也。此亦古之法，出于小说。

——《梦溪笔谈・权智》

### 假神道以坚之

明・冯梦龙

南俗尚鬼，狄武襄征侬智高时，大兵始出桂林之南，因祝曰：“胜负无以为据。”乃取百钱自持之，与神约：“果大捷，投此钱尽钱面。”左右谏止：“倘不如意，恐阻师。”武襄不听，万众方耸视，已而挥手倏一掷，百钱皆面，于是举军欢呼，声震林野。武襄亦大喜，顾左右取百钉来，即随钱疏密，布地而帖钉之，加以青纱笼，手自封焉，曰：“俟凯旋，当谢神取钱。”其后平邕州还师，如言取钱。幕府士大夫共视，乃两面钱也。

——《智囊全集・术智部・狄青》

## 识　时　务

明·冯梦龙

皇祐二年，吴中大饥，时范仲淹领浙西，发粟及募民存饷，为术甚备。吴人喜竞渡，好为佛事。仲淹乃纵民竞渡，太守日出宴于湖上。自春至夏，居民空巷出游。又召诸佛寺主守，谕之曰："今岁工价至贱，可以大兴土木。"于是诸寺工作并兴。又新仓廒吏舍，日役千夫。监司劾奏杭州不恤荒政，游宴兴作，伤财劳民。公乃条奏："所以如此，正欲发有余之财，以惠贫者，使工技佣力之人，皆得仰食于公私，不致转徙沟壑耳。"是岁唯杭饥而不害。

——《智囊全集·术智部·范仲淹》

临事不乱、机智应对，需要良好心态和学识智慧。以上三则故事带给我们什么启示？

**【才艺拓展】**

1. 编绘中学生"走出依赖，学会创造，做阳光青少年"的小宣传册、连环画，并展示编绘成果。

2. 开展机智应对情绪失控、心理失衡者的模拟活动，创作"独立、创造、愉悦生活，科学管理情绪心态"的歌曲、歌剧、话剧、舞蹈作品，并开展展演晚会活动。

3. 创作表现或机智应对情绪失控、心理失衡、生活失独、思想失根等产生严重影响或后果的小品、相声、戏剧作品，并进行展演。

4. 收集整理有效管控情绪心态的方法，并制作人们在网络购物、手机通信、微信 QQ 通信时面临情绪失控、心理失衡风险的检测表或风险警示手册。

5. 创作"中学生情绪失控、行为失态，人云亦云、人行亦行、言听计从、随波逐流的危害"的绘画、漫画、诗歌作品，并开展绘画展、漫画展、诗歌比赛等活动。

6. 开展拍摄能起到警示宣传作用的"中学生人云亦云、人行亦行、言听计从、随波逐流的危害"微电影、视频或照片比赛活动，并上传到社交平台或网站。

**【创新发展】**

1. 到地铁站、学校、社区开展以"独立、创造愉悦生活"为主题的志愿服务宣传活动，并对活动进行总结或利用美篇进行报道。

2. 制作中学生"健全人格心理，创造愉悦独立生活"的网页，设计如何有效预防与应对心理健康问题的 App。

3. 走进大学创新基地，在大学老师的指导下，利用所学知识开发能识别谣言和诈骗，或示警诈骗的技术或工具。

> 智者，术所以生也；术者，智所以转也。（明·冯梦龙）

4. 走进心理咨询机构，调查、了解人们因心理问题产生严重后果的典型案例，剖析其心理问题出现并产生严重后果的原因，研究预防的措施、应对的策略。

5. 拍摄表现创造、愉悦、独立生活的系列情景剧，并在本校电视台播出，或上传到学校网站、个人社交平台。

6. 到大学相关院室，了解或参与关于心理问题的课题研究。

7. 开展世界各国如何处理心理问题的研究，并提出相关的政策性建议。

## 我的收获

陵州盐井，深五百余尺，皆石也。上下甚宽广，独中间稍狭，谓之杖鼓腰。旧自吉底用柏木为榦，上出井口，自木榦垂绠而下，方能至水。井侧设大车绞之。歲久，井榦摧败，屡欲新之，而井中阴气袭人，入者辄死，无缘措手。惟俟有雨入井，则阴气随雨而下，稍可施工，雨晴復止。后有人以一木盘，满中贮水，盘底为小窍，酾水一如雨点，设于井上，谓之雨盘，令水下终日不绝。如此数月，井榦为之一新，而陵井之利復旧。

——北宋·沈括《梦溪笔谈·权智》

学如逆水行舟，不进则退；心似平原走马，易放难追。在生活中，我们随时会遇到各种问题需要我们去解决。解决这些问题，不仅需要多种形式的学习，需要良好的心态、情绪和方法，更需要创造性思维和独立思考。学习上述内容，让我懂得了很多。

成大事者，争百年，不争一息。（明·冯梦龙）

## 相关链接

1. 中国心理健康网：http：//www. chinaxlbj. org/
2. 中国心理咨询网：http：//zgxlzxw. cxzg. com/
3. 中国心理网：http：//www. psy. com. cn/
4. 学习啦学习网：http：//www. xuexila. com/

上善若水，水善利万物而不争。处众人之所恶，故几於道。居善地，心善渊，与善仁，言善信，政善治，事善能，动善时。夫唯不争，故无尤。

——《道德经·道经·第八章》

### 定风波·莫听穿林打叶声

宋·苏轼

三月七日，沙湖道中遇雨。雨具先去，同行皆狼狈，余独不觉，已而遂晴，故作此词。

莫听穿林打叶声，何妨吟啸且徐行。竹杖芒鞋轻胜马，谁怕？一蓑烟雨任平生。

料峭春风吹酒醒，微冷，山头斜照却相迎。回首向来萧瑟处，归去，也无风雨也无晴。

### 将　进　酒

唐·李白

君不见黄河之水天上来，奔流到海不复回。君不见高堂明镜悲白发，朝如青丝暮成雪。

人生得意须尽欢，莫使金樽空对月。天生我材必有用，千金散尽还复来。

有人说，生活可以是一杯清茶，可以是一曲幽歌，也可以是一张白纸。百样生活，百样人生。生活可以平平淡淡，也可以绚丽多彩。而快乐就是生活中的调味品、添加剂。也有人说，人生的弓，拉得太满人会疲惫，拉得不满人会掉队。把人生当旅程的人，遇到的永远是风景，淡而远；把人生当战场的人，遇到的永远是争斗，激而烈。学会放下令自己不悦的事，学会放手令自己卑微的人。只要还有明天，今天永远都是起点。

悲世者说：这世界太复杂，生活压力巨大，我真想脱离现实。乐世者言：看那朝阳夕日，叶落花开，溪淌鱼游，平凡朴实，但细细地品味，真是妙不可言！花开有声、沙石有语、天地有情，生活有滋有味。

失败，是因欠缺耐心；烦恼，是因欠缺开心；冷漠，是因欠缺热心；孤独，是因欠缺真心；无谓，是因欠缺关心；逃避，是因欠缺爱心；沧桑，是因欠缺童心。多一点耐心、开心、热心、真心、关心、爱心、童心，快乐伴随一生。

# 后 记

《规则与生活》是武汉市“黄鹤英才（专项）计划”资助项目，由武汉市黄鹤英才熊显红名师工作室导师、湖北省特级教师、湖北省中学正高级教师、武汉二中熊显红领衔申报并立项，武汉市黄鹤英才肖平安名师工作室导师、湖北省特级教师、武汉二中副校长肖平安参与领导的武汉市教育科研规划“十三五”重点课题《高中学生规则意识培养途径研究》主要成果之一。

武汉市黄鹤英才名师工作室在导师熊显红和肖平安老师的领导下，一批青年徒弟积极参与工作室的各项活动。本课题立项后，导师熊显红老师亲自耐心细致地指导、讲座、设计，统一思想认识，形成课题研究方案，确立本书编写体例、编写内容、培训编写人员，亲自指导、修改、编写稿件，最终形成本书（研究成果）。

在此，感谢武汉外校包小康、武汉市实验学校朱超等老师曾为《规则与生活》（规则与个人生活）的编写提供了有益的启迪和智慧，你们的精神值得我们铭记和发扬。

武汉市“黄鹤英才（专项）计划”资助项目
武汉市教育科学规划“十三五”重点课题成果

# 规则与生活

## 规则与社会生活


**主编**
熊显红　肖平安

**分册主编**
梅志旺　金　兰　徐晓芳

**分册副主编**
徐爱珍　吴　晓

**编者**
熊显红　徐爱珍　金　兰　吴　晓　梅志旺
刘国新　熊　婧　黎　珍　胡杏桃　张　妮
齐　军　刘红梅　林胜男

**图书在版编目(CIP)数据**

规则与生活:规则与社会生活/熊显红,肖平安主编.—武汉:武汉大学出版社,2021.3

ISBN 978-7-307-22040-9

Ⅰ.规…　Ⅱ.①熊…　②肖…　Ⅲ.素质教育—中学—教学参考资料
Ⅳ.G631

中国版本图书馆 CIP 数据核字(2020)第 268534 号

责任编辑:胡　荣　　　责任校对:李孟潇　　　版式设计:韩闻锦

出版发行:**武汉大学出版社**　(430072　武昌　珞珈山)
(电子邮箱:cbs22@whu.edu.cn 网址:www.wdp.com.cn)
印刷:武汉市宏达盛印务有限公司
开本:880×1230　1/16　印张:7　字数:185 千字　插页:1
版次:2021 年 3 月第 1 版　　2021 年 3 月第 1 次印刷
ISBN 978-7-307-22040-9　　定价:39.00 元(全二册)

# 前　言

教育是国之大计、党之大计，承担着立德树人的根本任务。中共中央、国务院印发的《新时代公民道德建设实施纲要》提出，要“以主流价值建构道德规范、强化道德认同、指引道德实践，引导人们明大德、守公德、严私德”；要“坚持贯穿结合融入、落细落小落实，把社会主义核心价值观要求融入日常生活，使之成为人们日用而不觉的道德规范和行为准则”；“要紧密结合社会发展实际，广泛开展文明出行、文明交通、文明旅游、文明就餐、文明观赛等活动，引导人们自觉遵守社会交往、公共场所中的文明规范。”

俗话说：“没有规矩不成方圆。”规则是客观规律在人们主观上的能动反映，表现为人们制定或约定俗成的各种规章制度、法律法规、道德规范、风俗习惯、公式定理、原理理论、法则程序（方法）等。

现实生活中，做同样的事，有的人事半功倍，而有的人却事倍功半；有的人成功，而有的人却失败。有的事不能做，有人却偏偏去做，最后碰得头破血流，有的身败名裂，甚至失去宝贵的生命。有的事，现在做不了，却有人强行去做，最后却是屡战屡败；而有的人顺势而为，厚积薄发，最终成功登顶……凡此种种，无不与是否讲规矩、守规则有关。一个不讲规则、不守规则、不服从规则的人，是不会有良好前途和发展的人，也会成为社会所唾弃的人。我们不想、也不希望成为这样的人。

青少年是祖国的未来、民族的希望、家庭的期盼。青少年是否具有规则意识？是否懂得规则的价值和意义？是否把规则意识内化于心外化于行？不仅关系个人的成长进步，也关系家庭长辈的殷殷期盼，更关系社会的稳定和国家民族的未来。

本书立足中学生生活实际和发展需要，设置“生活警示”“生活探究”“活动拓展”“实践探究”“我的收获”等模块，并为相关活动提供“知识仓库”和“相关链接”，通过典型案例、深度思考，内化于心外化于行，帮助中学生尽量避免和科学处理意外伤害、黄赌毒网游等不良诱惑，冷静面对矛盾、冲突、犯罪，预防借贷风险、警惕购物陷阱，文明旅游、理性安全出行住宿，科学规范处理垃圾，积极理性科学维护个人信息安全、国家生态安全和国家安全。

# 目 录

# 第一章 遵规守纪，安全出行

我们的生活越来越富裕、精彩、阳光、灿烂。想走就走、想游就游，越来越成为生活的常态。安全出行、文明旅游，是一道美丽的风景线，它既是我们的心声和期盼，也应该成为我们的座右铭。

## 出　门

清·曹廷栋

邵子自言“四不出”：大风、大雨、大寒、大热也。愚谓非特不可出门，即居家亦当密室静摄，以养天和；大雷大电，尤当缄口肃容，敬天之怒。如值春秋佳日，扶杖逍遥，尽可一抒沉郁之抱。

偶然近地游览，茶具果饵，必周备以为不时之需。置食簏，竹编如盒，叠作数层，外以环约之，使一手可提。《记·王制》曰：“膳饮从于游，乃兼具酒食。”如近地亦非必备。

春秋寒暖不时，即近地偶出，绵、夹衣必挈以随身。往往顷刻间，气候迥异。设未预备，乍暖犹可，乍凉即足为患。

乘兴而出，不过迩在村郭间，可泛小舟，舟前后必障蔽。乐天诗，所谓“一茎竹篙剔船尾，两幅青幕覆船头”也。舟中不能设椅，屹坐摇杌，殊觉不宁。制环椅无足，平置舟板上，与坐环椅无别。居家时不妨移置便榻，亦堪小坐。舟中别置褥，厚而狭者，可坐可卧；另置枕，短而高者，可靠手、可枕首。微觉懒倦，有此则坐卧胥安。

足力尚健者，备游山鞋。每制必二緉［liǎng 古代计算鞋的单位，相当于“双”］，上山则底前薄后厚，下山则底前厚后薄，趁宜而着，命童子携之。古人有“登山屐”，去屐前齿，亦此意。摺叠凳：游具也。四足，两两交加，连则但具前后，以木棉缕绷为面，软而可折，今俗称“马踏子”。其制自前明，见《三才图会》。予诗有“稳坐看山杈当榻，不妨摺叠入游囊”之句。凡出门，命携以相随，足力倦即堪少坐，不必专为游山也。

——《老老恒言·卷二》

出行，或为踏青旅游，或为探古寻幽，或为人文地理，或为心愿情愫……不论为何，平安、愉悦、健康、多姿多彩，丰富生命的意义，才是我们不懈的追求……

# 第1课　出行、住宿须谨慎

## 生活警示

### 藐视规则酿惨祸

2018年10月28日上午，重庆市万州区，一辆载着十几名乘客的22路公交车行驶至万州长江二桥时，因刘某在乘坐公交过程中错过下车站，不顾车上人员安全，与正在驾驶公交车的驾驶员冉某发生争吵，两次持手机攻击正在驾驶的司机，司机用手抵挡、还击、猛打方向盘，致使本来在正常行驶的公交车突然偏离方向，失去控制跨过马路中线，与一辆正常行驶的小汽车发生碰撞后，坠入江中，该事故造成15人死亡。

### 夺命网约车

2018年5月5日当晚，空姐李某珠飞到郑州，在与航空公司签约的宾馆换装洗浴后，于23时50分左右离开航空港区沃金大酒店，通过滴滴打车软件叫车前往郑州火车站。途中李某珠曾发微信告诉同事“司机是个变态，说我长得漂亮想亲我”。在两人聊天中，室友提醒她，让她假装给“老公”打电话，希望可以通过该方法提醒司机能知难而退、尽快收手，实在不行就想办法下车。室友不放心，过段时间后再次拨打她的电话，却听见电话那端，李某珠一连说了三句“没事了”，然后电话被挂断。次日，李某珠便与家人失去联络，家属报警。8日，警方找到身中数刀并被强奸的李某珠遗体。

2018年8月24日17时35分，乐清警方接群众报警称其20岁的女儿赵某（乐清人）于当日13时，在虹桥镇乘坐滴滴顺风车前往永嘉。14时许，赵某向朋友发送“救命”信息后失联。25日凌晨4时许，警方在柳市镇抓获犯罪嫌疑人钟某（男，27岁，四川人）。经初步侦查，该滴滴司机钟某交代了对赵某实施强奸，并将其杀害的犯罪事实。

### 旅馆住宿惊魂

某天，一对年轻情侣入住大连理工大学附近一家旅馆。凌晨4点多钟，两个人睡得正香，女孩突然听到了一阵敲门声。当时她不确定声音是来自哪个房间，而且敲门声一直在持续，她赶紧叫醒了身边的男友。这时，门开了，一名陌生男子走进了房间，停留几秒钟又离开了。

旅馆的监控视频显示，一名陌生男子来到旅馆走廊，不停地敲击小情侣所在房间的房门，时间长达1分08秒。见无人应答，他进入了隔壁房间。隔壁房门没有锁，男子打开手机照亮，在房里转了一圈后，又

> 人有山行堕深涧者，无出路，饥饿欲死。左右见龟蛇甚多，朝暮引颈向东方，人因伏地学之，遂不饥，体殊轻便，能登岩岸。经数年后，竦身举臂，遂超出涧上，即得还家，颜色悦怿，颇更黠慧胜故。还食谷，啖滋味，百余日中复本质。
>
> ——西晋·张华《博物志》

来到了小情侣的门前。这次，他开始用力摇晃门锁，强行把锁具破坏后，进入了屋内。

民警赶到现场后，发现门锁已经损坏，男子则不知去向。女孩的男友表示，入住当晚，他发现门锁已经有损坏的迹象，但试了一下是打不开的，所以才安心入住了。

### 不可忽视住宿安全隐患

一对情侣到郑州游玩，没想到入住酒店后却在房间里发现了针孔摄像头，更令人惊诧的是，民警到来后随机搜查了 4 个房间，竟在其中的 2 个房间中也找到了针孔摄像头。

山东青岛一游客入住民宿后在路由器中发现针孔摄像机；到黄山写生的大学生入住黟县西递镇的华艺饭店，没想到客房厕所的抽水马桶里竟然都安装有针孔摄像头。

陈先生和父亲一起入住了速 8 酒店经南五路店，疲劳的两人很快就入睡了。第二天早上 5 点陈先生早早起床准备洗漱，可眼前的景象顿时让他傻了眼：衣服全部在地上，背包没了，钱包也没了。陈先生赶紧看了看房门，完好无损，可窗户却大开……经仔细观察，陈先生的房间在二楼，窗外就是一个大平台，而平台一侧是连接停车场的楼梯。一般人很容易来到房间的窗外，因为窗户的高度只到成年人的大腿，轻轻一翻就可以进入房间。

## 生活探究

**【知道、识道】**

1. 说说：你或你的家人、同学、朋友或者认识的其他人是否也有过以上的类似经历？或在新闻报道中你是否看到过类似经历的报道？你知道还有哪些违规出行行为？

2. 谈谈：在你，或你的家人、同学、朋友、认识的其他人在外出行、住宿中，是否遇到过伤害、危险与危机，大家是怎样应对、解决的？

3. 想想：随着科技进步、社会价值多元化，我们在出行、住宿方面还可能会遇到哪些安全隐患？我们应该如何预防、应对、解决它？

行路玩手机≈闭眼走路

作者：熊婧

**【问道、得道】**

4. 讨论：在上述案例中，为何会发生惨祸、受到伤害、出现惊魂事件？它给自己、家庭、社会造成了什么样的影响？

5. 出谋划策：如果你身处以上案例场景中，你会如何面对？或你认为他们能否避免这些惨祸、伤害、惊魂事件的发生？如果能，该如何避免？如果不能，该如何使所受伤害最小？

> 爱父爱母爱家庭，无视交规等于零。

6. 取经：上述惨祸、伤害、惊魂事件的发生给我们什么教训或启示？我们应该如何做，才能实现安全出行、安全住宿？

【行道、布道】

7. 讨论：我们能够做些什么，才能让更多的人避免遇到上述惨祸、伤害、惊魂事件，使人们的出行、住宿更安全？

8. 你应该如何做，才能使人们在遭遇类似危险、危害、惊魂事件时，科学应对，确保出行安全、住宿安全？或将伤害降到最低限度，并预防二次伤害？

9. 确保人们的出行安全、住宿安全是一项系统的、长期的工程。我们该做些什么来保持人们居安思危的精神状态，来消除、降低隐藏着的其他可能发生的安全隐患？

## 知识仓库

**1. 请同学们收集整理有关酒店安全遇险应对技巧的图片或漫画，并粘贴于此处。**

粘 贴

**2. 如何检查针孔摄像头**

进房间后先不要开灯，大致观察一下房间，看看是否有异常的红点或是光点等，如果有，这很有可能是偷拍设备的信号源。

插上房卡后，听听是不是有异常的声响，异常的声响可能是使一些偷拍设备开机启动的声音。

针孔摄像头很隐蔽，且大多安置在面对床的物品上，比如电视机、空调、镜子、沙发等物品上，且必须方便连接电源。

偷拍设备一般会对着床，因此可以躺在床上，看看哪个角度是对着床比较好的角度，然后进行检查。

一般来说，偷拍设备都是需要充电才可以工作的，因此不会放在离电源较远的地方，所以可以着重检查电源附近的一些摆设，查看是否有偷拍的设备。

手机的录像和照相机功能就可以探查到红外线灯的存在。在保证没有其他电器设备通电的情况下，可以打开手机的照相机，用镜头对准重点部位，眼睛时刻注视手机屏幕，扫视一圈，如果存在红外线灯，那么在手机的屏幕上就会有亮斑。在发现亮斑后那么就可以百分百确定是真空摄像机的所在位置了，再打开灯进行查验（注意：有些型号的手机摄像头过滤了红外线，无法检查）。

检查重点物品：电视机、空调、音响、机顶盒、插座、卫生间的镜子、挂衣服的挂钩等。

### 3. 路上如何防抢

眼观六路，耳听八方。当携带贵重物品时，要边走边察看行走沿线的地形地貌，留意可疑人员，特别要注意与可疑陌生人或障碍物保持必要的安全距离。包包能斜挎的就不要侧背，有手提包的注意握牢。骑车时，在包放在车筐里的情况下要把包带在车把上缠牢。

（特别提示：当你骑自行车、驾驶汽车时，若车轮出现故障，首先要将手机、钱包、公文包等车内物品抓牢，因为常有犯罪分子采取缠车轮、轧车胎等手段吸引你的注意，当你查找原因时，他们趁机抢包。）

前瞻后望，快速通过。尽量不要孤身行走在僻静、人稀、地形复杂、照明条件不好、治安状况差的路段，非得要经过时，要前瞻后望，左顾右盼，快速通过。

财不外露，避让跟踪。若遇携带贵重物品特别是进出银行等金融场所的情况，要注意观察周围有无异常情况，注意避让尾随跟踪、企图接近之可疑人员。

临危不惧，沉着应对。遇歹徒行凶抢劫时要冷静沉着，并紧急呼救，尽可能发动周围群众共同对付犯罪分子。一旦被抢，千万不要慌，立即就近打车，给出租车司机说明情况，追赶抢包贼，途中向 110 报警。如果能追上，要不断与 110 联系，说明抢包贼的体貌特征，告知所骑或所驾车型、颜色及牌照情况，还有逃跑方向、路线等。即使来不及追或追不上，也要注意上述细节，及时报警，以利于警方追捕。

### 4. 车上慧眼识扒手

看神色。扒窃者寻找行窃目标时，两眼总是注视顾客的衣兜、皮包、背包，特别会留意外地人、妇女、中老年人，他们选准目标后，一般要环顾四周，趁无他人注意，便会迅速下手。此时他们因精神比较紧张，往往有两眼发直、发呆、脸色时红时白等表象出现。

观举止。扒窃者选择侵害目标时，往往是先在人群中游走，选择目标后即咬住不放，紧紧尾随，趁人拥挤或者车体晃动的机会，用胳膊和手背试探“目标”的衣兜。

识衣着。扒窃者大多数衣着另类，或长发、光头或流里流气，那些三五成群作案的，衣着打扮往往相似。少数打扮平常、衣着朴素者，则可能是老扒手。

看动作。扒窃者在动手作案时，一般借车体运动晃动或乘客（顾客）拥挤的机会，紧贴被窃对象的身子，利用他人或同伙作掩护，或用自己的胳膊、提包、衣服、报纸等遮住被窃对象的视线，作案得手后，即刻离开失主，逃离现场。有的扒手若发现有侦查员跟踪，便会做一个“八”字手势或摸一下上唇胡须，暗示其他同伙停止作案。

### 5. 生人食物莫要吃，谨防麻醉遭人抢

无功不受禄。对试图与自己表示亲近的陌生人，在无法确认其真实意图的情况下，不要随意接

受其提供的饮料、茶水及香烟、食物等。

闲谈莫露富。在看管好自己财物的同时，不要轻易让对方获悉自己随身携带的钱财，一般情况下，作案人不会对一个没有“价值”的目标下手。

戒心不可无。对不知底细的生意人，最好安排在自己选择的场所交谈，或者提前告诉家人、朋友自己的具体去向、事由、时间，或让人定时与自己联系，尽量不给有歹心的人以可乘之机。

### 6. 常树防范心，旅途平安行

在购物、就餐、看手机、观风景时，应尽量避开人多拥挤的地方，以防被扒。

将随身携带的行李物品放在视线之内的行李架上，并随时观察，特别是到站（码头）时，在上下旅客人多拥挤以及夜间行车（船）时，更要注意自己的行李。

在公共卫生间洗浴时，不可将手表、金银珠宝饰品摘下乱放，以防遗忘而被别人拿走。

入睡时，切不可把装有现金的外衣盖在身上，要叠好放在头下枕着，或者把现金、皮夹放在内衣口袋。

装有贵重物品的小型手提包，要随身携带，切不可乱丢乱放，以防被别人拎走或用套包的方法盗走。

钱分两处放。随时需要用的小额现金放在取用方便的外面兜里，大额现金放在贴身的隐秘之处。

当坐火车或汽车并开着窗户时，不要把包放在离车窗很近的位置，因为当车停在站点时，窗外的人很容易顺手牵羊把包偷走。

## 活动拓展

### 蜀　道　难

唐·李白

噫吁嚱，危乎高哉！蜀道之难，难于上青天！
蚕丛及鱼凫，开国何茫然！
尔来四万八千岁，不与秦塞通人烟。
西当太白有鸟道，可以横绝峨眉巅。
地崩山摧壮士死。然后天梯石栈相钩连。
上有六龙回日之高标，下有冲波逆折之回川。
黄鹤之飞尚不得过，猿猱欲度愁攀援。
青泥何盘盘，百步九折萦岩峦。
扪参历井仰胁息，以手抚膺坐长叹。

> 禹曰：“惠迪吉，从逆凶，惟影响。”
> 益曰：“吁！戒哉！儆戒无虞，罔失法度。罔游于逸，罔淫于乐。任贤勿贰，去邪勿疑。疑谋勿成，百志惟熙。罔违道以干百姓之誉，罔咈百姓以从己之欲。无怠无荒，四夷来王。”
> ——《尚书·虞书·大禹谟》

问君西游何时还？畏途巉岩不可攀。
但见悲鸟号古木，雄飞雌从绕林间。
又闻子规啼夜月，愁空山。
蜀道之难，难于上青天，使人听此凋朱颜！
连峰去天不盈尺，枯松倒挂倚绝壁。
飞湍瀑流争喧豗，砯崖转石万壑雷。
其险也如此，嗟尔远道之人胡为乎来哉！（也若此 一作也如此）
剑阁峥嵘而崔嵬，一夫当关，万夫莫开。
所守或匪亲，化为狼与豺。
朝避猛虎，夕避长蛇；磨牙吮血，杀人如麻。
锦城虽云乐，不如早还家。
蜀道之难，难于上青天，侧身西望长咨嗟！

**小重山·柳暗花明春事深**

南宋·章良能

柳暗花明春事深。
小阑红芍药，已抽簪。
雨余风软碎鸣禽。
迟迟日，犹带一分阴。
往事莫沉吟。
身闲时序好，且登临。
旧游无处不堪寻。
无寻处，惟有少年心。

出行、住宿属于人的基本需求。随着经济社会及科技的发展，以及经济全球化、文化多样化、价值多元化、利益追求立体化，安全、幸福的出行与住宿，已经成为人们基本的追求。

【才艺展示】

1. 编写关于预防出行、住宿安全事故（如乘车、行走、骑车、住宿安全，预防、应对抢劫、骚扰、隐私泄露、危害人身安全等）的顺口溜、民谣、歌曲、对联、宣传语、三句半、格言、诗词、标语、警示用语等。

2. 编演有关机智保障出行、住宿安全的小品或情景剧。

3. 辩论：出行、住宿安全事故是否可以避免？

4. 交流你知晓或参与过的科学预防出行、住宿安全隐患的办法，或当出行、住宿遭遇抢劫、骚扰、盗窃、诈骗、误解、火灾、泥石流、洪水、地震、车祸时的应对、自救、救助措施。

5. 制作宣传出行、住宿规避或应对抢劫、骚扰、盗窃、诈骗、误解、火灾、泥石流、洪水、地震、车祸的自救方法的手册、连环画、漫画、绘本、展板、海报等。

6. 举办“预防、应对出行、住宿安全隐患”为主题的班会、故事会、经验分享会、演讲比赛、辩论赛、知识竞赛、技能大比拼等。

7. 拍摄预防、应对出行、住宿安全隐患的照片、小视频。

8. 制定并分享出行、住宿安全方案及应急处理预案。

【交流活动】

1. 举办关于预防、应对出行、住宿安全隐患的讨论会。

2. 设计一个关于本班或年级、学校学生出行、住宿安全意识和行为现状与原因的调查问卷。

3. 查阅国外有关旅游、住宿、出行、风俗习惯、禁忌的资料，并举行班会交流。

4. 查阅有关国人在国外预防、应对出行、住宿安全隐患、安全事故的资料，汇集成册。

5. 举办科学规避或应对抢劫、骚扰、盗窃、诈骗、误解、火灾、泥石流、洪水、地震、车祸的展板。

6. 收集整理规避、应对出行、住宿中遭遇抢劫、骚扰、盗窃、诈骗、误解、火灾、泥石流、洪水、地震、车祸时的正确应对的方法，并交流。

7. 举办预防、应对出行、住宿安全隐患、安全事故的知识展。

**【信息共享】**

请同学们整理收集有关安全出行的歌曲，并粘贴于此处。

粘　贴

## 抛　锚

清·游戏主人

道士、和尚、胡子三人过江，突然遇到狂风大作，船将翻沉。僧、道十分恐慌。急忙把经书抛入江中，求神救助。胡子无物可掷，便将胡须一根根拔下，抛入江内。僧、道问他说："你拔胡须干什么？"胡子答道："我在此抛毛（音同锚）。"

——《笑林广记·形体部》

## 搁　浅

清·游戏主人

有个矮子乘小船出外游玩，因为搁浅，便用篙去撑船。矮子失足掉进水里，水没过他的头顶，他浮起来，生气地说："偏偏我搁浅搁在深处。"

——《笑林广记·形体部》

## 乘　驴　妇

明·冯梦龙

有三妇人雇驴骑行，一男子执鞭随之。忽少妇欲下驴择便地，呼二妇曰："缓行俟我。"因倩男子佐之下，即与调谑，若相悦者。已乘驴，曰："我心痛，不能急行。"男子既不欲强少妇。追二妇又不可得，乃憩道旁。而不知少妇反走久矣，是日三驴皆失。

——《智囊全集·杂智部》

**【认识活动】**

1. 组织学生调查、走访，收集中学生出行安全事故案例，并分析事故频发的原因，并提出应对之策。

2. 组织学生到社区走访，了解社区旅馆安全住宿的现状，分析安全隐患，并提出消除安全隐患的建议。

3. 走访公安机关，了解本地旅馆发生盗窃等刑事案件的情况；走访消防单位，了解本地旅馆消防安全隐患存在情况；走访旅游景点，了解本地旅游景点存在的安全隐患情况。

4. 收集、整理家人、亲戚、朋友、同学在出行、住宿方面遭遇的安全事故或安全隐患，了解其科学应对的策略、方法，总结经验教训。

5. 用展板、集会、沙龙、演讲等形式，分享自己和身边一些成功发现并消除出行、住宿安全隐患的案例和经验教训。

6. 组织学生观看反映出行、住宿安全事故的影视，评估如果自己出国学习、旅游的出行、住宿安全风险，并提出应对之策。

7. 组织阅读预防、应对出行、住宿安全隐患或安全事故的文学作品（比赛）活动。

8. 寻找家庭及成员在出行、住宿方面存在的安全风险，提出出行、住宿安全预案。

**【实践活动】**

1. 在社区、家庭、公共场所开展发现中学生出行、住宿的安全隐患，消除、应对中学生出行、住宿安全风险方法的志愿宣传活动。

2. 制作科学发现外出住宿安全隐患的技巧的宣传资料，并到相关学校、社区、旅游景点散发、宣讲。

3. 制作出行、住宿中遭遇抢劫、骚扰、盗窃、诈骗、误解、火灾、泥石流、洪水、地震、车祸时，科学应对的方法、策略展板或宣传册，到本地旅游景点展示或散发。

4. 在本地旅游景点对游客进行问卷调查，了解游客在出行、住宿方面的安全意识、安全行为，发现安全风险和安全隐患，提出安全预警和消除安全隐患的建议。

5. 开展文明、安全出行的志愿服务活动。

惧法朝朝乐，欺公日日忧。——《增广贤文》

## 实践探究

### 改过之法（节选）

明·袁黄

春秋诸大夫，见人言动，亿而谈其祸福，靡不验者，左国诸记可观也。大都吉凶之兆，萌乎心而动乎四体，其过于厚者常获福，过于薄者常近祸，俗眼多翳，谓有未定而不可测者。至诚合天，福之将至，观其善而必先知之矣。祸之将至，观其不善而必先知之矣。今欲获福而远祸，未论行善，先须改过。

但改过者，第一，要发耻心。思古之圣贤，与我同为丈夫，彼何以百世可师？我何以一身瓦裂？耽染尘情，私行不义，谓人不知，傲然无愧，将日沦于禽兽而不自知矣；世之可羞可耻者，莫大乎此。孟子曰：耻之于人大矣。以其得之则圣贤，失之则禽兽耳。此改过之要机也。

第二，要发畏心。天地在上，鬼神难欺，吾虽过在隐微，而天地鬼神，实鉴临之，重则降之百殃，轻则损其现福，吾何可以不惧？不惟此也。闲居之地，指视昭然；吾虽掩之甚密，文之甚巧，而肺肝早露，终难自欺；被人觑破，不值一文矣，乌得不懔懔？不惟是也。一息尚存，弥天之恶，犹可悔改；古人有一生作恶，临死悔悟，发一善念，遂得善终者。谓一念猛厉，足以涤百年之恶也。譬如千年幽谷，一灯才照，则千年之暗俱除；故过不论久近，惟以改为贵。但尘世无常，肉身易殒，一息不属，欲改无由矣。明则千百年担负恶名，虽孝子慈孙，不能洗涤；幽则千百劫沉沦狱报，虽圣贤佛菩萨，不能援引。乌得不畏？

第三，须发勇心。人不改过，多是因循退缩；吾须奋然振作，不用迟疑，不烦等待。小者如芒刺在肉，速与抉剔；大者如毒蛇啮指，速与斩除，无丝毫凝滞，此风雷之所以为益也。

具是三心，则有过斯改，如春冰遇日，何患不消乎？然人之过，有从事上改者，有从理上改者，有从心上改者；工夫不同，效验亦异。

——《了凡四训》

读了这篇《改过之法》（节选），对于我们汲取经验教训、修正错误有何启迪？

**【才艺拓展】**

1. 编写预防、应对、检查、消除中学生出行、离家住宿商业旅馆的安全隐患、危机、事故方法技巧的小册子、连环画、漫画册。

2. 创作并表演描写中学生出行、住宿中，科学检查、消除安全隐患，机智预防、应对安全危机，科学理性减轻安全事故伤害的歌剧、舞蹈、歌曲、小品、相声等文艺作品。

3. 设计个人、家庭外出旅行、住宿中预防、应对安全风险或安全危机的预案。

4. 制作《出行住宿系列安全预警》市民手册，录制防范出行、住宿安全隐患和安全威胁，预防伤害或降低伤害的微视频、短片，并用现代科技手段推广。

5. 创作中学生出国旅行、学习可能遭遇抢劫、骚扰、冲突、自然灾害、伤害时的应对策略与方法措施的文学作品。

6. 开办市民论坛、网站、专栏、社区交流平台、主题晚会，传播应对外出旅行或旅游面临突发自然灾害时的科学处理方法措施等。

【创新发展】

1. 调查中学生出行、住宿安全意识和安全行为状况，分析其安全风险和安全隐患，并就如何规避风险向有关部门提出政策和法律建议。

2. 开展国内出行、住宿安全形势发展趋势的课题研究，并预判未来出行、住宿面临的安全隐患或安全威胁，提出可行的治理措施。

3. 开展国外留学、旅行、访问、旅游的安全形势发展趋势，为中学生出国旅行、学习提出相关的安全预警建议。

4. 调查周边家庭小孩国外学习住宿情况，分析安全隐患和安全风险，并为其提供消除安全隐患、降低安全风险、减轻安全威胁的措施。

5. 收集、整理我国公民在国外学习、工作、旅行中，面临战争、冲突、暴力、抢劫、偷窃时，正确、科学、理性应对、处理的措施，为我国公民在国外安全生活提出建议。

6. 创新、发明、开发预防、预警抢劫、盗窃、暴力、自然灾害的工具、设备，以及在受到伤害时能使用的有效、简易的设备、工具。

## 我的收获

人身在旅途，安全在心头。An accident，the whole family suffer. Human life，safety first. Better later than never. Regulations in mind，security in hand. Bearing in mind the laws of life. 作为青少年的我们，通过本节课的学习，外出出行、住宿，我会这样做：

## 相关链接

1.《中华人民共和国道路交通安全法》
2. 中华人民共和国外交部、文化和旅游部、中国驻所在国大使馆网站安全预警
3. 中华人民共和国教育部国外留学、旅游预警
4. 国家旅游局旅游预警

出行住宿，不论在本地外地、国内国外，也不论是为旅行还是学习、办事，安全始终是第一位的。做到安全第一，除了细心用心、科学理性，更要守法守德、尊重公序良俗。

唯此，才是爱自己、爱家人。

# 第 2 课　游玩守护安全文明

## 生活警示

### 恣意妄为有代价

2017 年 8 月 5 日上午，两名年龄分别为 36 岁和 49 岁的中国男子因为在德国国会大厦前，以德国国会大厦为背景，互相拍摄行纳粹礼的照片。被当地人报警后，巡警以“使用违宪组织标志罪”拘捕了这两名游客。

为寻求刺激、博人眼球，明知四行仓库是著名的抗战地标建筑和爱国主义教育基地，李某、高某、项某、胡某、刘某仍身穿仿制的“二战”日本军服合影并在网络上传照片。李某、高某、项某被依法处以行政拘留处罚，胡某、刘某因未成年、违法情节显著轻微，被教育训诫。

抗日战争期间，河北冉庄老百姓在党的领导下创造“地道战”战术，彰显了华北军民打击日本鬼子的民族气节。如今，在地道战遗址景区内，到处有穿着国民党和伪军军服、在“青天白日”旗前摆剪刀手照相的男男女女，游客感叹着：“高家庄被‘国军’占领了！这不像敌后根据地，倒有点像‘国统区’。”

### 夺命的逃票

2017 年 1 月 29 日下午，宁波市发生老虎伤人事件，致一人死亡。当日下午 2 时许，张某夫妇和两个孩子、李某夫妇一行 6 人到雅戈尔动物园北门，张某妻子和两个孩子以及李某妻子购票入园后，张某、李某未买票，从动物园北门西侧翻越 3 米高的动物园外围墙，又无视警示标识钻过铁丝网，再爬上老虎散放区 3 米高的围墙（围墙外侧有明显的警示标识，顶部装有 70 厘米宽网格状铁栅栏）。张某进入老虎散放区，直接把自己送进虎口。李某未进入，爬下围墙。

### 旅游，别成惊魂丢命之行

2017 年，各类旅游活动安全事故导致 182 名中国公民意外身亡，成为中国公民海外出行最大杀手。事发地主要为在中国游客较为集中的东南亚国家。

宜昌夷陵区和远安县两处景区分别有三批驴友共 50 余人遭遇暴风雨被困，当地积极展开搜索救援，但仍有三人不幸遇难。

中国驻蒙古使馆发布消息称，两名中国公民来蒙旅游期间失联，疑似已前往库苏古尔湖附近无人区探险。

劝君莫做亏心事，古往今来放过谁。——《名贤集》

## 张扬个性，不能藐视规矩

两名女游客（河北游客王某、张某）在马来西亚亚庇水上清真寺前穿着短裤尬舞，拍抖音，导致沙巴官方发下公告：水上清真寺即日宣布谢绝游客参观。两位女性被列入了“不文明旅游行为记录”黑名单。

两名德国背包客来到威尼斯的威尼斯里阿尔托桥后，拿出旅行炊具煮起了咖啡。路人见此，立即向警方报警。最终，二人被罚款，并被命令离开威尼斯境内。

蟒峰地质遗迹点是江西上饶三清山核心景区，是具有世界级地质地貌意义的珍贵遗迹，被世界纪录认证机构认证为“世界最高的天然蟒峰”。台州游客张某A、毛某、张某B（女）3人，在明知景区严禁攀爬的情况下，使用电钻、挂片、绳索等工具，用铁锤将26枚膨胀螺栓钉打入石体内，攀爬至三清山标志性景观之一的巨蟒峰景点岩柱体顶部，造成不可修复的严重损毁。后检察机关以涉嫌故意损毁文物罪对该三名游客提起公诉。

## 生活警示

**【知道、识道】**

1. 说说：你或你的家人、同学、朋友、认识的其他人在旅游过程中，是否也有过以上的类似行为？或除了这些行为之外，你或你的家人、同学、朋友、认识的其他人还有哪些行为，你认为是不恰当的？

2. 谈谈：你看到过（无论是亲眼所见，还是看新闻、视频等）在旅游过程中，还有哪些存在安全隐患，或违法违规、或违背道德、或违背公序良俗等违法、不文明行为？

作者：熊婧

3. 想想：随着我国更深入参与经济全球化和小康社会的全面建成，旅游成为人们日常生活的重要组成部分。我们在旅游方面还可能会出现哪些安全隐患？还可能出现哪些不文明行为？还可能产生哪些违背公序良俗和当地风俗习惯、宗教信仰、大众意愿的行为？我们应该如何预防它？

**【问道、得道】**

4. 讨论：在旅游活动中，人们为何会发生违法、不文明行为？它给自己、家庭、社会、祖国造成了什么样的影响？

5. 出谋划策：如果你及家人（或同学、朋友等）去旅游，为避免旅游安全事故，对预防不文明行为，你有何建议？

6. 取经：世界上旅游业最发达的国家在预防、避免旅游安全事故，预防、对待旅游不文明行为方面有何有效政策和措施？

**【行道、布道】**

7. 讨论：面对游客的危险、不文明和违法、缺乏良知的行为，你会采取什么态度（放任、提醒、劝导、制止）？

8. 在旅游活动中，上述案例能给我们什么启示？我们该如何实现安全文明游玩？

9. 确保旅游安全、文明是一项系统的、长期的工程。在推动我国公民安全、文明旅游方面，我们中学生能做些什么？应该做些什么？

## 知识仓库

### 1.《游客不文明行为记录管理暂行办法》

很多游客在旅游过程中都被发现存在不文明行为，包括乱扔垃圾、插队、在宗教场所嬉戏打闹、不尊重当地风俗、在文物古迹上“题字”等。在此提醒各位游客，以后外出旅游要注意自己的形象，文明游玩，否则，可能会被记录进游客黑名单，影响到个人信用等。

《游客不文明行为记录管理暂行办法》明确规定了游客不文明行为的情形：

“游客不文明行为记录”是游客在旅游活动中因下列行为受到行政处罚、法院判决承担责任的，或造成严重社会不良影响的行为。主要包括以下情形：

（1）扰乱公共汽车、电车、火车、船舶、航空器或者其他公共交通工具秩序；

（2）破坏公共环境卫生、公共设施；

（3）违反旅游目的地社会风俗、民族生活习惯；

（4）损毁、破坏旅游目的地文物古迹；

（5）参与赌博、色情活动等；

（6）严重扰乱旅游秩序的其他情形。

“游客不文明行为记录”信息实行动态管理，视游客不文明行为情节轻重，“游客不文明行为记录”信息保存期限为一至两年，期限自信息核实之日起计算。

### 2. 被记录了不文明行为怎么进行补救?

“游客不文明行为记录”形成后，旅游主管部门应将“游客不文明行为记录”信息通报游客本人，提示其采取补救措施，挽回不良影响。必要时会向公安、海关、边检、交通、人民银行征信机构等部门通报“游客不文明行为记录”。

被记入“游客不文明行为记录”的游客认为将其纳入记录错误的，可以向做出记录的旅游主管部门提交异议申请，一般应由当事人本人提出并提供有关证明材料。旅游主管部门自收到异议申请之日起 15 个工作日内，向异议申请人做出答复。旅游主管部门经审查认为异议成立的，应当予以纠正。

### 3. 安徽新规：驴友违规遇险自付救援费，还将面临罚款

安徽省十二届人大常委会三十七次会议表决通过了新修订的《安徽省旅游条例》，该条例于 2017 年 6 月 1 日起正式施行。该条例规定，旅游组织者和个人不得在禁止通行、没有道路通行的区域开展风险性较高的活动，一旦被困要求救援，旅游活动组织者以及被救助人不仅需要自掏腰包承担相应费用，还有可能面临罚款。

### 4. 中国公民文明旅游公约

营造文明、和谐的旅游环境，关系到每位游客的切身利益，做文明游客是我们大家的义务，因

此请遵守以下公约：

一、维护环境卫生。不随地吐痰和口香糖，不乱扔废弃物，不在禁烟场所吸烟。

二、遵守公共秩序。不喧哗吵闹，排队遵守秩序，不并行挡道，不在公众场所高声交谈。

三、保护生态环境。不踩踏绿地，不摘折花木和果实，不追捉、投打、乱喂动物。

四、保护文物古迹。不在文物古迹上涂刻，不攀爬触摸文物，拍照摄像遵守规定。

五、爱惜公共设施。不污损客房用品，不损坏公用设施，不贪占小便宜，节约用水用电，用餐不浪费。

六、尊重别人权利。不强行和外宾合影，不对着别人打喷嚏，不长期占用公共设施，尊重服务人员的劳动，尊重各民族宗教习俗。

七、讲究以礼待人。衣着整洁得体，不在公共场所袒胸赤膊，礼让老幼病残，礼让女士，不讲粗话。

八、提倡健康娱乐。抵制封建迷信活动，拒绝黄赌毒。

> 当平常之日，应小事，宜以应大事之心应之；盖天理无小，即人事观之，便有一个邪正，不可忽慢苟简，须审事之邪正以应之方可，及变故之来。处大事，宜以处小事之心处之；盖人事虽大，自天理观之，只有一个是非，不可惊惶失措，但凭理之是非以处之便得。
>
> ——《格言联璧·处事类》

## 活动拓展

### 两次带队遇险经历让资深领队很后怕①

24 岁的仙桃小伙古月（化名）是一名户外运动达人，经常带领驴友到全国各地探秘旅行。目前，古月也是湖北一家旅行社的导游和领队。

说起户外探险的两次惊险遭遇时，古月仍心有余悸。他表示，户外徒步探险，安全第一，尤其是去到未开发地带，切不可逞一时之能。

今年 5 月，古月带着 35 名游客，到罗田县朝凤岩攀岩一日游。35 名游客中，男女各一半，大人平均年龄 30 多岁，还有 6 名不满 14 岁的小孩。在此之前，古月已经三次攀爬朝凤岩，摸熟了线路。这次，古月高估了游客的体力，小孩和部分女游客很快体力不支，直到下午 4 点才爬到山顶。大家在山顶休息时，两名女游客擅自沿着崎岖的山路，到一个大石头缝里上厕所。由于岔路多，山上也没有手机信号，两人迷路了，他花了一个多小时才找到两人。直到下午 5 点多，才准备从崖壁悬降。古月和他的同事，一个一个地护送游客悬降下山。很快，天黑了，还有 13 个大人和 2 个小孩被困在山顶。温度越来越低，大家带的食物和水也没了，惊慌之下，他只好报警求助。当地公安民警、消防官兵迅速赶到现场救援。直到次日凌晨两点，所有游客才全部安全下山。

---

① 记者高东起：《楚天都市报》，2018 年 8 月 8 日。

最惊险的一次，是到江西庐山附近的一座野山探秘，“这座山没有任何安全指示，处于未开发状态”。当时共有 113 名驴友，女性居多，由武汉一家户外公司组织，古月是领队之一。抵达目的地时，下起了中雨，但是大家要去探秘一个瀑布。所经之处都是原始山路，大家穿着溯溪鞋，蹚着溪水逆流而上。途中，一名女孩脚底一滑摔倒，头撞到了一块石头上，顿时晕倒。而另一名女孩的脚，夹到了石头缝隙里，因用力拔出导致骨折。美好的行程只好中止，古月等人带着两个受伤的女孩，到医院检查，幸运的是她们都没有大碍。古月说，其实小溪旁边就有相对好走的路，没有必要蹚水前行，但大家为了寻求刺激，忽视了安全。

这两次遇险经历，让古月至今都很后怕。“到未开发地带探险，还是要谨慎，应量力而行，不可逞一时之能！”古月深有体会地说，此后带团，他都要对行程中可能出现的危险进行预判。当遇到比较危险的环境，他都会劝说驴友安全第一，该放弃的坚决放弃，以免造成不必要的人身伤害。

With the development of society, the tourism has already become one style of daily life. More and more people spend their holiday on traveling. When we are in the tourist sites, we can see some uncivilized behaviors, such as write on the place of historic interests , or claim to old trees. Most of the tourist sites are part of our country's historical relics, these sites are priceless! Everyone has the duty to protect these historical relics.

What can we do to prevent these actions? We should behave ourselves and have the idea that no rubbish being leaved when we leave the sites. At the same time, we should obey the laws and regulations on environmental protection and make a convention on civilized tourism. We ought to pay more attention to foster our civilized habit. We can publish the harm of the uncivilized behavior to the public, then we can put up the signs that remind people of civilization. What's more, the government can devote greater effort to punish the uncivilized behavior.

据美国华文媒体世界新闻网报道，一名来自上海的中国游客，持十年有效美国签证入境旅游，在洛杉矶过境时被美国海关官员以在欧洲旅游时留下“不文明游客纪录”为由，当场将其十年美签作废，并直接遣返中国。

世界那么大，景色那么美，但不能你想怎么看就怎么看。旅游、探险，应该加把“安全锁”“规则锁”，应该有清晰的红线，不要任意突破边界，挑战规则。

思考：读了上面三则文章，你对自己的旅游计划有何考虑？我们对实现国民安全、文明旅游应该有何作为？

**【才艺展示】**

1. 编写安全、文明游玩的的顺口溜、民谣、歌曲、对联、宣传语、三句半、格言、诗词、标语、警示用语等。

2. 编演体现有效劝止，或机智阻止旅游中的违法、或有损民族尊严和民族感情、或与公序良俗的不符、或不文明和不雅的言行的小品或情景剧。

3. 辩论：旅游中怎么玩是否旅游者个人的事？中学生是否应该参与野外探险？

4. 举行班会，交流你实施或知晓的能有效劝止游客不文明行为的办法，或分享自己或他人自驾游、探险游的经验教训。

5. 制作宣传安全、文明旅游，或旅游中面对迷路、洪水、地震、车祸的自救方法的手册、连环画、漫画、绘本、展板、海报等。

6. 举办“劝止、应对旅游中的危险、不文明现象”为主题的故事会、经验分享会、演讲比赛、辩论赛、知识竞赛、技能大比拼、演示会等。

7. 拍摄旅游中的危险、不文明行为的小视频、照片。

8. 制定并分享安全文明旅游的方案及旅游安全危机应急处理预案。

**【交流活动】**

1. 举办关于辨别、预防、出行住宿、旅游中不安全、不文明行为的讨论会。

2. 设计一个关于本班或年级、学校学生旅游安全文明意识和行为现状与原因的调查问卷。

3. 查阅国外有关旅游地的风俗习惯、禁忌及相关行为的法律规定的资料，通过黑板报、展板、墙报等进行交流。

4. 查阅中外游客不安全、不文明、违背公序良俗和民族意志情感的事例资料，并汇聚成册。

5. 举办旅游中科学规避或应对迷路、泥石流、洪水、地震、车祸地质困境方法的展板。

6. 收集整理危险、不文明旅游行为的图片，并在流动人口多的地方举办展板。

**【信息共享】**

请同学们收集整理有关文明旅游的歌曲，并粘贴于此处。

粘　贴

旅游应该是启迪智慧、彰显德行、涤荡心灵的旅程。

## 天台牡丹

明・张岱

天台多牡丹，大如拱把，其常也。某村中有鹅黄牡丹，一株三干，其大如小斗，植五圣祠前。枝叶离披，错出檐甃之上，三间满焉。花时数十朵，鹅子、黄鹂、松花、蒸栗，萼楼穰吐，淋漓簇沓。土人于其外搭棚演戏四五台，婆娑乐神。

有侵花至漂发者，立致奇祟。土人戒勿犯，故花得蔽芾而寿。

——《陶庵梦忆・卷一》

【认识活动】

1. 在学生中调查、走访，收集旅游惊魂的案例，并分析发生旅游惊魂的原因，提出预防应对之策。

2. 组织学生回顾家庭游、同学游的情景，分析家庭游、同学游中的安全隐患，并提出消除家庭游、同学游安全隐患的措施。

3. 组织学生回顾家庭游、同学游的情景，分析家庭游、同学游中的不文明行为，并提出消除家庭游、同学游不文明行为的措施。

4. 收集、整理家人、亲戚、朋友、同学在自驾游、探险游中遭遇的安全事故或安全隐患，了解其科学应对的策略、方法，并总结经验教训。

5. 收集、整理我国最美自然风光、人文景观照片，或整理自己或家人旅游时拍摄的照片，举办“祖国最美”照片展。

6. 组织学生阅读《徐霞客游记》《游褒禅山记》《岳阳楼记》等中国传统文化旅游作品，交流中国古代文人墨客在游历中的体验、感悟及作品的特点，提出对中国发展旅游业的建议。

7. 组织学生观看反映旅游的影视作品，评估自己旅游的安全风险和不文明隐患，并提出应对改进之策。

【实践活动】

1. 用板报、墙报、视频等形式，在社区公共场所开展“发现不文明、纠正不文明”旅游志愿宣传活动。

2. 制作安全文明旅游的宣传资料，到相关学校、社区、旅游景点散发、宣讲。

3. 到本地旅游景点，开展文明旅游志愿服务活动，并劝止、纠正游客不文明旅游的现象。

4. 在本地旅游景点对游客进行调查，查看旅游设施，了解、发现游客在旅游安全、旅游文明方面的意识和行为，发现旅游景点的安全风险和安全隐患，提出旅游文明和旅游安全预警，消除安全隐患的建议。

5. 制定驴友、探险游、自驾游文明安全公约。

> 闻善摄生者，路行不遇兕虎，入军不被甲兵。——老子《道德经・德经》

## 实践探究

### 嘘，这里是它们的栖息地（节选）①

候鸟、藏羚羊、野牦牛……这里有举世无双的野生动物种群；云海、雪山、湖泊湿地……这里有最为原始震撼的自然风光。每年7月到9月，青海便成了国内最佳旅游胜地之一，来自全国各地乃至世界各地的游客纷纷踏上青藏高原感受非凡的大美。

曾经人迹罕至的青海，因其丰富的动植物种类，原始静谧的自然风光以及独特的民族文化吸引着诸多热爱户外运动探险的游客，但因游客的频繁活动，影响了一些景区的生态环境，诸如随意闯入野生动物保护区进行非法穿越、随手乱扔果皮纸屑破坏环境、任意使用空用航拍飞行器俯拍、频繁使用汽车喇叭、鞭炮惊扰鸟类等不文明行为，令茵茵草场出现垃圾、野生动物遭受侵扰，景区本来极为敏感的生态环境被不同程度破坏。

据相关报道，从今年4月20日起，青海陆续发布通告，部分景区正式停止接待游客。截至目前，青海发布禁游令的已有可可西里、黄河源头、年保玉则、岗什卡雪山、青海湖鸟岛和沙岛景区等，涉及三江源、祁连山和青海湖等国家级自然保护区，这些采取禁游令的旅游景区，是青海高原生态系统极为敏感的区域。这些地方的“谢客令”，是对当地敏感脆弱的生态系统的保护，也是给近些年火起来的户外生态游提了个醒：生态旅游不能一开了之，生态保护要走在前列。

青藏高原是大自然馈赠给人们的无价之宝，用之不觉，失之难存。开发要为了更好的保护，对于景区景点的经营管理者来说，景区景点开发不能涸泽而渔，要让野生动物自然生存不受威胁、让原始美景自然存在、让生态环境张弛有度；对于广大游客来说，给身心放假的同时，别忘用心呵护珍稀物种的栖息地，不去侵扰才是与之和谐相处的正确方式。

读了这篇《嘘，这里是它们的栖息地》（节选），对于我们汲取经验教训、修正错误有何启迪？

**【才艺拓展】**

1. 编写预防、应对、检查、消除中学生旅游安全隐患、危险、灾难方法技巧的小册子、连环画。

2. 创作并表演描写规劝、谴责旅游不文明行为的歌剧、舞蹈、歌曲、小品、相声等文艺作品。

3. 设计个人、家庭在旅游中预防不文明行为、或相互提醒克服旅游中出现的不文明行为的预案。

4. 制作《安全旅游系列安全预警》市民手册，录制防范旅游安全隐患和安全威胁，预防伤害或降低伤害的微视频、短片，并用现代科技手段推广。

5. 创作青少年出国旅游活动中，发现安全隐患、消除安全风险、应对安全事故的策略、方法、措施的文学作品。

---

① 徐可：《嘘，这里是它们的栖息地》，2018年6月27日，载新华网：http://m.xinhuanet.com/comments/2018-06/27/c_1123042103.htm。

6. 开办市民论坛、网站、专栏、社区交流平台、主题晚会，传播应理性对待探险游、自驾游，以及在探险游、自驾游中面临突发自然灾害时的科学处理方法措施等。

【创新发展】

1. 调查中学生参与国外游、探险游、自驾游的状况，分析其安全风险和安全隐患，并就如何规避风险向有关部门提出立法建议、政策。

2. 开展我国公民国外游安全形势现状与发展趋势的研究，预判未来出国游面临的安全隐患或安全威胁，提出可行的治理措施。

3. 开展我国公民出国游文明旅游现状调查及发展趋势研究，为我国公民出国文明旅游提出相关制度建设的建议。

4. 创新、发明、开发能预防、预警国外游安全隐患的工具、设备，或当旅游中受到伤害时，能有效、简易沟通和报警，降低伤害的设备、工具。

5. 研发能广泛推广、便于携带使用的，能有效预防（如提醒）自己在旅游中不发生不文明行为的简易设备或工具等产品。

6. 调查国内景区保障游客旅游安全和文明的措施状况，分析国内游的安全、文明形势，并向相关单位提出改进建议。

## 我的收获

外出游玩很开心，安全文明不能忘。“安全出行、文明游玩”是游客的形象展示，也是游客的一份社会责任、法律责任。遵守规则，举止文明，外出游玩，我会这样做：

## 相关链接

1.《中国公民出境旅游文明行为指南》，http：//www. china. com. cn
2.《国家旅游局关于旅游不文明行为记录管理暂行办法》旅办发〔2016〕139号
3. 旅行禁忌，各国不可不知的风俗习惯，https：//www. douban. com
4. 去各地旅游需要注意的一些习俗习惯，http：//3g. 163. coml
5. 云南旅游注意事项 云南旅游须知的25个民族风俗习惯，http：//www. vccoo. com
6. 全球13个国家旅行须知禁忌与习俗，http：//travel. 163. com
7. 中国旅游法律法规，http：//www. 66law. cn

### 浪淘沙·北戴河

毛泽东

大雨落幽燕，白浪滔天，秦皇岛外打鱼船。一片汪洋都不见，知向谁边？
往事越千年，魏武挥鞭，东临碣石有遗篇。萧瑟秋风今又是，换了人间。

# 第二章 崇道慎行，护卫环境安全

环境安全是公共安全的重要组成部分。环境污染与生态破坏危及当代人的健康、人类的遗传基因及子孙后代的健康成长，这关系到政治和社会稳定及经济可持续发展。生态安全是国家安全体系的重要基石。历史上多次政权更迭、国家民族兴亡，都与环境有关。

人类与威胁环境安全的灾害之间的斗争，伴随着人类发展的全过程。过去，人类主要面对的是天文、地质、气象水文、土壤生物等自然因素形成的灾害。现在，人类发展过程中的环境公害、战争、核威胁、生物安全等人为灾害，严重威胁着环境安全，威胁人类安全。

生态安全指生态系统的健康和完整情况。生态安全是人类在生产、生活和健康等方面不受生态破坏与环境污染等影响的保障程度，包括饮用水与食物安全、空气质量与绿色环境等基本要素。有整体性、不可逆性、长期性的特点，其本质是生态风险和生态脆弱性。生态系统完整性和健康的整体水平，尤指生存与发展的不良风险最小及不受威胁的状态。

垃圾是人类日常生活和生产中产生的固体废弃物，由于排出量大，成分复杂多样，且具有污染性、资源性和社会性，其需要无害化、资源化、减量化和社会化处理，如不能妥善处理，就会污染环境，影响环境卫生，浪费资源，破坏生产生活安全，破坏社会和谐。垃圾处理就是要把垃圾迅速清除，并进行无害化处理，最后加以合理利用。

**昔游诗　其七**

宋·姜夔

扬舲下大江，日日风雨雪。留滞鳌背洲，十日不得发。岸冰一尺厚，刀剑触舟楫。
岩雪一丈深，屹如玉城堞。同舟二三士，颇壮不恐慑。蒙毡闭篷卧，波里任倾攧。
晨兴视毡上，积雪何皎洁。欲上不得梯，欲留岸频裂。攀援始得上，垃圾人见接。
荒村三两家，寒苦衣食缺。买猪祭波神，入市路已绝。如今得安坐，闲对妻儿说。

人类会被自己发展起来的文明毁灭吗？人类如何避免自己灭亡自己？本章帮助你科学地思考和行动。

# 第 3 课　科学规范处理垃圾

## 生活警示

### 污染环境要担责！

江苏南京一中学生李某从出生到 1989 年 10 月间居住在金陵石化炼油厂西生活区。其居住地南边是液化气罐装站，该站经常漏气；东边驻扎着制造压力容器的工程队，主要是就地进行射线探伤，对容器喷漆；北边是炼油厂的生产装置；西北边是炼油厂火炬，排放出的火炬气含有害物质。1989 年 11 月至 1997 年 7 月，李某一家住在南京炼油厂东生活区。其住处的东边是炼油厂排污未封闭地带，北边是焦化装置。2004 年除夕夜，李某被诊断出患了急性混合型白血病，家人认为是周围环境污染造成的。但金陵石化炼油厂认为：该厂一直进行密闭生产，环保部门还对排污进行了非常严格的监控，排放完全达标；生活区居住了很多人，与李某同龄的人中只有她一个人不幸患病，具体致病原因可能有多种。

在双方多次协商无果的情况下，李某将金陵石化炼油厂告上了法庭。李某在起诉状中表示：金陵石化炼油厂应对其人身损害承担赔偿责任，请求法院判令该单位赔偿已花费的医疗费用 54 万元，后续医疗费 15 万元，精神抚慰金 26 万元，交通费、住宿费、住院伙食补助费 5 万元，共计人民币 100 万元。

### 污染环境，罚！

北京某汽车修理服务中心在露天进行汽车表面喷漆作业，废气直接排放至大气环境（汽修行业调漆、喷漆和烤漆等环节应加装废气净化设施，但其都未加装，均产生大量挥发性有机物，严重污染了大气环境）。北京某科贸有限公司露天（应当在密闭空间或者设备中进行）对公交车车体刷漆作业，产生废气直接排放至大气环境。北京某印刷厂印刷车间未安装废气净化设施，生产废气未经处理直接排放至大气环境。后均被查被罚，限期整改。

### 电子垃圾的污染，不可小觑！

研究表明，一个纽扣大小的电池能污染 60 万升水（相当于一个人一生的用水量）。废旧家电中含有多氯联苯，对人体有致癌作用；电器中含有的重金属铅、镉、水银等被掩埋后，在一定条件下会发生化学反应污染地下水。我国农村地区人口众多，电子产品数量巨大。随意放置、丢弃、掩埋、焚烧的废旧“电子垃圾”，会对当地的水源、土壤、空气和动植物造成严重污染，农村生态环境正在面临着这样一个个藏在角落的“定时炸弹”的威胁。

### 生活垃圾，不可乱倒乱埋！

王某承包现代农业物流园用地回填工程，并转包给他人，在明知该物流园用地不具备生活垃圾处置功能，且他人无处置生活垃圾资质的情况下，任其倾倒、填埋生活垃圾。该填埋场西北侧为吴淞江，东侧为农田，500 米内有村庄 3 座，最近的村庄距离该填埋场 125 米。王某总体负责填埋工程，刘某是南侧填埋工地负责人，韩某应刘某之邀作为合伙人参与南侧填埋工程。该填埋场采用生活垃圾和建筑垃圾分层填埋的方式填埋生活垃圾。填埋生活垃圾被发现后，王某派人移除北侧部分生活垃圾，南侧继续填埋生活垃圾直至 2015 年 3 月。经测算，北侧所倾倒、填埋生活垃圾的留存量为48 236立方米，南侧所倾倒、填埋生活垃圾的留存量为146 935立方米。经评估，王某填埋生活垃圾造成公私财产损失合计人民币约12 067 009. 94元，刘某、韩某填埋生活垃圾造成公私财产损失合计人民币约9 084 680. 27元。法院经审理认为，被告人王某明知涉案物流园用地不具备生活垃圾处置功能，且他人无处置生活垃圾资质，任其倾倒、填埋生活垃圾，造成公私财产重大损失；被告人刘某、韩某违反国家规定，无资质倾倒、填埋生活垃圾，造成公私财产重大损失。上述各被告人的行为均构成污染环境罪，且属“后果特别严重”。据此，最终以污染环境罪判处被告人王某有期徒刑五年，并处罚金人民币二十万元；被告人刘某有期徒刑四年八个月，并处罚金人民币十五万元；被告人韩某有期徒刑二年六个月，并处罚金人民币六万元。该判决已发生法律效力。

## 生活探究

**【知道、识道】**

1. 说说：我或我的同学、亲人、朋友、亲戚、熟人是如何处理自己的垃圾的？这样处理科学吗？

2. 谈谈：我所看到的或知道的大家是如何处理自己的垃圾的？当你看到他们这样处理垃圾时，你是怎么想的？

3. 想想：将来，人们会怎样处理自己的垃圾？当人们看到有人处理垃圾不当时，会是怎样的态度？

**【问道、得道】**

4. 讨论：上述案例中，那样处理垃圾有何利弊？会产生什么影响或危害？人们为什么要这样处理垃圾？

5. 分析：有人说，垃圾是放错了地方的资源；也有人说，垃圾是应分类减量、妥善处理的“污染源”。对此你怎么看？

6. 谋划：垃圾与人类随影随行、挥之不去。我们该如何做好垃圾减量化？如何让它变废为宝？如何将垃圾变成经济资源，变成源源不断的财富洪流？

**【行道、布道】**

7. 讨论：上述案例，给我们保护生态环境，创造良好的人居环境，提高生活质量有什么教训或启示？我们应该如何面对这样的事情？如何不再让这类事情发生？

8. 分享：我是如何进行垃圾分类的？我是如何处理垃圾，防止垃圾污染发生的？当我看到有人随手乱扔垃圾，或对垃圾不分类处理就乱扔后，我是如何处理的？当我发现有人破坏环境时，我是如何处理的？

9. 传道：垃圾分类是社会进步和生态文明的标志，是人人均可参与其中去保护环境和改善环境的方式。我们如何让人们更自觉、更具有创造性地参与其中呢？为此，作为青年学生和垃圾的“制造者”、环境的“污染者”，我们能做些什么？我们该做些什么？

## 知识仓库

### 1. 生活垃圾的利用

利用垃圾生产木炭、焦油和煤气，是将垃圾中的可燃物（生活污水处理的污泥也是可燃物）和非可燃物利用液选分离，其中对可燃物进行干馏而得到木炭、焦油和煤气，不产生二恶英（毒王）。非可燃物可分离出玻璃、煤灰、砖、石头和废旧电池，玻璃可以回收利用，煤灰可用作施肥，砖、石头可以用作建筑材料，废旧电池经破碎、高温熔化，可以根据各种金属的熔点不同而分离出不同的金属，从而达到循环利用。木炭可以气化产生氢气、甲烷等，是因为煤可以气化。木炭可液化产生汽油、柴油等油品，煤可液化产生油品。煤气中有氢气、甲烷、微量的一氧化碳和二氧化碳。煤气利用变压吸附可分离出氢气、甲烷，氢气可供燃料电池使用发电，甲烷液化供其他用途（如打火机），也可利用燃气发电机进行发电，还可以利用煤气生产甲醇。焦油中含有木酸液、木焦油、木沥青。可以利用蒸馏方式将焦油中的化学物质分离出来，如甲酸、甲醇等，以及珍贵的药品原料。

垃圾曾经是城市发展的负担，世界上许多城市均有过垃圾围城的局面。如今，垃圾被认为是最具开发潜力的、永不枯竭的“城市矿藏”，是“放错地方的资源”。

### 2. 生活垃圾有哪些

①人类和动物的粪便。存在传染性细菌、病毒。②医疗机构的医用垃圾。存在大量的易感染病毒和难以降解的化学性物品。③建筑装饰垃圾。存在易挥发的化学物质。④轻工业垃圾。大部分是难以降解的化工材料，如塑料、油漆等。⑤电子行业生产的电子材料垃圾。包括主要的重金属成分和难以降解的玻璃纤维、塑料等。重金属有铅、锡、锌、银、金等危害人类身体健康的重金属材料。⑥化学工业生产的化合类有毒有害物质垃圾。如苯类等易挥发物质。⑦电池。它是人们生活中不可缺少的工业用品，其污染主要体现在重金属和化学物质方面，包括酸类和碱类等化学成分，也包括难以降解的塑料等材料。⑧城市各方面的生活污水和制造业等工业企业排放的污水。⑨少量的放射性污染物。⑩其他没有列出的人类生活垃圾。

### 3. 垃圾处理方式

垃圾处理的一般方法有物质利用、能量利用（利用垃圾生产木炭、焦油和煤气）和填埋处置三种。从垃圾生命全周期来看，垃圾处理还应包括源头减量与排放控制环节，严格意义上的减量化系指源头减量，是通过改变产品设计习惯、原料采购习惯、消费者购买与消费习惯、商业模式等方法，减少生产生活过程的资源浪费与废弃物产量。

物质利用，又称物质回收利用，指通过物理转换、化学转换（包括化学改性及热解、气化等热转换）和生物转换（包括微生物转换、昆虫转换和动物转换等），实现垃圾的物质属性的重复利用、再造利用和再生利用，包括传统的物质资源回收利用和易腐有机垃圾转换成高品质物质资源。

能量利用，又称能量回收利用，指将垃圾的内能转换成热能、电能，包括焚烧发电、供热和热电联产。

填埋处置，指对不能进行资源化处理（包括物质利用和能量利用）的无用垃圾进行填埋处置。

## 4. 垃圾分类

垃圾分类是指按一定规定或标准将垃圾分类储存、投放和搬运，从而转变成公共资源的一系列活动的总称。垃圾分类可提高垃圾的资源价值和经济价值。德国一般分为纸、玻璃、金属和塑料等；澳大利亚一般分为可堆肥垃圾、可回收垃圾、不可回收垃圾；日本一般分为塑料瓶类、可回收塑料、其他塑料、资源垃圾、大型垃圾、可燃垃圾、不可燃垃圾、有害垃圾等。我国垃圾种类有：①可回收物。主要包括废纸（包括报纸、期刊、图书、各种包装纸等）、塑料（各种塑料袋、塑料泡沫、塑料包装、一次性塑料餐盒餐具、硬塑料、塑料牙刷、塑料杯子、矿泉水瓶、塑料袋包括餐厨垃圾装袋等）、玻璃（主要包括各种玻璃瓶、碎玻璃片、镜子、暖瓶等）、金属（主要包括易拉罐、罐头盒等）和布料（主要包括废弃衣服、桌布、洗脸巾、书包、鞋等）五大类。②其他干垃圾［分类标志其他垃圾（上海称干垃圾）］。包括除上述几类垃圾之外的砖瓦陶瓷、渣土、卫生间废纸、纸巾等难以回收的废弃物及果壳、尘土、食品袋（盒）、烟盒、大棒骨。③厨余垃圾（上海称湿垃圾）。包括剩菜剩饭、骨头、菜根菜叶、果皮等食品类废物，玉米核、坚果壳、果核、鸡骨、花生壳等，残枝落叶包括家里开败的鲜花等。④有害垃圾。含有对人体健康有害的重金属、有毒的物质或对环境造成现实危害或者潜在危害的废弃物。包括电池、荧光灯管、灯泡、水银温度计、油漆桶、部分家电、过期药品、过期化妆品等。

从发展趋势来看，生活垃圾处置将永远朝着“资源化、能源化、无害化”方向发展。

## 活动拓展

### 我国垃圾分类的历史进程

当前，中国每年垃圾总量超过10亿吨，且每年还以5%~8%的速度增长，国内至少有三分之二的城市面临“垃圾围城”窘境，因此，建立系统的垃圾分类体系变得刻不容缓。

为解决终端垃圾处理的难题，住建部在2000年6月发布《关于公布生活垃圾分类收集试点城市的通知》，首次提出8个垃圾分类试点城市：北京、上海、广州、南京、杭州、深圳、厦门、桂林。由于居民端意识不强、政府出资不够、垃圾分类产业链不完善等因素，首批试点城市效果均不明显。2013年，北京试行垃圾定量定时定点投放、广州实行垃圾计量收费，上海和南京也施行垃圾分类管理办法。垃圾分类效果有所改善，但因市民对垃圾分类知识匮乏，垃圾正确投放率仅为10%~20%。

2015年，《中共中央国务院关于加快推进生态文明建设的意见》《生态文明体制改革总体方案》明确要求加强“生活垃圾分类回收”与“再生资源回收”有效衔接。2017年3月，住建部、发改委联合发布《生活垃圾分类制度实施方案》指出，到2020年年底，要基本建立垃圾分类相关法律法规和标准体系，形成可复制、可推广的生活垃圾分类模式，在实施生活垃圾强制分类的城市，生活垃圾回收利用率达到35%以上。同年12月，住建部发布《关于加快推进部分重点城市生活垃圾分类工作的通知》，确定京、津、沪等46个重点城市先行实施生活垃圾分类。2018年7月，《关于创新和完善促进绿色发展价格机制的意见》指出，要全面建立覆盖成本并合理盈利的固体废物处理收费机制，加快建立有利于促进垃圾分类和减量化、资源化、无害化处理的激励约束机制。2019 年 6 月，住建部发布《关于在全国地级及以上城市全面开展生活垃圾分类工作的通知》提出，自 2019 年起，全国地级及以上城市要全面启动生活垃圾分类工作；2020 年年底，46 个重点城市要基本建成垃圾分类处理系统；2022 年前，各地级城市至少有 1 个区实现生活垃圾分类全覆盖；2025 年年底前，全国地级及以上城市要基本建成垃圾分类处理系统。2019 年 6 月 5 日，全国人大常委会会议审议通过《中华人民共和国固体废物污染环境防治法（修订草案）》，指出要按照产生者付费原则实行生活垃圾处理收费制度。当前，46 个重点城市中除日喀则外，其他城市均对垃圾分类进行了日程规划，其中 20%的试点城市已步入垃圾分类"有法可依"时代，剩余城市也已将垃圾分类立法工作提上日程。

【才艺展示】

1. 开展创作"垃圾减量、正确处理垃圾"的顺口溜、民谣、对联、宣传语、三句半、格言、诗词等作品的比赛，并展示比赛成果。

2. 用图说、展板、绘画、漫画、文字等方式，制作宣传"垃圾减量、正确处理垃圾"的海报、展板、黑板报、宣传专栏等。

3. 表演体现"居民在实施垃圾减量、垃圾分类处理运动中的态度、表现及百态、窘境、囧事"的情景剧、小品、舞剧、相声等。

4. 收集整理"垃圾减量、科学处理垃圾"的方法及措施，并上传到自己的网络空间、现代社交平台（如 QQ、微信、微博）等。

5. 收集并向同学们讲述"垃圾减量、科学处理垃圾"的故事，向同学们传授科学处理垃圾的方法和技巧。

6. 举办沙龙、故事会、读书会、诗词会、讲座，交流自己"垃圾减量、科学处理垃圾"的经验体会、设想。

【交流活动】

1. 举办中学生"垃圾减量、科学处理垃圾"的主题征文、短文比赛、演讲比赛，以及如何科学学习，提高学习效率的知识或方法交流会。

2. 举办宣传"垃圾减量、科学处理垃圾"的演出活动，收集归纳"垃圾减量、科学处理垃圾"的经验、方法，并上传到网络、社交平台上。

3. 拍摄有关不当处理垃圾的照片，并举办图片展，宣传正确维护和实现环境安全的方法和策略。

4. 用列举、讲述、讨论等方式，谈谈"垃圾减量化、垃圾资源化"的实现方式，各种垃圾利用技术的利弊及其影响。

5. 观察同班或同年级同学处理垃圾的行为，并撰写"科学分类处理垃圾"的倡议或建议书。

6. 举办如何正确认识和处理"垃圾首先是'污染源'"的主题班会、经验介绍会、教训总结会，方法交流推荐会，模拟正确处理垃圾的活动。

【信息共享】

请同学们收集整理有关科学处理垃圾的歌曲，并粘贴于此处。

粘　贴

【认识活动】

1. 开展中学生垃圾处理的观念与行为的调查，并对调查结果进行分析，寻找中学生垃圾处理中存在问题的原因、产生的影响等，寻求解决问题的措施。

2. 走进社区，收集“垃圾不分类处理”的案例，了解人们对垃圾分类的意见及改进措施，并形成相关成果集。

3. 利用网络收集“不当处理垃圾，造成环境灾害”的典型案例，形成对“保护环境，实现可持续发展”的正确认识。

4. 开展以“垃圾是‘污染源’还是资源”为主题的辩论比赛活动，或举行变“污染源”为资源的经验教训交流活动。

5. 走进年级或社区家庭开展“人们处理垃圾的现状（行为、方式、方法、态度、状态、习惯、效果）”的社会调查，了解垃圾分类对人们生活方式、消费方式、生活水平与生活质量的影响。

6. 收集错误的垃圾处理方法、态度、习惯、行为产生的后果及影响的案例，归纳导致不当处理垃圾的主客观原因，以及给人们的警示。

【实践活动】

1. 开展“垃圾减量，科学处理垃圾，正确分类垃圾”的志愿服务宣传活动，传播科学处理垃圾的好处。

2. 调查本地垃圾分类和垃圾处理现状，了解人们对垃圾分类和科学处理垃圾的意识、态度、行为等，并提出相关改进措施或方案。

3. 在社区家庭开展“垃圾减量，科学处理垃圾”的社会调查，了解社区家庭垃圾减量和科学处理垃圾的现状，影响因素，归纳垃圾处理中存在的污染风险，做出相关风险提示，或提出应对措施。

4. 开展“实现垃圾减量，科学处理垃圾，正确分类垃圾”的经验、方法介绍会，发出“垃圾减量化，垃圾资源化”的倡议，或开展相关的签名活动。

5. 关注并向相关国家机关举报违法处理垃圾的行为。

6. 设计能促进班级同学维护和实现“垃圾减量化，垃圾资源化”的监督制度。

## 实践探究

### 湖北省城乡生活垃圾分类技术导则

《湖北省城乡生活垃圾分类技术导则》（以下简称《导则》）明确了科学的投放技巧。如，有害垃圾中的废旧电池（如镉镍电池、氧化汞电池、铅蓄电池等）应保持完好；破损的电池应用透明塑料袋封装。废荧光灯管应保持完整、清洁、干燥，防止破损；破碎的灯管应用较厚的纸张包裹并用胶带缠好。

体积大、整体性强或者需要拆分再处理的废弃家具、电器电子产品等大件垃圾，应当预约再生资源回收服务单位上门收集，或单独投放至指定的投放点。

人们易混淆的垃圾，也有明确的分类。如，无汞无害的干电池，应投放至“其他垃圾”收集容器；没使用过的一次性纸碟、墙纸、复写纸，以及已使用、被污染的纸巾、厕纸，还有目前尚未明确回收用途的牛奶盒、果汁饮料盒等复合材料包装物等，应投放至“其他垃圾”收集容器。玻璃饮料瓶等玻璃制品，要去掉瓶盖、撕掉瓶身标签、清除晾干后，再投放至“可回收物”收集容器；已经破碎的玻璃，应先用厚纸包好投放至“其他垃圾”收集容器。一些暂时还没明确归属类别的垃圾，应投放到“其他垃圾”中。

垃圾桶等收集容器的大小、颜色也有标准。根据《导则》，收集容器有60L、120L、240L等规格，颜色上“有害垃圾”容器为红色，“可回收物”容器为蓝色，“厨余垃圾”容器为绿色，“其他垃圾”容器为灰色，色标为PANTONG 5477C。

厨余垃圾从产生时就应与其他种类垃圾分开，投放前还应滤干液体。如用塑料袋收集，投放时须将厨余垃圾倒入“厨余垃圾”桶，塑料袋则须投放到“其他垃圾”桶。

无论城市还是农村，居民家庭将按照“一严禁、一鼓励、两分类”方法实行垃圾分类，即严禁将有害垃圾混入其他类别生活垃圾，鼓励将可回收物进行自行交售或投放至可回收物收集容器，做好日常厨余垃圾（易腐垃圾）、其他垃圾两分类。这意味着每个家庭至少需备用2个垃圾桶。

建立生活垃圾分类统计制度、生活垃圾源头减量机制、生活垃圾分类全流程监管制度和生活垃圾分类督导员制度。鼓励各地企业、个人提供资金、商品、服务作为奖品通过积分等方式发动个人和单位开展生活垃圾分类。

简约生活、拒绝浪费，减少垃圾。

【才艺拓展】

1. 编绘“垃圾减量化，垃圾资源化，科学处理垃圾”的小宣传册、漫画书、连环画，并展示编绘成果。

2. 开展“垃圾减量化，垃圾资源化，科学处理垃圾”的模拟活动，创作促进“垃圾减量化，垃圾资源化，科学处理垃圾”的歌曲、歌剧、话剧、舞蹈作品，并开展展演。

3. 创作表现垃圾处理不当会产生严重后果，或机智维护和实现“垃圾减量化，垃圾资源化，科学处理垃圾”的小品、相声、戏剧作品，并进行展演。

4. 收集青少年学生推进“垃圾减量化，垃圾资源化，科学处理垃圾”的案例，制作青少年学生使用QQ、微信、互联网开展“垃圾减量化，垃圾资源化，科学处理垃圾”的活动方案。

5. 通过自己的走访、观察，创作能起到警示作用的“不当处理垃圾的风险及其应对”的绘画、漫画、诗歌作品，并开展绘画展、漫画展、诗歌比赛等活动。

6. 开展拍摄“保护生态环境，维护生态安全”的微电影、视频比赛活动，并上传到社交平台或网站。

【创新发展】

1. 到地铁站、学校、社区开展“垃圾减量化，垃圾资源化，科学处理垃圾”的志愿服务宣传活动，并对活动进行总结或利用美篇进行报道。

2. 制作中学生推进“垃圾减量化，垃圾资源化，科学处理垃圾”的网页，设计预防、举报垃圾污染、环境污染的App。

3. 走进大学创新基地，在大学老师的指导下，利用所学知识开发能有效利用垃圾的技术或快速检测垃圾污染的工具。

4. 开展新形势下垃圾有效利用的研究，研发相关技术设备，探讨垃圾变财富的技术路线。

5. 开发能监测垃圾污染、环境污染的技术软件，或设计能预防垃圾污染、环境污染风险的技术产品。

6. 开展国外垃圾处理或中外垃圾处理比较的研究，并提出相关的政策建议。

## 我的收获

Please don't throw the rubbish around. Garbage is also useful. Protecting the environment can purify our mind. Resources are limited and we should recycle them. Protecting the environment means protecting our quality of life and productive forces. In a word, protecting the environment is to protect ourselves.

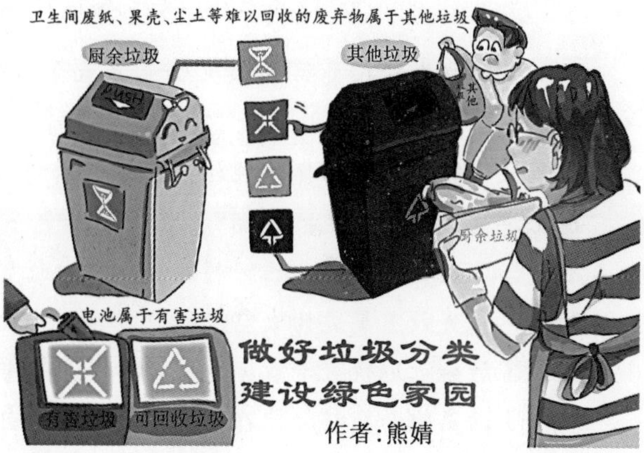


科学处理垃圾，就是为我们的未来投资。在日常生活中，科学处理垃圾，我会：

## 相关链接

1. 中国环境网：https：//www. cenews. com. cn/

2. 中国环境监察网：http：//www. hjjczz. com. cn/

3. 北极星固废网：http：//gfcl. bjx. com. cn/

4. 《中华人民共和国环境保护法》《中华人民共和国环境保护税法》《废弃电器电子产品回收处理管理条例》《中华人民共和国清洁生产促进法》《中华人民共和国固体废物污染环境防治法》《中华人民共和国大气污染防治法》《中华人民共和国土壤污染防治法》《最高人民检察院、公安部关于公安机关管辖的刑事案件立案追诉标准的规定（一）》《国家危险废弃物品名录》

## 清理太空垃圾人人有责 这颗卫星打算回收自己①

从苏联发射人类第一颗人造卫星至今，全世界一共执行了4000多次航天发射任务，其发射了8000多个航天器，目前在轨运行的有1500多个。那些已经失效的航天器，以及火箭末子级、火工品操作性碎片、航天器碎片等，大部分在1000公里以下高度的近地轨道上游荡，一旦发生“剐蹭”，又将制造更多太空垃圾。如今地球附近被记录在案的废弃航天器以及空间碎片，已经超过5万个。太空垃圾已经给在轨航天器造成了威胁。

不让失效卫星成为太空垃圾，尤其是使数量最多的低轨卫星完成使命后重返大气层销毁，不污染近地轨道资源，是航天界研究的重点。典型的航天器离轨方式有主动和被动两种。主动离轨是指航天器在寿命末期，利用自身携带的动力装置进行轨道机动，降低飞行

① 摘自《科技日报》2019年10月8日，第4版。

速度并离开运行轨道，逐渐坠入大气层。被动离轨是让航天器借助薄膜帆装置、电动力系绳、充气球等外部作用力降低飞行轨道。在各类技术中，薄膜离轨帆技术难度低、产品成本低、成熟度高，适用于不同轨道和规格的各类航天器，最有希望被产业化应用。

由长征四号乙运载火箭送入轨道不到一周的金牛座纳星，顺利展开离轨帆开始被动离轨试验，搭载的相机成功对离轨帆展开过程拍摄成像下传。金牛座纳星搭载了基于薄膜机构技术的离轨帆载荷，旨在验证薄膜离轨帆高效收拢和在轨展开技术，并实测离轨效果。该离轨帆装置展开面积为2.25平方米，收拢时仅有高尔夫球大小，布置在星箭分离机构的内部空隙部位。根据设计师介绍，该装置采用先进的微米级薄膜折叠收拢技术，展收比达到国际一流水平，可加装至各类成熟的小卫星平台而不占用卫星自身包络。卫星寿命结束后，只需启动帆面解锁指令使其展开，薄膜帆会增大卫星迎风面积，利用轨道上稀薄大气形成的气动阻力，让卫星慢慢减速，逐渐脱离轨道。

以轨道高度750公里，重15公斤的小卫星为例，如果不采取离轨措施，其寿命结束后还能在轨运行近百年。而采用2.25平方米的薄膜离轨帆装置，卫星离轨时间将缩短至原来的十分之一以内。对于不同轨道高度、不同质量的卫星，设计团队正在开发标准型系列化离轨帆产品，以满足各种离轨需求。据金牛座纳星下传图片显示，薄膜离轨帆装置在轨展开正常，遥测数据显示卫星状态良好，姿态稳定。地面人员将持续跟踪卫星轨道，实测薄膜帆离轨效果。大家不必为它匆匆告别而遗憾，这颗星风风火火登场，就是为了潇潇洒洒谢幕。这，正是它的使命。

# 第 4 课　时刻预防生物入侵

## 生活警示

### 海关，生物风险的控制者！

2018 年 6 月，张家港海关在进境原木中，先后截获 7 种外来有害生物，虫样经中国检科院确定均为全国口岸首次截获。这些原木来自喀麦隆、苏里南、巴布亚新几内亚、赞比亚、哥伦比亚等多个国家。7 种全国口岸首次截获的外来有害生物分别是邻标记天牛、塞里红胸纤角天牛，裂斑花金龟、缘斑花金龟、火字花角长角象、花角长角象、三锥象目前尚无国内分布的报道。天牛、金龟、象甲类生物属于外来物种，是农林业上的重要有害生物。它们一旦随货物传播入境，在国内定殖下来，会对我国的农林产业及生态环境带来较大的生物安全风险。

### 海关，生物入侵的阻止者！

2016 年，全国进境口岸截获外来有害生物 6305 种、122 万次，种类数同比增加 1. 8%，截获次数同比增加 15. 97%。出入境检验检疫部门共截获禁止进境物 58. 3 万批次，同比增长 16. 87%，检出有害生物 8. 05 万次，同比增长 27. 87%。

2017 年 1—11 月，上海口岸共截获禁止进境物 59046 批次，检出植物疫情 3219 种次，同比增长 34%和 24%。仅下半年，上海检验检疫局从旅客携带物中多次检出极具危险的动物疫病和检疫性有害生物，如白斑综合征病毒、禽流感病毒、地中海实蝇、扶桑绵粉蚧等，一旦传入境内，后果不堪设想。

2018 年全国各口岸共截获植物、有害生物分别为 4583 种、68. 5 万种次，检疫性有害生物 335 种、7. 1 万次，退运销毁进口不合格农产品 592 批次。其中，境外预检大、中动物 22. 23 万头，淘汰不合格动物 5. 4 万头，境内隔离检疫淘汰不合格动物 1715 头。

### 维护生态安全，人人有责！

2017 年 2 月，厦门海关在一名搭乘厦金航线进境旅客的背包内，查获 72 颗鹦鹉蛋。8 月 31 日上午，河南检验检疫局邮检办工作人员，发现一名在校初中生的国际邮件里有三只甲虫标本、一只大型甲虫（“南洋大兜虫”）和 20 只巨型蚂蚁（“巨人恐蚁”），这些都属于外来有害生物。12 月 1 日，机场局工作人员在进行行李查验时发现一异常泡沫箱内装有一排红彤彤、“胳膊粗”的菲律宾大龙虾，共计 16 只，重量近 11 公斤。12 月 13 日，又从两名澳洲入境旅客的行李中截获 75 公斤澳洲大鲍鱼。2018 年 5 月 10 日，厦门海关查获疑似鹦鹉螺壳 401 个，疑似石珊瑚、苍珊瑚 2800 千克。2018 年 7 月，从两名中国籍旅客携带的水果上查获十余只身体黝黑发亮，扭转成螺旋状，每只长约 5 厘米的怪虫——马陆。这是厦门海关首次在旅客行李中查获此类动物。马陆又称千足虫，是世界上脚最多的动物，可危害农作物的幼根、嫩茎及嫩叶。2018 年 8 月 28 日，海关发现一名来自巴布亚新几内亚的中国籍男性旅客行李箱内装有一枚硕大的灰白色未经加工的砗磲贝壳。2018 年 9 月 11 日，厦门海关人员发现两名中国年轻男性旅客的小腿绑着大量肉色丝袜，每只丝袜内均装有数只活体蜜袋鼯。经清点，两人各自携带 60 只蜜袋鼯。

### 机场口岸“迎”奇葩闯关者！

某机场相继从香港入境旅客的携带物中截获两张南非跳羚羊皮、乌干达大牛角，从墨尔本入境旅客的携带物中截获两根带血鹿茸，从温哥华入境旅客的携带物中截获狼皮、狐狸皮等动物皮张。从马来西亚入境旅客行李中截获仅用布制袋包裹，未采取任何低温冷链运输措施的 201 支非法携带入境的 HPV（人乳头瘤病毒）疫苗。2019 年 3 月 25 日，厦门机场海关发现一男性旅客携带一个不常见的大型保温箱内堆叠着大量袋装乳黄色液体，共 162 袋，重达 21.7 千克。男性旅客说这是人奶，打算带回来给小孩喝。关员发现该旅客无法提供任何手续，很难确定“人奶”来源。根据旅客进出境行李物品的规定，母乳属特殊物品，携带入境应办理检疫审批手续，主动向海关申报，并提供相关资料、接受检疫，且包装需符合特殊物品生物安全管理要求。

## 生活探究

**【知道、识道】**

1. 说说：我或我的同学、亲人、朋友、亲戚、熟人有没有因从境外邮寄或随带生物及其制品回国而被海关拦截的情况？如果有，邮寄或随带的是什么生物及其制品？有没有乱放生的情况？

2. 谈谈：我所知道的因从境外邮寄或随带生物及其制品回国而被海关拦截的情况案例；我所知道的有关乱放生的情况。

3. 想想：将来还可能出现哪些因从境外邮寄或随带生物及其制品而被海关拦截的情况？是否出现乱放生的情况？

**【问道、得道】**

4. 讨论：上述案例中，人的行为会产生什么样的严重后果？人们是否想到会发生生物入侵？当我们需要从境外引进生物及其制品时，我们该怎样做？

5. 分析：人们为什么会邮寄或随带国家明令禁止的生物及其制品回国？人们为什么会乱放生？这种乱放生真的是对动物的保护吗？

6. 谋划：当我们看到、听到有人要从境外邮寄或随带国家明令禁止的生物及其制品时，我们应该怎样做？当有人要放生时，我们应该做些什么？

**【行道、布道】**

7. 讨论：生物入侵有哪些途径？这些途径哪些与人的有意识或无意识的行为有关？我们能否避免生物入侵的发生？当我们看到入侵的生物时，正确的做法是怎样的？

8. 分享：我是如何管理好自己不邮寄或随带国家明令禁止的生物及其制品入境的？当我遇到有人这样做时，我是怎样处理的？当我看到入侵的生物或有人放生时，我是怎样做的？

9. 传道：为了有效管理青少年学生从境外邮寄或随带国家明令禁止的生物及其制品等，我们该做些什么？当有人想或正在放生时，我们该做些什么？当我们看到入侵的生物时，我们应该做些什么？

## 知识仓库

### 1. 生物入侵

生物入侵是指生物由原来的生存地经过自然的或者人为的途径侵入另一个新环境，并对入侵地的生物多样性、农林牧渔业生产、人类健康造成经济损失或者生态灾难的过程。

生物入侵有三种途径，即有意识引进、无意识引进和自然入侵。有意识引进最初是出于农林牧渔生产、景观美化、生态环境改造等目的从正规渠道引进的物种，但引进后“演变”为入侵物种，如，20 世纪 70 年代，中国将原产南美洲的水葫芦（凤眼莲）作为猪饲料引进，但目前水葫芦已遍布华北、华东、华中、华南的河湖水塘，连绵 1000 公顷的滇池，水葫芦疯长成灾，严重破坏了水生生态系统的结构和功能，已导致大量水生动植物死亡。靠自身的扩散传播力或借助于自然力而传入属于自然入侵，薇甘菊以及美洲斑潜蝇都是靠自然因素入侵中国的。无意识引进则是随贸易、运输、旅游等活动而传入的物种，美国白蛾的入侵就属于此类。美国白蛾适生范围广，繁殖力特强，一头雌蛾一次可产卵 800~2000 粒，年平均繁殖后代 3000 万只，最多可达两亿只以上，且传播途径多，如无有效防治，势必造成迅速蔓延。最具危害的是，白蛾具有暴食性，可将成片的树林树叶横扫一光，造成树木部分枝条甚至整株死亡，有人称之为无烟的火灾。此外，被害树木长势衰弱，易遭其他病虫害的侵袭，并降低抗寒抗逆能力。如不及时防治，将很有可能对林业、农业生产甚至农民生活构成威胁。人们无意中的饲养和放生行为加剧了生物入侵。

中国所有省、区、市发现的入侵物种，几乎涉及所有的生态系统，从脊椎动物、无脊椎动物到高、低等植物，以及真菌、细菌、病毒都有。中国成为外来物种入侵最严重国家之一，入侵范围也相当广泛，涉及农田、湿地、森林、河流、岛屿、城镇居民区等几乎所有生态系统，这对中国生物多样性、农牧业生产等构成巨大威胁。

### 2. 外来入侵物种

外来入侵物种是指在当地的自然或者半自然生态系统中形成了自我再生能力、可能或者已经对生态环境、生产或者生活造成明显损害或者不利影响的外来物种。

### 3. 中国外来入侵物种名单

第一批（2003 年 1 月 10 日国家环保总局与中国科学院联合发布 16 种）：紫茎泽兰、薇甘菊、空心莲子草、豚草、毒麦、互花米草、飞机草、凤眼莲、假高粱、蔗扁蛾、湿地松粉蚧、强大小蠹、美国白蛾、非洲大蜗牛、福寿螺、牛蛙。

第二批（环境保护部和中国科学院联合制定，环境保护部 2010 年 1 月 7 日发布 19 种）：马缨丹、三裂叶豚草、大薸、加拿大一枝黄花、蒺藜草、银胶菊、黄顶菊、土荆芥、刺苋、落葵薯、桉树枝瘿姬小蜂、稻水象甲、红火蚁、克氏原螯虾、苹果蠹蛾、三叶草斑潜蝇、松材线虫、松突圆蚧、椰心叶甲。

第三批（环境保护部办公厅 2014 年 8 月 20 日发布 18 种）：反枝苋、钻形紫菀、三叶鬼针草、小蓬草、苏门白酒草、一年蓬、假臭草、刺苍耳、圆叶牵牛、长刺蒺藜草、巴西龟、豹纹脂身鲇、红腹锯鲑脂鲤、尼罗罗非鱼、红棕象甲、悬铃木方翅网蝽、扶桑绵粉蚧、刺桐姬小蜂。

第四批（环境保护部办公厅 2016 年 12 月 20 日发布 18 种）：长芒苋、垂序商陆、光荚含羞草、五爪金龙、喀西茄、黄花刺茄、刺果瓜、藿香蓟、大狼杷草、野燕麦、水盾草、食蚊鱼、美洲大蠊、德国小蠊、无花果蜡蚧、枣实蝇、椰子木蛾、松树蜂。

### 4. 国际组织及国际法对生物入侵的预防

国际自然资源保护联盟、国际海事组织（IMO）等国际组织制定了关于如何引进外来物种，如何预防、消除、控制外来物种入侵等各方面的指南等技术性文件。

1992 年在巴西里约热内卢召开的世界环境与发展大会上，与会各国（包括中国）签署了《国际生物多样性公约》，这是有关生物安全的一个最重要的全球性公约。对于外来物种的入侵，《公约》第 8 条明确规定："防止引进、控制或消除那些威胁到生态系统、生境或物种的外来物种。"同时《公约》要求，每一缔约国应直接或要求其管辖下提供《公约》所规定生物体的任何自然人和法人，将该缔约国在处理这种生物体方面规定的使用和安全条例的任何现有资料以及有关该生物体可能产生的不利影响的任何现有资料，提供给将要引进这些生物的缔约国。

此外，SPS 协议（即《关于卫生和植物卫生措施协议》）以及 TBT 协议（即《贸易技术壁垒协议》）都明确规定，在有充分科学依据的情况下为保护生产安全和国家安全，可以设置一些技术壁垒，以阻止有害生物的入侵。抵御海洋外来生物的入侵也早在 1982 年的《联合国海洋公约》里明确规定，各国必须采取一切必要措施以防止、减少和控制由于故意或偶然在海洋环境某一特定部分引进外来的新的物种致使海洋环境可能发生重大和有害的变化。

### 5. 上海检验检疫局发布《上海口岸旅邮检信用信息归集和使用管理办法（试行）》

自 2018 年 1 月 1 日起，检验检疫部门将对以下 5 种行为在按有关规定进行处置后，对其失信行为进行采集、评估，并向上海市公共信用信息服务平台提报相关信用信息：

（1）一年内两次以上携带、邮寄禁止进境物被依法查获的；（2）故意瞒报、谎报、藏匿禁止进境物被依法查获的；（3）以暴力、威胁方法拒不接受检疫处理决定或者拒绝、阻挠检验检疫机构依法实施检疫执法行为的；（4）窃取、抢夺、损毁、抛洒动植物检疫机关截留的动植物及其产品的；（5）依据相关法律、法规应追究刑事责任的。

### 6. 哪些洋货不可以携带入境？哪些物品不能邮寄回国？

（1）动物及动物产品类：①活动物（犬、猫除外），包括所有的哺乳动物、鸟类、鱼类、两栖类、爬行类、昆虫类和其他无脊椎动物，动物遗传物质。②（生或熟）肉类（含脏器类）及其制品；水生动物产品。③动物源性奶及奶制品，包括生奶、鲜奶、酸奶，动物源性的奶油、黄油、奶酪等奶类产品。④蛋及其制品，包括鲜蛋、皮蛋、咸蛋、蛋液、蛋壳、蛋黄酱等蛋源产品。⑤燕窝（罐头装燕窝除外）。⑥油脂类，皮张、毛类，蹄、骨、角类及其制品。⑦动物源性饲料（含肉粉、骨粉、鱼粉、乳清粉、血粉等单一饲料）、动物源性中药材、动物源性肥料。

（2）植物及植物产品类：①新鲜水果、蔬菜。②烟叶（不含烟丝）。③种子、苗木及其他具有繁殖能力的植物材料。④有机栽培介质。

（3）其他检疫物类：①菌种、毒种等动植物病原体，害虫及其他有害生物，细胞、器官组织、血液及其制品等生物材料。②动物尸体、动物标本、动物源性废弃物。③土壤。④转基因生物材料。⑤国家禁止进境的其他动植物、动植物产品和其他检疫物。

注：通过携带或邮寄方式进境的动植物及其产品和其他检疫物，经国家有关行政主管部门审批许可，并具有输出国家或地区官方机构出具的检疫证书，不受此名录的限制；具有输出国家或地区官方机构出具的动物检疫证书和疫苗接种证书的犬、猫等宠物，每人仅限一只可以携带入境。

## 活动拓展

请同学们收集整理有关外来入侵生物的图片，并粘贴于此处。

粘 贴

在入境时，每个人都会接受国家检验检疫部门人员的检查。这种检查，是国家设立的一道保障生物安全的屏障。你的行李箱中如果有从国外带回来的准备给亲朋好友尝鲜的水果；有准备作为旅游纪念品的异国他乡的土壤；有想带回收藏的动物标本……那么你的行李箱就已经威胁到国家生物安全了，因为这些物品里面可能会有动物传染病、寄生虫病，植物危险性病虫杂草和其他有害生物，其跨境传播会引发农业生产、生态环境、经济发展和人体健康安全问题。

思考：我们如何做国土生物安全的守护者？（思考角度：教育、宣传、科技、法律法规、公共参与、国际合作等）

【才艺展示】

1. 开展“人人当好国门守护者，预防生物入侵”的顺口溜、民谣、对联、宣传语、三句半、格言、诗词等作品的比赛，并展示比赛成果。

2. 用图说、展板、绘画、漫画、文字等方式，制作宣传如何“当好国门守护者，预防生物入侵”的海报、展板、黑板报、宣传专栏等。

3. 表演在听或看到有人准备或正在进行从境外邮寄或随带国家明令禁止的生物及制品时，如何保持清醒头脑、控制情绪，机智应对的情景剧、小品、相声等。

4. 收集整理“人人当好国门守护者，预防生物入侵”的方法及措施，并上传到自己的网络空间、现代社交平台（如 QQ、微信、微博等）。

5. 收集并向同学们讲述我国发生的生物入侵或乱放生的情况，向同学们传授预防、应对生物入侵或乱放生的方法。

6. 举办沙龙、故事会、读书会、诗词会、讲座，交流对生物入侵或放生的现状与危害的认识。

【交流活动】

1. 举办中学生“人人当好生态安全的守护者，预防生物入侵”的主题征文、短文比赛、演讲比赛、知识或技能竞赛。

2. 举办宣传“人人当好生态安全的守护者，预防生物入侵”的演出活动，交流“预防生物入侵”的经验、方法，并上传到网络、社交平台上。

3. 在社区、学校、家庭内观察、查找有无入侵的生物；宣传正确预防或应对生物入侵的方法和策略。

4. 用列举、讲述、讨论等方式，谈谈生物入侵（或从境外邮寄、随带生物及其制品）、乱放生的危害及影响。

5. 组织学生到海关、机场检验检疫、出入境检验检疫部门，了解我国生态安全现状，并撰写“生物安全，人人有责”的倡议或建议书。

6. 举办“人人当好生态安全的守护者，预防生物入侵”的主题班会、经验介绍会、教训总结会、方法交流推荐会。

【信息共享】

## 紫茎泽兰

紫茎泽兰是多年生草本或亚灌木，植物界里的“杀手”，所到之处寸草不生，牛羊中毒。可进行有性繁殖和无性繁殖，对环境的适应性极强，无论在干旱贫瘠的荒坡隙地、墙头、岩坎，还是在石缝里都能生长。生命力极其顽强，吸收养分疯狂，有它在别的植物就休想生长了。此外，它还有毒，不能用来喂牲口。

## 巴西龟

巴西红耳龟因其头顶后部两侧有两条红色粗条纹，故得名，在市面上称巴西龟，大多数种类产于巴西，个别种类产于美国的密西西比河附近。它是世界公认的生态杀手，已经被世界环境保护组织列为 100 多个最具破坏性的物种之一。多个国家已将其列为危险性外来入侵物种。它若进入我国国境，对中国自然环境的破坏将难以估量。

它在中国迅速泛滥主要是无良商贩觉得它繁殖力强好养活，还有一些善心发作的人拿去放生。

## 豚　草

豚草又名艾叶破布草、美洲艾，隶属于菊科豚草属，为一年生草本植物。其吸肥能力和再生能力极强，无视污染情况，无视土壤肥力，无视光照情况，有点水能就活。在土壤中可吸收很多的氮和磷，造成土壤干旱贫脊，严重影响作物生长。叶子中含有苦味物质和精油，乳牛食入可使乳品质量变坏，带有恶味。豚草还可传播病虫害，豚草花粉是引发过敏性鼻炎和支气管哮喘等变态反应症的主要病源。

## 非洲大蜗牛

非洲大蜗牛是杂食性动物，侵害农作物、林木、果树、蔬菜、花卉等植物，饥饿时也取食纸张和同伴尸体，甚至能啃食和消化水泥，可危害500多种作物。它也是许多人畜寄生虫和病原菌的中间宿主，传播结核病和嗜酸性脑膜炎。不能用手接触它，更不能吃它。其爬行过的蔬菜和水果都可残留病原，会侵入人体。

【认识活动】

1. 开展中学生“生态安全”的安全保护观念与行为的调查，并分析调查结果，寻找安全风险存在的原因，寻求解决问题的对策。

2. 走进社区家庭，收集人们在“预防生物入侵”方面的做法与体会，形成相关的经验教训集。

3. 上网收集“中国留学生从境外邮寄或随带物品”的情况，分析中国留学生从境外邮寄或随带物品的特点及安全风险，形成对生态安全的正确认识。

4. 开展以“生态安全（生物入侵）关系每个人，人人都应是生物安全员”为主题的辩论比赛活动或经验教训交流活动。

5. 开展“中国生物入侵现状、风险因素与对策”的社会调查，了解生物入侵的影响与危害，分析人们的生态安全意识与行为，并提出预防应对之策。

6. 收集中国生物入侵现状及对待生物入侵、生态安全的态度、政策、法律情况，分析中国对待生物入侵、生态安全的成功经验和存在的问题，寻求解决问题的对策。

【实践活动】

1. 开展“人人当好生态安全的守护者，预防生物入侵”的志愿服务宣传活动，传播维护生态安全的方法及途径。

2. 调查本班或本年级同学对待生物入侵、生态安全的认识及行为现状情况，分析其忽视生物入侵、生态安全的主客观原因，提出促进中学生重视生物入侵、生态安全的措施或方案。

3. 在社区家庭开展有关“人人当好生态安全的守护者，预防生物入侵”的社会调查，了解社区居民对“人人当好生态安全的守护者，预防生物入侵”的态度和做法，分析社区居民的生态安全风险，提出相关风险提示或改进措施。

4. 开展“人人当好生态安全的守护者，预防生物入侵”的经验、方法介绍会，发出“人人都是生态安全员”“国土防护生物入侵安全员”的倡议或签名活动。

6. 设计“人人当好生态安全的守护者，预防生物入侵”调查问卷，调查人们的生态安全意识和行为能力，并提出相关改进建议。

## 实践探究

### 这些外来入侵生物在我国的命运

小龙虾。其学名为克氏原螯虾，也叫红螯虾或者淡水小龙虾，是甲壳类中分布最广的外来入侵物种。因其杂食性、生长速度快、适应能力强而在当地生态环境中形成绝对的竞争优势。其摄食范围包括水草、藻类、水生昆虫、动物尸体等，食物匮缺时亦自相残杀。小龙虾生命力极其顽强，食腐，所以一般很少有人吃它，在世界上任何一个国家都是横行霸道无人能治理，到了中国之后却成了餐桌上的美味菜肴。

牛蛙。蛙科（Ranidae，即赤蛙科）动物，学名 Rana Catesbeiana。它是独居的水栖蛙，因其叫声大酷似牛叫而得名，故名牛蛙，为北美最大的蛙类。因其恐怖的外表和生腥的味道让它在欧美一些国家横行霸道，但聪明的中国厨师们用泡椒、辣椒、花椒这些东西轻易地化解了牛蛙肉的腥膻。

福寿螺。其肉质细嫩鲜美，含有丰富的蛋白质、胡萝卜素、多种维生素和矿物质，是餐桌上的佳肴。它的含脂量低，是高血压、冠心病患者的优质滋补品，还是一些珍贵水产动物的饲料。它个体大、食性广、适应性强、生长繁殖快、产量高。但其体内有大量寄生虫，加热不充分的话吃了会得病。

白玉蜗牛。也称褐云玛瑙螺，玛瑙螺软体动物，原产于非洲东部。它喜欢在阴暗潮湿、疏松多腐殖的环境中生活。白玉蜗牛雌雄同体，异体交配。只要温度、湿度适宜，一年四季均可繁殖。白玉蜗牛综合利用价值高。

因为外国人似乎特别喜欢吃蜗牛，于是，就有蜗牛菜肴、蜗牛冻肉、蜗牛罐头、蜗牛糕点、蜗牛饮料、蜗牛化妆品、蜗牛饲料、蜗牛酶、蜗牛醋蛋液、蜗牛酒。

罗非鱼。一种中小型鱼。现在它是世界水产业重点科研培养的淡水养殖鱼类，且被誉为未来动物性蛋白质的主要来源之一。它原产于非洲，属于慈鲷科之热带鱼类，和鲈鱼相似。它通常生活于淡水中，也能生活于不同盐分含量的咸水中，可以存活于湖、河、池塘的浅水中。它有很强的适应能力，对溶氧较少的水有极强之适应性。绝大部分罗非鱼是杂食性的，常吃水中植物和碎物。此鱼在面积狭小的水域中亦能繁殖。甚至在水稻田里也能够生长。

这给我们应对外来生物入侵，有何启示？

【才艺拓展】

1. 编绘中学生“人人当好生态安全的守护者，预防生物入侵”的小宣传册、漫画书、连环画，并展示编绘成果。

2. 创作“人人当好生态安全的守护者，预防生物入侵”的歌曲、歌剧、话剧、舞蹈作品，并开展展演晚会活动。

3. 创作表现机智应对乱放生、随带境外生物及其制品的小品、相声、戏剧作品，并进行展演；

或开展机智应乱放生、随带境外生物及其制品模拟活动。

4. 收集整理人们机智应对生物入侵的方法，并制作人们在国际购物，境外旅游、学习、工作归国，与境外开展经贸活动时面临生物安全风险的检测表或风险警示手册。

5. 创作“人人当好生态安全的守护者，预防生物入侵”或“生物入侵有危害”的绘画、漫画、诗歌作品，并开展绘画展、漫画展、诗歌比赛等活动。

6. 开展拍摄“人人当好生态安全的守护者，预防生物入侵”微电影、视频或照片比赛活动，并上传到社交平台或网站。

【创新发展】

1. 在地铁站、学校、社区开展以“人人当好生态安全的守护者，预防生物入侵”为主题的志愿服务宣传活动，并对活动进行总结或利用美篇进行报道。

2. 制作中学生“人人当好生态安全的守护者，预防生物入侵”的网页，设计如何有效预防与应对生物入侵的 App。

3. 走进大学创新基地，在大学老师的指导下，利用所学知识开发能有效应对生物入侵的技术或工具。

4. 走进生物科研机构，参与生物入侵危害的研究，探寻化解入侵生物的技术、措施、办法。

5. 拍摄表现生物入侵危害的系列情景剧，并在本校电视台播出，或上传学校网站、个人社交平台等。

6. 开展世界各国引进外来物种的经验教训或预防、应对生物入侵问题的法律措施及其经验教训的课题研究，为我国预防、应对生物入侵提出建议。

## 我的收获

外来有害生物是指由于人为或自然因素被引入新生态环境，并对新生态系统、物种及人类健康带来威胁的外来物种。

它们威胁本地的生物多样性，引起物种的消失和灭绝，破坏生态系统功能。外来入侵物种的主要危害是采用各种方法杀死或排挤当地土著物种，它覆盖了良好的植被，使得植被因为没有光、空间窒息而死。它杀灭了许多当地植物，依靠当地植物生存的动物物种就会大量减少，引起物种的单一化。

外来入侵生物不仅直接给中国农、林、牧、渔等行业造成巨大的危害和经济损失，还会造成包括导致本地生物物种的灭绝、生物多样性和遗传多样性减少等隐性损失，对中国社会、文化和人类健康也会构成威胁。

中国是世界上生物多样性最丰富的国家之一。但是，近年来，我国面临的外来生物入侵的压力越来越大，呈现出传入数量多、传入频率加快、蔓延范围扩大、发生危害加剧、经济损失加重的趋势。

生态安全无小事。

学习“预防生物入侵”的知识，让我懂得了：

## 相关链接

1. 《植物检疫条例》《野生植物保护条例》《中华人民共和国进出境动植物检疫法》《中华人民共和国农业法》《中华人民共和国草原法》

2. 中华人民共和国生态环境部：http：//www. mee. gov. cn/

# 第三章

# 守真尚理，护持权益安全

我们生活在信息充沛、信息爆炸，信息传播速度和对大众的影响惊人的市场经济时代，人们价值多元、利益多样，对利益追求的手段、工具、途径层出不穷，花样不断翻新，给我们自身合法权益的维护带来了巨大的挑战。我们常常期盼：给我一双慧眼吧！

## 智者的方法

一个人风风火火地跑到哲人那儿，说想要告诉他一个消息。哲人平静地打断他的话说："等一等，你要告诉我的消息，用三个筛子筛过了吗?"哲人所说的"筛"，就是看消息是否真实，是否经过审查，是否具有善意。来人表示只是听来的。最后哲人说："那就别说了吧，免得人们被这虚假的谣言所困扰。"哲人面对看似令人激动的消息，淡定从容，以自己的标准过滤虚假信息，让谣言停止了传播。面对不确定的信息，智者能以淡定的心态，理智应对，不为谣言所惑。

## 《荀子·大略》

语曰："流丸止于瓯臾，流言止于知者。"此家言邪说之所以恶儒者也。是非疑，则度之以远事，验之以近物，参之以平心，流言止焉，恶言死焉。

## 《蔡勉旃坚还亡友财》

蔡璘，字勉旃（zhān)，吴县人。重诺责，敦风义。有友某以千金寄之，不立券。亡何，其人亡。蔡召其子至，归之。愕然不受，曰："嘻！无此事也，安有寄千金而无券者?且父未尝语我也。"蔡笑曰："券在心，不在纸。而翁知我，故不语郎君。"卒辇而致之。

社会复杂、生活复杂、信息繁杂，面对各种信息，我们有时是雾里看花，这就需要一双慧眼。学习本章，你将拥有一双慧眼，不再雾里看花。

# 第 5 课　抵制谣言，预防诈骗

## 生活警示

### 用谣言敲诈勒索，抓！

一段称福建晋江某企业紫菜为“塑料紫菜”的视频在微信朋友圈疯传，产生了较大的影响。事件爆出后，福建省相关部门对视频涉及企业产品进行抽检发现全部合格。尽管有专家和政府出面辟谣，但仍对福建、浙江、广州等地的紫菜产业造成了严重影响，有媒体报道称仅福建一地就损失上亿元。此时，视频制造者王某与企业取得了联系，索要十万元，并表示不给钱解决，就将继续大量传播视频。该企业选择报案，福建公安机关迅速行动，将涉嫌敲诈勒索的王某抓获。

### 小心钱卡被骗

某校学生小刘在宿舍上网，登录 QQ 后发现在国外留学的好友也在网上，于是就主动跟好友聊天。聊了一会儿，“好友”把视频打开，小刘一看是好友的影像，但此时视频马上就自动关闭了。“好友”接着说，自己的哥哥做生意有点不顺，急需用钱，让小刘先给他哥哥汇款三千元。小刘想也没想，就赶紧去银行办理了汇款业务，汇完款后小刘给好友打电话，才知道自己被骗了。

某高校大一学生小董在校园内碰到了一个自称大学生的青年男子，对方说：“你是学生吧，我也是，我开学时银行卡丢了，把你的卡借给我用一下。我去银行把家里汇的钱取出来，取好了我就给你。”小董很信任地把卡借给他，还把密码告诉了对方，但是该青年男子拿了卡以后就不见人影了，结果卡内的几千元钱也不见了。

### 小心！高考后的谣言与诈骗

高考结束后，不法分子利用考生和家长普遍存在急切、复杂、侥幸的心理，通过手机、网络发布各种上大学的诱惑信息，比如发放奖学金、补助金、录取通知书等。

针对考生父母“望子成龙”“望女成凤”的心理，特别是高考时希望子女能实现“鲤鱼跳龙门”的愿望，一些商业机构涌入志愿填报指导市场。这些机构的各种噱头广告令人眼花缭乱，如“精准定位院校”“与 C9、985、211 院校成功牵手”“著名部属高校权威志愿填报专家组成团队”“志愿推荐成功率>99%”等，其“专家”还被包装成“特约”“首席”“明星”“金牌”等。这些机构的收费更是高得离谱。

一些经过包装的所谓人脉广的“能人”“厉害人”在高考期间非常活跃，他们自称是高校或省招生办某领导的熟人，重点针对高考成绩不理想或落榜、家庭经济条件尚可的考生和家长，鼓吹能用钱买到“校长指标”“内部指标”“计划外指标”“点招指标”等，或可以通过自主招生等特殊渠道满足考生“低分高录”，让考生录取到心仪的院校、热门专业等，以此谋取不法利益。

一些不法分子使用近似正规高校名称或仿冒正规高校网站混淆是非，还有使用中国、北京、首都、华北、华东、财经、管理、经济等热门词汇虚构高校，在线上线下进行招生诈骗。

### 信谣，受骗！

2017年6月5日，鹤壁警方接到报案，当地一名考生被骗购买“高考答案”，将父母银行卡上的4万余元划给了自称有“内部渠道”的某教育机构业务员。

截至6月10日，全国已有近100名高考考生上当受骗，涉案金额达300多万元。这是迄今被公开的2017年最大高考诈骗案。

此外，犯罪嫌疑人还涉及英语四六级、造价师、住建师、基金经理等考试的诈骗行为，受害人累计超过3500余人，涉案金额或超过千万元。

## 生活探究

【知道、识道】

1. 说说：我或我的同学、亲人、朋友、亲戚、熟人是否有因谣言生惑生烦，因谣言、诈骗致损致祸的经历，带来了哪些伤害、危机、危险？

2. 谈谈：我所知道的中学生因谣言生烦生惑，因谣言、诈骗致损致祸、上当受骗的经历，以及由此而产生的伤害、损失的典型案例。

3. 想想：将来，还可能出现哪些谣言和骗局？为什么谣言和诈骗屡禁不绝？为什么谣言、诈骗会一直有市场？

【问道、得道】

4. 讨论：上述案例中，为何谣言、诈骗会让受害人受到伤害和损失？看似与我无关的谣言、诈骗真的一定与我无关吗？我们该如何正确对待谣言、诈骗？

5. 分析：谣言、诈骗给社会、国家会造成什么影响？上述案例给我们抵制谣言、预防诈骗提供了什么样的启示或警示？

6. 谋划：面对谣言、诈骗，我们应该如何做才能做到不上当？止谣、防骗，我们应该做些什么？当遭遇诈骗时，我们该如何止损？

【行道、布道】

7. 讨论：随着科技的进步和社会的发展，人们对谣言、诈骗的预防能力在提高，制造、传播谣言，实施诈骗，还会出现哪些新形式、新手段、新方法？

8. 分享：我是如何预防和应对谣言、诈骗的？当我遇到别人正在遭遇诈骗时，我是怎样帮助别人的？当谣言、诈骗给我造成麻烦、损失后，我是如何将麻烦和损失降到最低限度的？

9. 传道：为了净化社会风气，减少谣言、诈骗给我们带来的麻烦、损失，我们青少年该做些什

永远不可能在所有的时间欺骗所有的人。

么？怎样才能让更多的人不上当？保护个人隐私、个人信息安全，我们该做些什么？不信谣、不传谣、不造谣、抵制谣言，预防诈骗，遭遇诈骗不上当，我们该做些什么？

## 知识仓库

### 1. 哪些人最喜欢制造谣言？

①报复攻击型。这些人因某种原因曾受到社会对他的惩罚，自己的利益遭到直接侵犯或间接侵犯，因而对社会强烈不满，总想伺机报复。

②唯恐天下不乱型。这种类型的人并无特定的政治目的或经济目的，只是出于一种小市民的心理和具有偏执的人格特点，到处凑热闹，到处打听小道消息，到处拨弄是非，整天捕风捉影而夸夸其谈，甚至编造耸人听闻的新闻以显示其“才华”，扰乱人心。

③唯利是图型。这是别有用心的一些商家和“奸商”，出于自身的利益，乘社会混乱之际，制造一些别有用心的谣言，造成民众恐慌、抢购心理，以此哄抬自己商品的价格，获取暴利，大发不义之财。例如，一些不法商贩炮制“米荒”“盐荒”谣言，趁机哄抬物价；拼命抢购板蓝根、罗红霉素等药品，形成非理性抢购风潮。

④逞能型。这些人制造谣言并非是出于自己的邪恶企图，而是因自己有点“小才”，想通过编制一些耸人听闻的消息来“证明”自己的“才华”和“能耐”，譬如，有的人喜欢在互联网上编造、传播自己“创作”的耸人听闻的信息，还相互以电子邮件粘贴在互联网公开网站上，以此为乐。

⑤恶作剧型。这种人丝毫没有一点社会责任感和同情心，相反地，他们以制造社会或他人的紧张、不安、烦恼、痛苦为乐趣，对自己制造的谣言，他人越恐慌，他就越高兴。

⑥无意识的谣言制造者。这类人缺乏头脑，缺乏科学理性精神，不会独立思考，心理承受力特别低，人格脆弱，自我防卫能力特别强，一遇到问题，就胡乱地联想，而且迫不及待地将自己“想象”的结果“极其好心”地告知他人，从而在这不经意中“制造”了一次谣言。

### 2. 如何识破谣言

①看信息来源。有些信息源于道听途说；有些属个人臆想式的“孤证”；有些媒体发布的信息没有明确的信息来源，类似信息的可靠性值得怀疑，不能轻信。②善于搜索、比对。一些谣言属“旧闻翻新”，虚化了时间、地点重新上传以误导网民；有些谣言的内容情节离奇，可用关键词搜索的方法，将不同的说法进行比对，以判断信息的可信度。③尽量直接核实。对发布在微博、微信上的“原创内容”，联系到发帖者本人只是举手之劳。④多问几个为什么。

### 3. 主要诈骗手段

①冒充社保、医保、银行、电信等机构的工作人员。以社保卡、医保卡、银行卡消费、扣年费、密码泄露，有线电视欠费，电话欠费为名，以自己的信息泄露，被他人利用从事犯罪，以给银行卡升级、验资证明清白，提供所谓的安全账户，引诱受害人将资金汇入犯罪嫌疑人指定的账户。

②冒充公检法、邮政部门的工作人员。以法院有传票、邮包内有毒品，涉嫌犯罪、洗黑钱等，以传唤、逮捕以及冻结受害人名下存款进行恐吓，以验资证明清白、提供安全账户进行验资，引诱

受害人将资金汇入犯罪嫌疑人指定的账户。

③以销售廉价飞机票、火车票及违禁物品为诱饵进行诈骗。这种手段利用人们贪图便宜和好奇的心理，引诱受害人打电话咨询，之后以交定金、托运费等进行诈骗。

④冒充熟人进行诈骗。嫌疑人冒充受害人的熟人或领导，在电话中让受害人猜猜他是谁，当受害人报出一熟人姓名后即予承认，谎称要来看望受害人。隔日，再打电话编造因赌博、嫖娼、吸毒等被公安机关查获，或以出车祸、生病等急需用钱为由，向受害人借钱并告知汇款账户，达到诈骗目的。

⑤利用中大奖进行诈骗。预先准备大批量印刷精美的虚假中奖刮刮卡，通过信件邮寄或雇人投递发送；或通过手机短信发送；或通过互联网发送。受害人一旦与犯罪嫌疑人联系兑奖，对方即以先汇"个人所得税""公证费""转账手续费"等理由要求受害人汇款，达到诈骗目的。

⑥利用无抵押贷款进行诈骗。例如，以"我公司在本市为资金短缺者提供贷款，月息3%，无须担保，请致电某某经理"等为理由诈骗。

⑦利用虚假广告信息进行诈骗。以各种形式发送诱人的虚假广告，从事诈骗活动。

⑧利用高薪招聘进行诈骗。通过群发信息，以高薪招聘"公关先生""特别陪护"等为幌子，称受害人已通过面试，要其向指定账户汇入一定培训、服装等费用后即可上班。以此步步设套，骗取钱财。

⑨虚构汽车、房屋、教育退税进行诈骗。一旦受害人与犯罪嫌疑人联系，往往在不明不白的情况下，被对方以各种借口诱骗到ATM机上实施英文界面的转账操作，将存款汇入犯罪嫌疑人指定账户。

⑩利用银行卡消费进行诈骗。通过手机短信提醒手机用户，称该用户银行卡刚刚在某地（如商场、大酒店）刷卡消费××××元等，如有疑问，可致电××××咨询，并提供相关的电话号码转接服务。在受害人回电后，犯罪嫌疑人假冒银行客户服务中心及公安局金融犯罪调查科的名义谎称该银行卡被复制盗用，利用受害人的恐慌心理，要求受害人到银行ATM机上进入英文界面的操作，进行所谓的升级、加密操作，逐步将受害人引入"转账陷阱"，将受害人银行卡内的款项汇入犯罪嫌疑人指定账户。

⑪冒充黑社会敲诈实施诈骗。冒充"××黑社会""杀手"等给手机用户打电话、发短信，以替人寻仇、要打断你的腿、要你命等威胁口气，使受害人感到害怕后，再提出我看你人不错、讲义气、拿钱消灾等迫使受害人向其指定的账号内汇款。

⑫虚构绑架、出车祸诈骗。谎称受害人亲人被绑架或出车祸，并有一名同伙在旁边假装受害人亲属大声呼救，要求速汇赎金，受害人因惊慌失措而上当受骗。

⑬利用汇款信息进行诈骗。以受害人的儿女、房东、债主、业务客户的名义发送"我的原银行卡丢失，等钱急用，请速汇款到账号××××"等，受害人不加甄别而被骗。

⑭利用虚假彩票信息进行诈骗。以提供彩票内幕为名，骗取会员费。

⑮利用虚假股票信息进行诈骗。以某证券公司名义散发虚假个股内幕信息及走势，制作虚假网页，以提供资金炒股分红或代为炒股的名义，实施诈骗。

⑯QQ聊天冒充好友借款诈骗。通过种植木马等黑客手段，盗用他人QQ，事先有意和QQ使用人进行视频聊天，获取使用人的视频信息，进行诈骗。

⑰以媒体刊登美女富婆招亲、重金求子、婚姻介绍等虚假信息，以交公证费、面试费、介绍费、买花篮费等名义，让受害人向其提供的账户汇款，达到诈骗的目的。

⑱神医迷信诈骗。诈骗分子扮演神医、高僧、大仙儿等角色，在早市、楼宇间晨练的群体中物色单身中老年妇女，蒙骗受害人，称其家中有灾、近亲属有难，以种种吓人说法摧垮受害人心理防

线，让受害人拿出钱财“消灾”或做“法事”，伺机调包实施诈骗。

⑲诱骗受害人安装所谓“犯罪通缉追查系统”“网上清查系统”“保护账户安全”等软件，以洗脱“犯罪嫌疑”。通过定制的远程操控软件，不法分子便可趁机劫持网银，远程操控电脑进行转账操作，以达到诈骗的目的。

⑳冒充民政局工作人员送丧葬费行骗。

## 活动拓展

### 察　传

秦·吕不韦

夫得言不可以不察。数传而白为黑，黑为白。故狗似玃，玃似母猴，母猴似人，人之与狗则远矣。此愚者之所以大过也。闻而审，则为福矣，闻而不审，不若无闻矣。齐桓公闻管子于鲍叔，楚庄闻孙叔敖于沈尹筮，审之也。故国霸诸侯也。吴王闻越王句践于太宰嚭，智伯闻赵襄子于张武，不审也，故国亡身死也。凡闻言必熟论，其于人必验之以理。鲁哀公问于孔子曰：“乐正夔一足，信乎？”孔子曰：“昔者舜欲以乐传教于天下，乃令重黎举夔于草莽之中而进之，舜以为乐正。夔于是正六律，和五声，以通八风，而天下大服。重黎又欲益求人，舜曰：‘夫乐，天地之精也，得失之节也，故唯圣人为能和。乐之本也。夔能和之以平天下，若夔者一而足矣。’故曰‘夔一足’，非‘一足’也。”宋之丁氏，家无井而出溉汲，常一人居外。及其家穿井，告人曰：“吾穿井得一人。”有闻而传之者曰：“丁氏穿井得一人。”国人道之，闻之于宋君。宋君令人问之于丁氏，丁氏对曰：“得一人之使，非得一人于井中也。”求能之若此，不若无闻也。子夏之晋，过卫，有读史记者曰：“晋师三豕涉河。”子夏曰：“非也，是己亥也。夫‘己’与‘三’相近，‘豕’与‘亥’相似。”至于晋而问之，则曰“晋师己亥涉河”也。辞多类非而是，多类是而非。是非之经，不可不分。此圣人之所慎也。然则何以慎？缘物之情及人之情，以为所闻，则得之矣。

——《吕氏春秋》

凡度权量能，所以征远来近。立势而制事，必先察同异之计，别是非之语，见内外之辞，知有无之数；决安危之计，定亲疏之事；然后乃权量之。其有隐括，乃可征、乃可求、乃可用。引钩钳之辞，飞而钳之。钩钳之语，其说辞也，乍同乍异。其不可善者：或先征之，而后重累；或先重以累，而后毁之；或以重累为毁；或以毁为重累。其用或积财货、琦玮、珠玉、璧帛、采色以事之，或量能立势以钩之，或伺候见涧而钳之，其事用抵巇。

——《鬼谷子·飞箝》

思考：谣言、诈骗非不可止。上述材料对我们止谣、防诈骗具有启迪和借鉴意义。你从中悟出了什么？

【才艺展示】

1. 开展抵制谣言、预防诈骗的顺口溜、民谣、对联、宣传语、三句半、格言、诗词等作品的比赛，并展示比赛成果。

2. 用图说、展板、绘画、漫画、文字等方式，制作宣传如何抵制谣言、预防诈骗的海报、展板、黑板报、宣传专栏等。

3. 表演骗子如何进行（电信、网络、微信、QQ 等）诈骗，或遭遇诈骗时如何机智应对的情景剧、小品、舞剧、相声等。

4. 收集整理“抵制谣言、预防诈骗”的方法及措施，并上传到自己的网络空间、现代社交平台（如 QQ、微信、微博等）。

5. 收集并向同学们讲述在聊天、购物、上网、通信等活动中遭遇诈骗的情况，向同学们传授预防、应对诈骗的方法。

6. 举办沙龙、故事会、读书会、诗词会、讲座等，交流自己预防诈骗、应对诈骗的经验体会。

【交流活动】

1. 举办中学生“正确预防诈骗、抵制谣言”的主题征文、短文比赛、演讲比赛，以及预防诈骗的知识或技能竞赛。

2. 举办宣传“个人遇诈骗”的演出活动，交流“应对诈骗”的经验、方法，并上传到网络、社交平台上。

3. 收集本年度本地出现的“谣言、诈骗”案例，宣传正确对待谣言、诈骗，防止上当受骗的方法和策略。

4. 用列举、讲述、讨论等方式，谈谈微信、QQ、计算机、网络通信、手机等现代社交平台上传播谣言的危害及影响。

5. 组织旁听法院审理制止谣言、传播谣言、电信诈骗、网络诈骗等对违法犯罪分子的审判活动，并撰写“不信谣、不传谣、不造谣，抵制谣言”的倡议或建议书。

6. 举办如何正确对待和处理谣言和诈骗的主题班会、经验介绍会、教训总结会、方法交流推荐会。模拟面临电话诈骗时，识骗并保护自己的活动流程。

【信息共享】

请同学们收集整理有关预防或抵制谣言、诈骗的歌曲，并粘贴于此处。

粘　贴

周文襄公忱巡抚江南，有一册历，自记日行事，纤悉不遗，每日阴晴风雨，亦必详记。人初不解。一日某县民告粮船江行失风，公诘其失船为某日午前午后，东风西风，其人所对参错。公案籍以质，其人惊服。始知公之日记非漫书也。

——《智囊全集·察智部·周忱》明·冯梦龙

【认识活动】

1. 开展中学生遭遇谣言、诈骗时的安全保护观念与行为的调查，并分析调查结果，寻找安全风险存在的原因，寻求解决问题的对策。

2. 走进社区，收集人们“信谣、遭遇电信诈骗或网络诈骗导致损失”的案例，形成相关经验教训集。

3. 上网收集“中学生信谣，或遇诈骗”或止谣、止骗成功的案例，分析谣言、诈骗的特点，形成对信息安全的正确认识。

4. 开展以“正确面对谣言、诈骗，科学识别谣言、诈骗”为主题的辩论比赛活动或经验教训交流活动。

5. 开展“面对谣言、诈骗的态度与对策”的社会调查，了解谣言、诈骗对人们生活、工作的影响，分析个人面对谣言、诈骗时的安全风险。

6. 收集造谣、传谣、信谣的危害的案例，归纳导致有人造谣、传谣、信谣的主客观原因，以及给人们的警示。

【实践活动】

1. 开展“不造谣、不信谣、不传谣，止谣止骗”的志愿服务宣传活动，传播正确甄别谣言、骗局的方法。

2. 运用所学知识，调查当前能预警、甄别谣言，识别骗局的相关技术软件工具现状情况，提出相关技术改进措施或方案。

3. 在社区开展有关“谣言、诈骗与生活”的社会调查，了解人们对待谣言和诈骗的态度和对策、方法，分析安全风险，并作出相关风险提示，或提出应对措施。

4. 开展关于“如何甄别谣言、识别诈骗”的经验、方法介绍会，发出“不造谣、不信谣、不传谣，止谣止骗”的倡议，或开展相关的签名活动。

5. 向国家相关机构举报造谣、传谣、诈骗的违法行为。

6. 设计“甄别谣言、识别诈骗”的测试表，检测人们甄别谣言、识别诈骗的意识和能力，并作出相关风险提示。

7. 组织学生收集整理当前流行的谣言、骗局，以及识别谣言、诈骗的方法，提出相关建议。

千磨万击还坚劲，任尔东西南北风。

## 实践探究

### 张益州画像记

宋·苏洵

至和元年秋，蜀人传言有寇至，边军夜呼，野无居人，谣言流闻，京师震惊。方命择帅，天子曰："毋养乱，毋助变。众言朋兴，朕志自定。外乱不作，变且中起，不可以文令，又不可以武竞，惟朕一二大吏。孰为能处兹文武之间，其命往抚朕师？"乃推曰：张公方平其人。天子曰："然。"公以亲辞，不可，遂行。

冬十一月至蜀，至之日，归屯军，撤守备，使谓郡县："寇来在吾，无尔劳苦。"明年正月朔旦，蜀人相庆如他日，遂以无事。又明年正月，相告留公像于净众寺，公不能禁。

### 天可度—恶诈人也

唐·白居易

天可度，地可量，唯有人心不可防。但见丹诚赤如血，谁知伪言巧似簧。
劝君掩鼻君莫掩，使君夫妇为参商。劝君掇蜂君莫掇，使君父子成豺狼。
海底鱼兮天上鸟，高可射兮深可钓。唯有人心相对时，咫尺之间不能料。
君不见李义府之辈笑欣欣，笑中有刀潜杀人。阴阳神变皆可测，不测人间笑是瞋。

### 当墙欲高行

三国·曹植

龙欲升天须浮云。人之仕进待中人。众口可以铄金。
谗言三至。慈母不亲。愦愦俗间。不辩伪真。
愿欲披心自说陈。君门以九重。道远河无津。

谣言、诈骗，自古有之。二者之间也存在千丝万缕、割舍不断的联系，它们相结合会产生严重的后果。谣言、诈骗无非是利益使然。对于谣言、诈骗，我们的态度应该是什么？上述材料给我们正确对待谣言、诈骗有什么启迪？

【才艺拓展】

1. 编绘“谣言、诈骗的特点，识别谣言、诈骗的方法”的小宣传册、连环画，并展示编绘成果。

2. 开展机智应对诈骗的模拟活动，创作“抵制谣言、诈骗”的歌曲、歌剧、话剧、舞蹈等作品，并开展表演活动。

欺人者自欺，骗人者自骗。

3. 创作表现网络诈骗、电信诈骗、快递诈骗等并产生严重后果，或机智应对诈骗的小品、相声、戏剧作品，并进行展演。

4. 收集整理抵制谣言、诈骗的方法，并制作人们在网络购物、手机通信、微信 QQ 通信时面临的谣言和诈骗风险检测表或风险警示手册。

5. 创作能起到警示作用的有关“谣言、诈骗的识别与应对”的绘画、漫画、诗歌作品，并开展绘画展、漫画展、诗歌比赛等活动。

6. 开展拍摄揭露谣言，或能起到警示宣传作用的“诈骗及其识别、应对”的微电影、视频或照片比赛活动，并上传到社交平台或网站。

**【创新发展】**

1. 到地铁站、学校、社区开展以“揭露谣言、诈骗”为主题的志愿服务宣传活动，并对活动进行总结或利用美篇进行报道。

2. 制作中学生“识别谣言、诈骗，举报谣言、诈骗”的网页，设计如何有效预防与应对诈骗的 App。

3. 走进大学创新基地，在大学老师的指导下，利用所学知识开发能识别谣言和诈骗，或警示诈骗的技术或工具。

4. 走进法庭、看守所、监狱等机构，调查、了解由造谣、传谣、诈骗引起，并产生严重后果的典型案例，剖析其原因，研究预防的措施、应对的策略。

5. 拍摄揭露各种谣言、诈骗的系列情景剧，并在本校电视台播出，或上传学校网站、个人社交平台等。

6. 开展世界各国如何处理谣言（或中国古今如何对待诈骗，或历史上谣言对中国的影响）的研究，并提出相关的政策性建议。

## 我的收获

The rumour stops when it comes to a wise person. We should be careful not to be swindled.

在生活中，我们随时可能会面对谣言和诈骗。为了我们的生活安全健康，不信谣、不传谣、不造谣、抵制谣言、制止谣言和诈骗，是我们的行为准则。预防诈骗，机智应对诈骗是我们该有的能力。抵制谣言、预防诈骗，我会：

问世间，情为何物，直教生死相许？

## 相关链接

1. 违法和不良信息举报中心电话：12377

中国互联网违法和不良信息举报中心：www. 12377. cn

谣言粉碎机：https：//www. guokr. com/scientific/channel/fact/

中国互联网联合辟谣平台：http：//www. piyao. org. cn/

2. 中央网信办（国家互联网信息办公室）违法和不良信息举报中心：http：//www. net. china. com. cn

3. 湖北省互联网违法和不良信息举报平台，电话：027-88568499，http：//www. hbjubao. com：1888/page/index. do

# 第 6 课　预防借贷风险，警惕购物陷阱

## 生活警示

### 校园贷，警惕！

2016 年 3 月，河南某大学生在诺诺镑客、名校贷等 10 多个校园金融平台贷款近 60 万元后因无力偿还而跳楼身亡。2017 年 2 月，吉林破获涉 150 余名大学生传销式敛财类校园贷诈骗案。2016 年，南京陈同学受诱惑从事“刷单”购手机，在成功分期购买手机后，实际使用方拒不分期付款并消失。2017 年 3 月，福建某大学生通过校园贷小广告借款 800 元，利滚利变成 20 万元（以月息“0.99%”为噱头造成“低息”假象，加上平台服务费，成为超过年利率 24%的超高利息！人为造成逾期还贷，需缴纳滞纳金，超过 36%变为非法高利贷）！2017 年 4 月，广州某教育机构通过“培训课程费”为由诱骗大学生参加“即分期”贷款，致使 270 名学生惨遭诓骗。北京某高校的一名大学女生，邀请多名同学注册借贷平台账户，注册后让同学从平台里提现并交给她，最后却卷钱消失。合肥某职业学校一大二女生，通过裸贷借钱用来和男友花销。借来本金不到 5 万元，一年不到，欠下的贷款本金高达 30 万元，本息合计更达 50 多万元。因还不起钱，其裸持身份证照片被曝上网，家人电话也被催债电话打爆。最后不得已，家人变卖唯一住房还款。

### 债权债务凭证，留存好

叶某于 2015 年分次向刘某借款共计 6 万元，双方口头约定了高息。后刘某去叶某家中催债，并要求叶某父亲提供担保，双方发生争吵。刘某要求叶某再出具一张 6 万元借条后离开，但并未将之前的借条销毁或归还。数日后，刘某在路上撞见叶某，扣住叶某驾驶的轿车要求以该车作为借款抵押，但因为该车并非叶某所有而作罢。刘某遂又要求叶某出具一张 7.2 万元的借条（包含本金 6 万元、利息 1.2 万元）。之后，刘某以三张借条共计本金 20.2 万元，借款均为现金交付为由，向人民法院起诉。

### 网上购物诈骗，小心！

重庆一高校男生胡某在某购物网站购买了一双运动鞋，没过几天接到电话，对方自称是售后服务工作人员，告知胡某的这笔订单被新来的实习生误注册为铂金会员，铂金会员购物可享受 7 折优惠，但每年要缴纳 500 元会费，对方问胡某是否需要继续保留铂金会员，胡某让对方为其取消。随后，对方又称网络平台单方面处理不了，需要通过银行才能取消，然后又提供了“银行工作人员”的电话，称为了防止账户自动扣费，需要将胡某的银行账户进行锁定，随之发过来一串操作码。胡某按对方的提示进行了一系列操作后，对方挂断了电话。不久，胡某收到银行发来的短信，显示银行卡账户余额约 600 元全部被取走。此时，胡某才发现被骗了，赶紧到当地派出所报警。

### 网上兼职，悬！

内蒙古一名大二学生王某在淘宝上购物时，收到“淘宝客服柳姐”请求并加为好友，对方自称是店家，发布了“淘宝客服提高排名赚返利”的兼职信息，王某想到敲敲键盘就能赚钱，便同意做这份兼职。“必须先入会，普通会员只能提高排名，工资1个小时25元，入会费300元，工作30天之后返还！”对方通过QQ将以上工作条件传给王某。王某纠结了1天，抱着没有付出就没有回报的心态交了300元，然后就开始了所谓的培训。但是，只培训了2天，柳姐的头像就再也不亮了。原来，王某被对方拉黑了。

小杨在赶集网挑选了份兼职工作，需要在招聘人网站上购买真实物品，做完任务后给返钱。对方发来网址后，她通过支付宝向对方支付4次款，前3次每次支付230元，最后一次支付1150元，总共花了1840元钱，但此时对方还说她的任务没完成，不能返钱。她感觉不对劲后，告诉对方不做兼职了，要求退钱时，却联系不上对方了。

陈女士听朋友说她们不少人都在做兼职，有的做微商，有的做淘宝客服，既能打发时间，还能赚钱补贴家用，就心动了。在与客服联系后，客服要她先注册，再交300元钱保证金，之后公司会直接派人带合同过来，当场签合同预付一半工资也就是3000元钱。因保证金不多，而且还能先付工资后干活，她没有多想，就把钱汇到了对方提供的账号上。汇完钱后半个月的时间里，陈女士再也没能联系上这家公司。

## 生活探究

**【知道、识道】**

1. 说说：我或我的同学、亲人、朋友、亲戚、熟人经历过的借贷风险，或购物风险，遭遇的借贷陷阱或购物陷阱及其结果。

2. 谈谈：我所知道的发生的典型的借贷陷阱、购物陷阱案例，并谈谈它的表现、特点、结果及其影响。你还知道有哪些借贷陷阱、购物陷阱？

3. 想想：将来，我们还可能遭遇哪些借贷陷阱、购物陷阱？这种借贷陷阱和购物陷阱会越来越少吗？

**【问道、得道】**

4. 讨论：上述案例中，人们为何会坠入借贷陷阱、购物陷阱？为何有人会设计借贷陷阱、购物陷阱？

5. 分析：当人们坠入借贷陷阱、购物陷阱后，通常会怎样处理？这样的处理是否合法合规并符合社会发展与人的发展的需要？对设计这些陷阱的人和坠入这些陷阱的人，我们该如何对待？

6. 谋划：我们如何预防和应对人们坠入借贷陷阱、购物陷阱的情况发生？当人们坠入借贷陷阱、购物陷阱后，如何避免损失的扩大？如何将损失控制在最小限度？当坠入借贷陷阱、购物陷阱造成损失后，如何防止出现次生伤害？

**【行道、布道】**

7. 讨论：上述案例，给我们维护借贷权益、维护消费者合法权益有什么教训或启示？我们应该如何面对借贷、消费权益受损的情况？如何正确面对借贷和购物？

8. 分享：我是如何预防和应对借贷陷阱、购物陷阱的？我是如何防止购物风险、借贷风险发生危害的？当坠入这些陷阱和危害发生后，我是如何减损和止损的？

9. 传道：青年学生该如何让借贷市场、消费市场风清气正？该如何避免人们坠入借贷陷阱、购物陷阱？当人们坠入借贷陷阱、购物陷阱后，我们如何使他们减少损失，或避免出现损失？或把损失降到最低？

## 知识仓库

### 1. 2019 年民间借贷新规定

（1）突破了银行四倍利率的限制：①没有约定利息，无权主张利息。自然人之间借贷对利息约定不明，法院不支持利息。②约定的利率未超过年利率 24%，受法律保护。③约定的利率超过年利率 36%，则超过部分的利息认定无效，借款人有权请求出借人返还已支付的超过年利率 36%部分的利息。④年利率在 24%~36%这部分利息，法律不保护。当事人愿意自动履行，法院也不反对。如果借款人已经偿还了这部分利息，之后又反悔要求偿还，法院同样会驳回。⑤预先在本金中扣除利息的，人民法院应当按照实际出借的金额认定为本金。⑥除借贷双方另有约定的外，借款人可以提前偿还借款，并按照实际借款期间计算利息。

（2）民间借贷合同有五种情形无效：①套取金融机构信贷资金又高利转贷给借款人，且借款人事先知道或者应当知道的；②以向其他企业借贷或者向本单位职工集资取得的资金又转贷给借款人牟利，且借款人事先知道或者应当知道的；③出借人事先知道或者应当知道借款人借款用于违法犯罪活动仍然提供借款的；④违背社会公序良俗的；⑤其他违反法律、行政法规效力性强制性规定的。

### 2. 民间借贷的注意事项

（1）必须完备民间借贷中的借款手续。最好能采取书面形式，由借款一方立借据，交给债权人收持保管。如果必须要采取口头方式，则最好请两个以上无利害关系的人到场作证；借据一般应详细载明双方的姓名、借款金额（大小写均应清楚明确）、期限、利息、还款时间等基本条款；同一借款如遇须顺延的情形，应立新借据，不要嫌麻烦；夫妻或家庭中以一人的名义借款并共同使用的，一定要注明其用途，并署上夫妻双方、家庭成员的姓名。

（2）善用担保条款，降低风险。如果借款金额较大，而借款人的偿还能力或信用又有疑问，最好能用借款人的财产作抵押，如房产、有价证券、车辆等（以上须到有关部门办登记手续方始有效），或者请第三人作保证。这样就避免了借款人无力还债，债权人“血本无归”的可能。

### 3. 借条的正确书写方式

①应写清楚借款人和放款人的法定全名（注意与身份证上完全一致）；②应写清楚借款金额，包括大写和小写的金额；③应写清楚借款时间期限，包括借款的起止年月日和明确的借款期限；④应写清楚借款用途；⑤应写清楚借款本息偿还的年月日时间及付款方式；⑥应写清楚借款的利息，应有明确的年利率或月利率，最终应支付的借款利息总额（包括大写和小写金额）等约定；⑦应有

借款本人亲自签章、手印或亲笔书写的签字（注意防止有的钢笔字迹只能保留数小时，建议使用较为安全的钢笔）。

**4. 公安部、银保监会、国家市场监督管理总局、中国人民银行联合发布《关于规范民间借贷行为 维护经济金融秩序有关事项的通知》，最高院发布《关于依法妥善审理民间借贷案件的通知》（法〔2018〕215号），联合整治民间借贷中不规范行为**

①未经批准，不得以借贷为业。②严厉打击利用非法吸收公众存款、变相吸收公众存款等非法集资资金发放民间贷款。严厉打击以故意伤害、非法拘禁、侮辱、恐吓、威胁、骚扰等非法手段催收贷款。③严厉打击套取金融机构信贷资金，再高利转贷。严厉打击面向在校学生非法发放贷款，发放无指定用途贷款，或以提供服务、销售商品为名，实际收取高额利息（费用）变相发放贷款行为。严禁银行业金融机构从业人员作为主要成员或实际控制人，开展有组织的民间借贷。④民间借贷必须是合法收入的自有资金。⑤严打“套路贷”。⑥对于各种以“利息”“违约金”“服务费”“中介费”“保证金”“延期费”等突破或变相突破法定利率红线的，应当依法不予支持。对于“出借人主张系以现金方式支付大额贷款本金”，“借款人抗辩所谓现金支付本金系出借人预先扣除的高额利息”的，要加强对出借人主张的现金支付款项来源、交付情况等证据的审查，依法认定借贷本金数额和高额利息扣收事实。⑦出借人通过向社会不特定对象提供资金以赚取高额利息，出借行为具有反复性、经常性，借款目的具有营业性，未经批准，擅自从事经常性的贷款业务，属于从事非法金融业务活动，所签订之民间借贷合同因违反强制性规定而无效。⑧凡由金融监管部门或者有关政府部门批准设立的持有金融牌照的银行、非银行金融机构从事的借贷行为，均为金融借贷，不适用民间借贷的相关规则及利率标准。

**5. 借条与欠条的区别**

这两者在法律意义上是不同的。借条是证明借贷关系，欠条则是证明欠款关系。一般来讲，借款等于欠款，但欠款不一定是借款了，如因买卖、劳务、损害赔偿产生的欠款等不是借款。借条的诉讼时效是20年，但欠条只有2年。

**6. 民间借贷的个人借款合同范本格式（简版）**

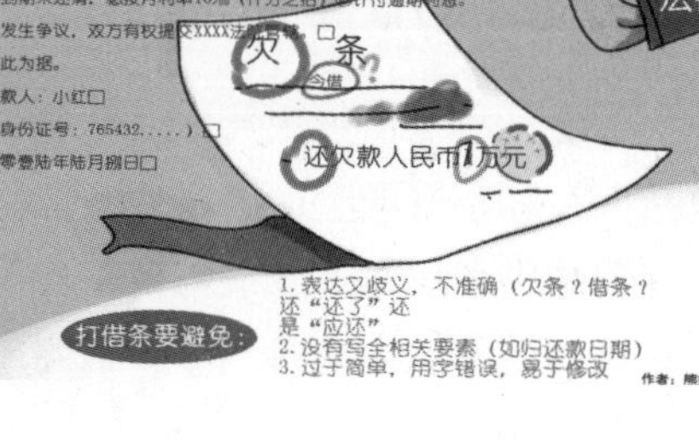


甲方（借款人）：________________________

身份证号码：__________________________

乙方（贷款人）：________________________

身份证号码：__________________________

甲乙双方就下列事宜达成一致意见，签订本合同：

一、乙方贷给甲方人民币（大写）__________，于________前交付甲方。

二、贷款利息：________________________

三、借款期限：________________________

四、还款日期和方式：____________________

五、违约责任：________________________

六、本合同自__________生效。本合同一式两份，双方各执一份。
甲方（签字、盖章）：____________________
乙方（签字、盖章）：____________________
合同签订日期__________合同签订日期__________

2014 级文化与传媒学院的学生小罗，想通过兼职挣点生活费。

2018 年 10 月 5 日，他在赶集网上投了一份简历。没过多久，一条招聘网络兼职的短信，就发在他手机上。短信称此兼职不需要任何押金，只需根据对方安排的任务用自己卡里的钱购买商品完成拍单即可，当任务完成后，对方会将支付的钱连同佣金一并返到他卡上。感觉这份工作轻松又简单，小罗没有多想，便注册了账号。

当小罗完成注册后，对方立马下达任务，要小罗支付 360 元购买某种商品，小罗完成支付后，对方表示还需再完成一单才能返款。这一单，小罗需要拍下 10 件另一种商品，一共需要 1200 元，小罗也没多想，再次支付。当小罗等待着返款的时候，对方再次发来通知，表示第二单需要做两次，必须做完才能返款。

小罗心想，已经投进去这么多，要是钱没有返回来就得不偿失了。但他卡里只剩 330 元，无法完成对方的要求。他将该情况告知对方，对方说可以向公司提出申请，让他先支付 330 元。

小罗完成支付后，却收到他们的消息，说这是公司安排的任务，必须要再购买 7 件才能返款。这时，察觉到受骗的小罗不再向对方打款，而是试图联系该公司，却始终联系不上。

## 活动拓展

### 卖柑者言

明 · 刘基

杭有卖果者，善藏柑，涉寒暑不溃。出之烨然，玉质而金色。置于市，贾十倍，人争鬻之。

予贸得其一，剖之，如有烟扑口鼻，视其中，则干若败絮。予怪而问之曰："若所市于人者，将以实笾豆，奉祭祀，供宾客乎？将炫外以惑愚瞽也？甚矣哉，为欺也！"

卖者笑曰："吾业是有年矣，吾赖是以食吾躯。吾售之，人取之，未尝有言，而独不足子所乎？世之为欺者不寡矣，而独我也乎？吾子未之思也。

今夫佩虎符、坐皋比者，洸洸乎干城之具也，果能授孙、吴之略耶？峨大冠、拖长绅者，昂昂乎庙堂之器也，果能建伊、皋之业耶？盗起而不知御，民困而不知救，吏奸而不知禁，法斁而不知理，坐糜廪粟而不知耻。观其坐高堂，骑大马，醉醇醴而饫肥鲜者，孰不巍巍乎可畏，赫赫乎可象也？又何往而不金玉其外，败絮其中也哉？今子是之不察，而以察吾柑！"

予默默无以应。退而思其言，类东方生滑稽之流。岂其愤世疾邪者耶？而托于柑以讽耶？

## 醉太平·讥贪小利者

元·佚名

夺泥燕口，削铁针头，刮金佛面细搜求：无中觅有。鹌鹑嗉里寻豌豆，鹭鸶腿上劈精肉，蚊子腹内刳脂油。亏老先生下手！

## 竹　石

清·郑燮

咬定青山不放松，立根原在破岩中。千磨万击还坚劲，任尔东西南北风。（坚劲 一作坚韧）

借贷、购物，不可有贪心，不可不谨慎，还需要慧眼、慧根和定力。

**【才艺展示】**

1. 开展正确预防和应对借贷陷阱、购物陷阱的顺口溜、民谣、对联、宣传语、三句半、格言、诗词等作品的比赛，并展示比赛成果。

2. 用图说、展板、绘画、漫画、文字等方式，制作宣传正确预防和应对借贷陷阱、购物陷阱的海报、展板、黑板报、宣传专栏等。

3. 表演“应对借贷陷阱、购物陷阱”中的酸甜苦辣、艰难困苦、心灵涤荡的情景剧、小品、舞剧、相声等。

4. 收集整理“预防和应对借贷陷阱、购物陷阱”的方法及措施，并上传到自己的网络空间、现代社交平台（如QQ、微信、微博）等。

5. 收集并向同学们讲述预防和应对借贷陷阱、购物陷阱的故事，向同学们传授科学预防和应对借贷陷阱、购物陷阱的有效方法和技巧。

6. 举办沙龙、故事会、读书会、诗词会、讲座，交流自己正确预防和应对借贷陷阱、购物陷阱的经验体会。

**【交流活动】**

1. 举办中学生“科学预防和应对借贷陷阱、购物陷阱”的主题征文、短文比赛、演讲比赛，以及关于如何科学预防和应对借贷陷阱、购物陷阱的知识比拼。

2. 举办宣传“预防和应对借贷陷阱、购物陷阱”的演出活动，交流“预防和应对借贷陷阱、购物陷阱”的经验、方法，并上传到网络、社交平台上。

3. 收集有关“设置借贷陷阱、购物陷阱，损害他人正当合法权益，受到法律制裁”的资料，宣传正确维护和实现借贷、购物权益的方法和策略。

4. 用列举、讲述、讨论等方式，谈谈自己借贷、购物中的酸甜苦辣，说说自己遭遇的借贷风险、购物风险对自己借贷、购物的影响。

5. 观察、了解同班或同年级同学的购物活动，并发出中学生“理性购物，正确有效行使消费者权利和义务”的倡议或建议书。

6. 举办当借贷风险、购物风险发生后，如何正确、充分、有效化解风险的主题班会、经验介绍会、教训总结会，方法交流推荐会。模拟科学、理性化解风险的过程。

【信息共享】

请同学们收集整理有关如何对待钱财或预防购物陷阱、借贷陷阱的歌曲，并粘贴于此处。

粘　贴

一童子随主人宦游，从县中索骑，彼所值甚驽下。望后来人得骏马，驰而来，手握缰绳，佯泣于马上。后来问曰：“何泣也?”曰：“吾马奔逸绝尘，深惧其泛驾而伤我也。”后来以为稚弱可信，意此马更佳，乃下地与之易。童子既得马，策而去，后来人乘马，始悟其欺，追之不及。

——明・冯梦龙《智囊全集・杂智部・黠童子》

【认识活动】

1. 开展中学生利用网络开展借贷、购物活动的观念与行为的调查，并对调查结果进行分析，寻找借贷风险、购物风险发生的概率，寻求趋利避害的措施。

2. 走进社区，收集“人们对利用网络开展借贷、购物活动的现状及利弊的认识”以及“利用网络开展借贷、购物活动产生危害和后果”的案例，并形成相关经验教训集。

3. 上网收集“学生坠入借贷陷阱、购物陷阱并产生严重后果和危害”的典型案例，形成对“促进正确行使和维护合法权益”的正确认识。

4. 开展以“借贷、购物风险的利弊”为主题的辩论比赛活动，或借贷、购物的经验教训交流活动。

5. 走进年级或社区家庭开展“人们的借贷或购物的观念、行为认知情况及其影响”的社会调查，了解人们金融权益、消费者权益实现的情况以及对人们学习、工作、生活的影响。

6. 收集错误的消费观念、生活方式，借贷和购物行为习惯、借贷和购物行为产生的后果及影响的案例，归纳导致坠入借贷陷阱、购物陷阱并受损的主客观原因，寻求规避的对策。

【实践活动】

1. 开展关于“如何规避借贷陷阱、购物陷阱”的志愿服务宣传活动，传播识别和规避借贷陷阱、购物陷阱的方法、好处。

2. 调查“班级中有借贷或购物行为的学生，他们对借贷风险、购物风险的认知和行为现状及其产生的后果和影响”的情况，提出风险预警或改进措施。

3. 在社区家庭开展有关“规避学生借贷陷阱或购物陷阱的方法途径”的社会调查，了解家庭教育中对子女规避借贷风险、购物风险教育的现状，找出存在的安全隐患，作出相关风险提示，或提出改进措施。

4. 在社区开展“正视借贷风险和购物风险，规避借贷陷阱和购物陷阱”的经验方法介绍会，发出“正确风险，规避陷阱”的倡议，或开展签名活动。

5. 关注并向相关国家机关举报实施借贷陷阱和购物陷阱的违法行为。

## 实践探究

### 老妪骗局

明·冯梦龙

万历戊子，杭郡北门外有居民，年望六而丧妻。二子妇皆美，而事翁皆孝敬。一日忽有老妪立于门，自晨至午，若有期待而不至者。翁出入数次。怜其久立，命二子妇询其故，妇曰：“吾子忤逆，将诉之官，期姐子同往，久候不来，腹且枵矣。”子妇怜而饭之，言论甚相惬，至暮，期者不来，因留之宿，一住旬日。凡子妇操作，悉代其劳，而女工尤精。子妇唯恐其去也，谓妪无夫而子不孝，茕茕无归，力劝翁娶之，翁乃与合。又旬余，妪之子与姐子始寻觅而来，拜跪告罪，妪犹厉詈不已，翁解之，乃留饮。其人即拜翁为继父，喜母有所托也。如此往来三月，一日妪之孙来，请翁一门，云已行聘，妪曰：“子妇来何容易，吾与翁及两郎君来耳。”往则醉而返。又月余，其孙复来请云：“某日毕姻，必求二姆同降。”子妇允其请，且多贷衣饰，盛妆而往，妪子妇出迎，面黄如病者，日将晡，妪子请二姆迎亲，且曰：“乡间风俗若是耳。”妪佯曰：“汝妻虽病，今日称姑矣，何以不自往迎，而烦二位乎?”其子曰：“规模不雅，无以取重。既来此，何惜一往?”妪乃许之，于是妪与病妇及二子妇俱下船去，更余不返，妪子假出觇，孙又继之，皆去矣。（边批：金蝉脱壳计。）及天明，遍觅无踪，访之房主，则云：“五六月前来租房住，不知其故。”翁父子怅怅而归，亲友来取衣饰，倾囊偿之，而二妇家来觅女不得，讼之官，翁与子恨极，因自尽。

——《智囊全集·杂智部》

前事不忘后事之师。

汪某借给陈某 10 万元，由胡某、方某提供担保。陈某、胡某、方某在《借款担保协议》上签字确认，但各方对于借款的借期、利息未予以书面约定。后陈某未归还借款，汪某向人民法院提起诉讼。为明确借期和利息，汪某擅自在《借款担保协议》上添加内容，在借款时间一栏添加“3 个月，自 2016 年 3 月 18 日起至 2016 年 6 月 17 日止”，在借款利息一栏添加“2%（每月贰万元）”。陈某、胡某、方某对《借款担保协议》上汪某自行添加的内容均提出了异议。

上述故事，给我们维护自身经济权益有何借鉴意义？

**【才艺拓展】**

1. 编绘“正视借贷风险和购物风险，规避借贷陷阱和购物陷阱”的小宣传册、连环画，并展示编绘成果。

2. 开展规避借贷陷阱、购物陷阱的模拟活动，创作“正视借贷风险和购物风险，规避借贷陷阱和购物陷阱”的歌曲、歌剧、话剧、舞蹈作品，并开展晚会活动。

3. 创作“正视借贷风险和购物风险，规避借贷陷阱和购物陷阱”的小品、相声、戏剧作品，并进行展演。

4. 收集青少年学生陷入借贷陷阱、购物陷阱并有严重后果的案例，并制作青少年学生借贷、购物的风险检测表或风险警示手册。

5. 通过自己的走访、观察，创作关于“正视借贷风险和购物风险，规避借贷陷阱和购物陷阱”的绘画、漫画、诗歌作品，并开展绘画展、漫画展、诗歌比赛等活动。

6. 开展拍摄“正视借贷风险和购物风险，规避借贷陷阱和购物陷阱”的微电影、视频比赛活动，并上传到社交平台或网站。

**【创新发展】**

1. 到地铁站、学校、社区开展几场关于“正视借贷风险和购物风险，规避借贷陷阱和购物陷阱”的志愿服务宣传活动，并对活动进行总结或利用美篇进行报道。

2. 制作中学生“正视借贷风险和购物风险，规避借贷陷阱和购物陷阱”的网页，并设计预防借贷陷阱、购物陷阱的 App。

3. 走进大学创新基地，在大学老师的指导下，利用所学知识开发能预警借贷风险、购物风险的技术或工具。

4. 开展新形势下的借贷陷阱、购物陷阱及其表现形式、危害及后果的研究，探索相关预防、应对措施，探讨预防或应对新形势下使用网贷、网购的风险的措施。

5. 开发能监测、规避网贷、网购风险的技术软件，或设计能干预网贷、网购陷阱的技术产品。

6. 开展现代城市（农村）中学生网贷、网购现状与特点的研究，并提出相关风险控制的政策性建议，或提出“解决符合学生合理需求的安全网贷产品”的政策性建议。

## 我的收获

That campus network lending has become a kind of new financial fraud, which has severely damaged students' economic interests and caused their property damage. In our country, with the progress of internet technology, it provides a plenty of opportunities for some companies to do business on campus, the good firm as well as the bad one. Some students can't resist temptation of vanity to pursuit luxury consumption, which is often more than they can afford. When they can't afford them, they constantly ask network lending platform for help, then they fall into the trap of campus network lending unconsciously.

借贷、购物是很多人生活的组成部分。如何规避借贷、购物陷阱，已成为人们的必修课。通过学习上述内容，我懂得了：

## 相关链接

1.《关于规范民间借贷行为　维护经济金融秩序有关事项的通知》《最高人民法院关于依法妥善审理民间借贷案件的通知》《最高人民法院关于审理民间借贷案件适用法律若干问题的规定》

2.《关于推进校园地国家助学贷款系统应用和完善助学贷款管理工作的通知》《关于国家助学贷款的管理规定（试行）》《高校毕业生国家助学贷款代偿资助暂行办法》

3.《中华人民共和国民法典》《中华人民共和国电子商务法》《中华人民共和国网络交易管理办法》

# 第四章 崇真尚善，维护社会安全

任何事物都具有两面性，关键在于我们如何取舍，根据什么原则取舍；任何事物都有一定的度，过度就会过犹不及，甚至适得其反。人类社会发展到今天，有辉煌也有悲歌，有经验也有教训。

南方有鸟焉，名曰蒙鸠，以羽为巢，而编之以发，系之苇苕，风至苕折，卵破子死。巢非不完也，所系者然也。西方有木焉，名曰射干，茎长四寸，生于高山之上，而临百仞之渊，木茎非能长也，所立者然也。蓬生麻中，不扶而直；白沙在涅，与之俱黑。兰槐之根是为芷，其渐之滫，君子不近，庶人不服。其质非不美也，所渐者然也。故君子居必择乡，游必就士，所以防邪辟而近中正也。物类之起，必有所始。荣辱之来，必象其德。肉腐出虫，鱼枯生蠹。怠慢忘身，祸灾乃作。强自取柱，柔自取束。邪秽在身，怨之所构。施薪若一，火就燥也，平地若一，水就湿也。草木畴生，禽兽群焉，物各从其类也。是故质的张，而弓矢至焉；林木茂，而斧斤至焉；树成荫，而众鸟息焉。醯酸，而蚋聚焉。故言有招祸也，行有招辱也，君子慎其所立乎！

——先秦·荀子《劝学》

海格力斯（希腊神话中的英雄）走在坎坷不平的山路上，发现脚边有个袋子似的东西很碍脚就踩了它一脚，谁知不但没被踩破，反而膨胀起来，加倍地扩大着，海格力斯恼羞成怒，操起一条碗口粗的木棒砸它，它竟然长大到把路给堵死了。正在这时，山中走出一位圣人，对海格力斯说：“朋友，快别动它，忘了它，离开它远去吧！它叫仇恨袋，你不犯它，它便小如当初，你侵犯它，它就会膨胀起来，挡住你的路，与你敌对到底。”

黄赌对人的身体健康，对家庭、国家、社会危害极大。网游不可怕，可怕的是网瘾。拒绝网瘾，远离黄赌、拒绝黄赌是每个公民义不容辞的责任与担当。

矛盾无时不有、无处不在。但矛盾有可能转化为冲突，冲突有可能会犯罪。在冲突、犯罪、自然灾害、危险面前，我们该如何化险为夷，守护生命安全？

# 第7课　远离黄赌艾　理性网游嗨

## 生活警示

### 涉黄惹祸

某市重点高中学生李某，爱好广泛，成绩优异。暑假期间，他在家上网时无意中点了黄色网站，接触了不良信息和黄色视频，并沉迷其中无法自拔，最终走上犯罪道路。

舟山市警方发现，有人员利用网络出售含有淫秽视频的云盘。随即一边保存证据，一边组织力量抓获了19岁的林某、高二学生闵某等犯罪嫌疑人，并追缴赃款赃物。

某音乐学院艺术管理系22岁的岑某，平时爱好唱歌表演，性格外向开朗。某年4月2日起，她开始参加《中国好声音》的海选比赛，平日往返于广州学校和中山赛区之间。5月17日，她向家人借钱，并告知男友深夜前往广州南站附近面试工作。5月18日涉嫌违法犯罪，佛山警方依法对其刑事拘留，并通知其家属。因涉黄被抓她羞于告知家人，家人以为失联而报警（后接到佛山警方信息后撤销报警）。

### “赌”的代价

广东某市一中学生陈某因被黑手步步诱入网络赌球陷阱，欠下40多万元的高利贷，父母不得不举家避走逃债，以至于在高考前就被迫逃往他乡。

武汉某医学院的大一新生小郑，经高中同学介绍，加入了一个QQ群，通过押单双、大小来进行赌博。后因沉迷网络赌博，小郑贷款近4万元，都赔了进去。

高中尖子生志某，一次因别人的煽动而走进了赌场，由于他第一次赌钱就赢了很多，之后就深陷于赌博之中，成绩也一“降”千丈。后来再赌的志某总是输，迫于无奈他就跟父母要钱，父母不给并劝说他，他一时失去理智，因谋财害命而被判无期徒刑。

### 坠入“艾”河

某中学17岁的高二男生，在网上聊天时，和一网友聊得很投机，聊几次后网友请他吃披萨。到约定地点后网友说身上钱不多，要求其陪同回家取钱，后在网友家中遭挟持，被强暴。后发现肛门赘生物到医院看病，被诊断为尖锐湿疣，医生建议检测HIV，初筛阳性。

24岁的研究生某女，大学时曾交过2个男友，曾怀疑其中一位男友有吸毒经历，并与其发生了无保护性性行为。后她在医院就诊时检测发现HIV抗体阳性。

> 智者见于未萌，愚者暗于成事。（《棋经十三篇》）

某 27 岁女博士通过社交软件与他人发生过无保护性性行为，献血时检测发现 HIV 抗体阳性。

20 岁的大四女学生，曾交往过多个男朋友，与不同的男友发生无保护性性行为，体检中发现她的 HIV 抗体阳性，但其男友抽血检测，结果为阴性。

某影视制片人，艾滋中期，以潜规则女演员的方式恶意散播艾滋病毒。

某男子在与一女子发生性行为后告诉该女子自己是艾滋病患者，得知真相的女子全然崩溃，蹲在墙角撕心裂肺地痛哭。

### 网 游 夺 命

20 岁的小陈与同学小夏闲来无事到网吧上网，从下午 4 点多玩到次日下午 3 点 37 分，小陈上厕所时，在洗手间门口突然晕倒，被送至医院抢救，经抢救无效死亡。

年仅 15 岁的小颜，趁父亲熟睡之机偷钱去网吧，又怕父亲醒来打他，竟然用铁锤将父亲砸死，然后拿了 143 元到网吧如常上网。

合肥市新站开发区年仅 16 岁的胡某，在网吧玩暴力游戏时，因技术欠佳，每次都被别的玩家“捅”倒。坐在一旁的同龄少年忍不住对胡某冷嘲热讽了几句。在网上“杀”红了眼的胡某当即火冒三丈，抽出半尺长的防身刀具，捅向同龄少年的胸口，导致其当场死亡。胡某杀人后又坐回电脑前，依旧沉浸在暴力游戏中。直到警方赶到现场，胡某才惊醒：“我是不是杀死人了？会不会坐牢？”

## 生活探究

**【知道、识道】**

1. 说说：你接触过黄赌吗？你喜欢玩网游、赌博、看黄色影视小说吗？如果有，你在什么情况下接触的？接触时和接触后的心态是怎样的？如果在境外黄赌合法化的地方，你会尝试（包括书刊、图片、影视、社交平台与网站等）吗？你有发生性行为的想法（或行为）吗？你接触过艾滋病人吗？

2. 谈谈：你知道同学、朋友、熟人、认识的人中，哪些人喜欢参与黄赌？哪些人有网瘾？他们在境外黄赌合法化的地方，尝试过（包括书刊、图片、影视、社交平台与网站、活动参与等）吗？你同学有发生性行为的想法（或行为）吗？

3. 想想：如果被人邀请、诱惑、激将（刺激）、欺骗、逼迫，或有机会并无人监督，你或你同学会接触黄赌、或网游上瘾（长期、或频繁、或长时间不管不顾其他事玩网游）、或发生性行为吗？你知道艾滋病人是如何感染上艾滋病的吗？

**【问道、得道】**

4. 讨论：为什么会有网瘾？为什么会接触黄赌、感染上艾滋病？为避免网瘾、艾滋病，远离黄赌你觉得应该怎样做？青少年为什么要避免过早的、不安全的性行为？

5. 分析：染上艾滋病、网瘾，惹上黄赌后，给他们（或自己）造成了什么影响和危害？他们是怎样处理的？发生不安全的性行为后应该如何补救？

6. 出谋划策：你还知道哪些引诱人们尝试、参与黄赌，使人网游上瘾、染上艾滋病的途径和方法？你对引诱人们尝试、参与黄赌，使人网游上瘾、染上艾滋病有何有效的应对办法？

【行道、布道】

7. 讨论：上述案例给我们什么教训、警示或启迪？面对社会上存在的黄赌、网瘾、艾滋病传播的现状，你持什么态度？有什么建议？

8. 分享：你听到过有关黄赌、网瘾或艾滋病传播的案例或看过相关的影视片吗？远离黄赌、网瘾，遏制艾滋病传播，我们应该怎么办？有何有效的方法、措施？

## 知识仓库

### 1. 黄，指卖淫嫖娼，贩卖或者传播黄色信息

在中国，黄赌毒是法律严令禁止的活动，是政府主要打击的对象。黄赌毒的刑罚从拘留至死刑不等。

### 2. 网络成瘾的诊断与鉴别

对于网络成瘾的诊断与鉴别，目前并没有公认的标准，美国精神疾病学家 Kimberly Young 认为病态赌博的诊断标准最接近网络过度使用的病理特征，经过修订，形成网络过度使用诊断问卷。该问卷有 8 个题项，在每天上网超过 4 小时的前提下，如果下面 8 个问题的回答是肯定回答，可以诊断为网络成瘾。

（1）你是否着迷于互联网？

（2）为尽兴你是否感觉需要延长上网时间？

（3）你是否经常不能控制自己上网或停止使用互联网？

（4）停止使用互联网时你是否感觉烦躁不安？

（5）每次在网上的时间是否比自己打算的要长？

（6）你的人际关系、工作、教育或者职业机会是否因为上网而受到影响？

（7）你是否对家庭成员、医生或其他人隐瞒了你对互联网着迷的程度？

（8）你是否把互联网当成了一种逃避问题或释放焦虑、不安情绪的方式？

### 3. 网络成瘾症状

（1）极度恋网，不由自主地过度延长上网时间，平均每周上网 25~30 小时，每周至少 5 天以上，每次超过 4 小时，不分白夜。

（2）不谙人际，网瘾者自己不能摆脱上网，人际交往能力日益退化，56.3%的网瘾者人际关系较差。

（3）身心成疾，网瘾会麻痹神经、摧毁精神，由精神眷恋演变为躯体依赖。

## 4. 艾滋病产生的原因及危害

艾滋病是一种危害性极大的传染病，由感染艾滋病病毒（HIV 病毒）引起。艾滋病传播途径主要有血液传播、性传播、母婴传播三种。

艾滋病的危害：①对个人的危害。从生理上讲，艾滋病病毒感染者一旦发展成艾滋病人，健康状况就会迅速恶化，患者身体上要承受巨大的痛苦，最后被夺去生命。②对家庭的危害。家庭不和，甚至导致家庭破裂。有艾滋病病人的家庭，其结局一般都是留下孤儿无人抚养，或留下父母无人养老送终。③对社会的危害。艾滋病削弱了社会生产力，减缓了经济增长，人均出生期望寿命降低，民族素质下降，国力减弱。

## 5. 病态性赌博的诊断标准

以美国精神医学会所出版之诊断统计手册第四版（DSM-IV，1994）为例，病态性赌博的诊断标准如下：

（1）持续而重复不合常理的赌博行为，主要有下列 10 项：

①全心沉迷于赌博（重复想着再经历上次的赌博经验，处心积虑于再去赌博，或想办法弄钱以赌博）。

②须愈赌愈大的赌资，才能达到畅快。

③曾经一再地失败于尝试控制，减少或停止赌博。

④当企图减少或停止赌博时，会坐立不安或暴躁易怒。

⑤把赌博当一种逃避问题或抒解坏心情（如无助感、罪疚感、焦虑或忧郁）的方式。

⑥赌博输钱后，常常为了要赢回来而再赌（翻本）。

⑦欺骗家人、治疗者或他人，隐瞒其涉及赌博的程度。

⑧曾犯非法行为诸如：伪造文书，诈欺，偷窃，或挪用公款等以为赌资。

⑨曾因赌博危及或失去某重要关系、工作或教育及职业的机会。

⑩依赖他人提供金钱，才能缓解因赌博造成之绝望的财务处境。

（2）如以赌博行为非由躁症发作引起，而根据常用的赌博筛检问卷表（如 The Southoaks Gambling Screen 为例），其问题内容包括下列 16 项：

①赌博的方式及频率？

②一天赌注花费最多曾为多少？

③双亲是否有赌博问题？

④赌博时，你常常会改天为了翻本而再赌吗？

⑤你曾否宣称要去赌博赢钱，但后来却输了？

⑥你觉得你过去曾否有过赌博问题？

⑦你曾赌得比原先预期得更多吗？

⑧别人曾批评你的赌博吗？

⑨你曾对自己赌成这样感到罪疚不安吗？

⑩你曾觉得自己想戒掉赌博，但又认为自己做不到吗？

⑪你曾否隐藏赌票、彩券或其他与赌博相关的线索，以避免让配偶，小孩，或其他重要亲人知道吗？

> **一剪梅・雨打梨花深闭门**
>
> 明・唐寅
>
> 雨打梨花深闭门，孤负青春，虚负青春。
> 赏心乐事共谁论？花下销魂，月下销魂。
> 愁聚眉峰尽日颦，千点啼痕，万点啼痕。
> 晓看天色暮看云，行也思君，坐也思君。

⑫你曾否在处理金钱上与家人争论过呢？

⑬若上题答“是”，金钱上的争论是着眼于赌博上吗？

⑭你曾否因赌博向某人借钱却未还？

⑮你曾否因赌博溜班或翘课？

⑯如果你曾借钱做赌资或还赌债，是从哪里借的呢？

a. 从家计预算；b. 从配偶；c. 从其他家人或亲戚；d. 从银行；e. 用信用卡；f. 从高利贷钱庄；g. 变卖股票，债券或其他有价证券；h. 变卖个人或家里财务；i. 从不足存款的支票账户借（跳票）；j. 曾向赌马场签账；k. 曾向赌博性俱乐部签账。

第①②③题及第⑫、⑯j、⑯k 题不算，其他每项答“是”加一分；总分五分及五分以上很可能为病态性赌博患者。

### 6. 战胜不良诱惑的方法技巧

（1）避开诱因。把引起诱因的实物收藏起来，避开诱因；还可以积极参加集体活动，多与同学交流，主动地避开诱因。

（2）学会拒绝。用技巧婉言谢绝来自朋友的邀请，提高自制力。

（3）联想后果。遭遇不良诱惑时，可以想象不能抵制不良诱惑可能带来的恶果以提醒自己远离不良诱惑。

（4）培养良好的兴趣爱好。一个人有了良好的兴趣爱好，才不会觉得空虚、无聊，才会脱离低级趣味，远离不良诱惑。

（5）专时专用。将自己可以支配的时间进行周密合理按排，专时专用，使自己的生活有序、充实，从而增强抵抗力。

（6）请人监督。请同学、朋友、老师和家长等监督自己的行动。

## 活动拓展

### 清风正气 净网护苗①

“净网行动”“护苗行动”“秋风行动”等专项行动以及“扫黄打非”行动突出网络环境净化和重点领域整治，营造了风清气正的氛围、有利于青少年健康成长的网络空间。

浙江嘉善江某等人传播淫秽物品牟利案。2019 年 3 月，浙江嘉兴嘉善县公安局破获了该案。经查，江某雇佣戴某某、徐某某开发“快乐视播”手机 App 并投入运营，注册会员在 App 上可观看淫秽色情视频，运营者使用第三方充值平台收取会员费用。App 采用传销模式设置了五级会员营销分销功能。

湖北麻城特大网络淫秽色情直播案。2019 年 4 月 30 日，专案组将涉案 22 名犯罪嫌疑人全部抓获。经查证，“花花”App 平台以上海某网游公司为幌子，招募色情主播，通过网络广告推广，吸引网民。

---

① 《全国“扫黄打非”办公室通报“净网 2019”“护苗 2019”行动一批典型案件》，载全国“扫黄打非”工作小组办公室，http：//www. shdf. gov. cn/shdf/contents/767/397494. html。

山西晋中利用微信群传播淫秽物品案。2019 年 5 月，专案组抓获利用微信群贩卖淫秽视频的犯罪嫌疑人郑某某、刘某晶等 7 名。经查，2017 年 8 月至 2018 年 5 月，刘某晶每日利用其建立的数个微信群内转发淫秽视频，传播淫秽视频十万余部。

安徽六安叶集传播性侵儿童视频案。2018 年 8 月，六安市公安机关发现，名为“正太社区”的网站传播淫秽视频及图片。经查，该网站上有淫秽视频 2000 余部、图片 8000 余张，部分视频和图片涉及未成年人。

江西上饶查处网络游戏传播违规内容案。2019 年 4 月，上饶市文广新旅局接到江苏常州转办的案件线索，称某网络科技有限公司通过小游戏传播凶杀暴力、淫秽色情等内容。经查，该网络科技公司在运营的网站中，上传包含凶杀暴力、淫秽色情等内容的小游戏。依据规定，对该公司处以没收违法所得、罚款人民币 20 万元的行政处罚。

净网护苗、扫黄打非，严打网络赌博、网络淫秽色情，有利于净化网络空间，传递正能量，营造风清气正的网络空间，消除网络安全风险。

网络不是法外之地，网络信息必须有底线。淫秽色情赌博是民族复兴的毒瘤与负能量。青少年传承着实现中华民族伟大复兴的历史责任与担当。我们更应该守住底线，承担起清风正气网络空间的责任与担当。

【才艺展示】

1. 举办编写“拒绝不良诱惑、正确对待网游”的顺口溜、民谣、对联、宣传语、三句半、格言、诗词、短文的比赛，并展示比赛成果。

2. 表演受不良诱惑，如“黄色诱惑”“赌博”“艾滋病”“玩网游”等产生严重后果，或机智应对不良的诱惑的短剧等文艺作品。

3. 开展有关网游的是非功过的辩论赛，如“网游”是利大于弊，还是弊大于利?

4. 举办交流自己“拒绝不良诱惑、正确对待网游”经验体会的沙龙、故事会。

5. 举办中学生“健康娱乐、拒绝不良诱惑”的短文赛、演讲比赛、知识或技能竞赛。

6. 用图说、绘画、漫画、文字等方式，制作宣传戒网瘾赌博、拒网瘾赌博方法的海报、展板。

7. 开展拍摄宣传“健康生活，拒绝不良诱惑”的小视频、照片比赛展示活动。

【交流活动】

1. 收集有关学生涉赌、涉黄、染艾、有网瘾的案例，开展主题班会，分析导致涉赌、涉黄、染艾、有网瘾的原因，讨论其影响、危害。

2. 在社区办“拒绝不良诱惑，正确对待网游”的墙报（宣传栏）、签名活动，或散发宣传资料。

3. 举办以“拒绝不良诱惑，正确对待网游”为主题的读书会、诗词会、讨论会、讲座、笑话比赛、方法与经验教训介绍会等。

修身慎行，恐辱先也。《孝经·感应》孔子

4. 在网络、社交平台上发布收集到的涉赌、涉黄、染艾、网瘾案例、小视频、图片照片等，共同探讨其产生的原因、危害以及如何避免的方法途径。

5. 根据收集的涉赌、涉黄、染艾、网瘾案例、图片、照片等，在本校举办以“拒绝不良诱惑，正确对待网游”为主题的展板宣传活动。

6. 举办以“拒绝不良诱惑，正确对待网游”为主题的相声表演、书法比赛、美术比赛、主题演讲等活动。

7. 在家庭、校内、社区收集、整理涉赌、涉黄、染艾、有网瘾的案例以及原因、危害、后果和应对的方法、措施，并在校内、社区散发。

**【信息共享】**

请同学们收集整理有关黄、赌、网瘾危害性的歌曲，并粘贴于此处。

粘　贴

**【认识活动】**

1. 用讲事实、讲案例、讨论等方式，谈谈涉黄、赌博、染艾、网瘾的危害和后果。

2. 走访赌博、染艾、网瘾家庭，了解其原因、影响、应对办法，提出合理化建议。

3. 参观艾滋病预防与应对科普展，了解艾滋病发生的原因、传播的途径，以及与染艾病人的交往。

4. 阅读有关性科学的书籍、杂志，观看相关性科学科普影视。

5. 比比陷入不良诱惑同学或朋友前后的变化，算算不良诱惑的经济、生命、尊严账。

6. 收集因陷入不良诱惑而走上违法犯罪道路的事例，归纳陷入不良诱惑的主客观原因，以及给人们的警示。

网游不可怕，恐怖的是网瘾

7. 收集人们“健康生活，拒绝不良诱惑”的实例，搜索正确“健康生活，拒绝不良诱惑”的方法、技巧。

8. 旁听法院审理卖淫嫖娼、赌博、故意传播艾滋病案件等审判活动。

【实践活动】

1. 通过查阅资料或开展走访活动，正确认识涉黄、赌博、网瘾、染艾的危害，并通过鲜活的事例开展主题为“拒绝黄赌艾，理性网游”的讲座或辩论活动。

2. 观察、记录自己或同学沉迷网游前后学习状态及成绩、人际交往、精神状态等相关变化情况，评估沉迷网游的风险，剖析网游上瘾的危害，分析自己或同学沉迷网游的原因，提炼出远离网瘾的措施，并分享你的心得体会。

3. 走访网瘾戒除所，记录网瘾少年背后的故事，分析网络成瘾的危害，探究网瘾背后的个人、家庭、学校及社会原因，寻找更多检测或戒除网瘾的方法和技巧。

4. 收集资料、调查、比较赌徒赌博前后的变化，帮他们算一算沉迷赌博的“五笔账”（经济账、学业账、自由账、健康账、亲情账），给沉迷网游赌博者写一封劝诫信。

5. 运用科学知识，解读网瘾形成的原因，并设计网瘾测试表，提出避免或消除网瘾的方法和措施建议。

6. 开展科学实验，了解艾滋病传播情况和传播路径，尝试研发预防艾滋病感染的工具、药物，或提出预防、阻断、消除艾滋病的药物设想。

7. 组织以“拒绝黄赌艾，理性网游”为主题的文艺演出活动。

## 实践探究

子曰：弟子入则孝，出则弟，谨而信，泛爱众，而亲仁，行有余力，则以学文。

子夏曰：贤贤易色；事父母，能竭其力；事君，能致其身；与朋友交，言而有信。虽曰未学，吾必谓之学矣。

——《论语 · 学而篇》

一念错，便觉百行皆非，防之当如渡海浮囊，勿容一针之罅漏；万善全，始得一生无愧。修之当如凌云宝树，须假众木以撑持。

——《菜根谭 · 修身》

知足不辱，知止不殆，可以长久。

祸莫大於不知足；咎莫大於欲得。故知足之足，常足矣。

——《道德经 · 德经》

实意者，气之虑也。心欲安静，虑欲深远；心安静则神策生，虑深远则计谋成；神策生则志不可乱，计谋成则功不可间。意虑定则心遂安 ，心遂安则所行不错，神自得矣。得则凝。识气寄，奸邪得而倚之，诈谋得而惑之；言无由心矣。固信心术守真一而不化，待人意率之交会，听之候也。寄谋者，存亡之枢机。虑不会，则听不审矣。候之不得，寄谋失矣。则意无所信，虚而无实。故寄谋之虑，务在实意；实意必从心术始。

——《鬼谷子·本经阴符七术·实意法腾蛇》

北京警方发现一家名为“MM 公寓”的境外中文淫秽网站，该网站服务器位于美国。网站 90%发帖涉及淫秽色情内容。普通浏览者想浏览“精品图片视频”必须上传发帖或付费加入会员。公安部将此案列为部督专案，并组织多地警方开展全国统一抓捕行动，共抓获违法犯罪嫌疑人 2148 人。犯罪嫌疑人中，很大一部分为青年人，涉及学生、企事业员工等，很多人只是单纯为了获取更高的权限，上传淫秽信息或参与网站管理等，他们并不知道自己的行为已经触犯法律。

读了上面的信息，对拒绝黄赌艾、理性网游，你有何思考？

**【才艺拓展】**

1. 编绘“拒绝黄赌艾，理性网游”的小宣传册、连环画、漫画册。

2. 创作展演以“拒绝黄赌艾，理性网游”为主题的歌曲、歌剧、舞蹈、小品、相声、戏剧。

3. 收集整理出境活动中面临的黄赌艾和网瘾风险，整理正确应对出境活动中的黄赌艾和网瘾的方法，并为出境活动者制作随身携带的温馨提示卡或风险警示册。

4. 收集整理国民在境外沾染黄赌艾网瘾，并导致严重后果的案例，分析这些案例（从原因、后果、危害等方面)，为国民境外活动提出建议。

5. 访问涉黄赌艾和网瘾者，了解其生活轨迹及其变化，提出帮助其脱离黄赌艾和网瘾的有效方法建议。

6. 开展以“拒绝黄赌艾，理性网游”的拍摄视频、摄影作品比赛，或二人转、诗词、戏曲、诗歌展等活动。

**【创新发展】**

1. 设计志愿活动方案，并到地铁站、学校、社区开展“拒绝黄赌艾，理性网游”的志愿服务宣传活动，对活动进行总结或利用美篇进行报道。

2. 开展对禁赌、抓卖淫嫖娼警察、网瘾戒除机构人员的访谈活动，整理访谈心得，根据自己的心得并制作成正面宣传的美篇、微视频等。

3. 制作校园宣传“拒绝黄赌艾，理性网游”的网页，设计预防“拒绝黄赌艾，理性网游”的 App。

4. 走进实验室，观察艾滋病病毒的形态结构、编辑基因，了解其病毒特点、存活条件、检测方法、藏身之所，探寻阻断技术与方法。

5. 开发能监测、规避黄赌艾和网瘾风险的技术软件，预防在网络不经意导致黄赌艾和网瘾的风

抽刀断水水更流，举杯销愁愁更愁。（李白）

险，或开发能有效预防黄赌艾和网瘾的软件。

6. 录制“拒绝黄赌艾，理性网游”的宣传视频或广告，在相关网站或社交平台投放。

7. 向相关国家机关举报黄赌信息和行为，以及恶意传播艾滋病的行为，或散布相关谣言的行为，并就如何“拒绝黄赌艾，理性网游”向相关部门提出政策建议。

## 我的收获

《论语》曰：“少之时，血气未定，戒之在色，圣人之于色，无时而不戒也。”《弟子规 · 百孝篇》曰：“戒淫戒赌都是孝，孝子成才亲心欢。”《三国志 · 蜀书》曰：“勿以恶小而为之，勿以善小而不为；择其善者而从之，其不善者而改之。”

生活是个万花筒，处处充满诱惑，如何正确对待诱惑，拒绝不良诱惑，为我们的幸福人生保驾护航，是我们毕生都要不断学习的课题。通过今天的学习，请你与同学们一起总结怎样才能“健康生活、拒绝不良诱惑”？

## 相关链接

1. 中国扫黄打非网：http：//www. shdf. gov. cn/

2. 全国“扫黄打非”工作小组办公室举报中心网址：www. shdf. gov. cn，举报电话为 12390 和 010-65212870、65212787

3. 互联网违法和不良信息举报中心网址：net. china. com. cn，举报电话为 12377，举报邮箱为 jubao@ china. org. cn

4. 12321 网络不良与垃圾信息举报受理中心网址：www. 12321. cn，举报电话为 010-12321，举报邮箱为 abuse@ 12321. cn

5. 网络违法犯罪举报网站：www. cyberpolice. cn

# 第 8 课　冷静面对矛盾、冲突和犯罪

## 生活警示

### 成长，需要守法、理性

西畴县某中学学生龙某某、聂某某，因在校打篮球时发生身体碰撞而引发口角。

次日中午 12 时许，龙某某、聂某某分别邀约部分同学，在兴街镇龙翔大道延长线试图通过协商解决矛盾，协商无果后便发生拳脚冲突，时间持续 1 分钟左右。该冲突造成参加打架的学生何某某鼻孔受伤流血，其余人员均未有明显伤痕或身体不适状况。

参加群殴的人数在 50 人左右，基本是未成年人，双方没有持任何器械。事件发生后，公安部门迅速行动，采取措施及时调查处理，并按程序对涉嫌违法人员依法查处。

### 琐事矛盾变冲突犯罪

明星中学两名初三学生（同班）在上体育课时因琐事发生矛盾，老师了解情况后及时对二人进行了劝解和教育，并告知班主任。下午，班主任对两名学生再次进行了劝解教育，二人均表示相互原谅。二人晚上放学后再次发生冲突。冲突中，师某某用随身携带的折叠刀刺伤武某某，致使武某某颈部受伤。

事件发生后，学校立即拨打了 120、110，县委县政府、县教育局及明星中学立即启动应急预案，相关负责人及时赶赴医院，组织医务人员进行抢救。次日凌晨 4 时 30 分左右，武某某经抢救无效死亡。

**定风波·莫听穿林打叶声**

宋·苏轼

三月七日，沙湖道中遇雨，雨具先去，同行皆狼狈，余独不觉。已而遂晴，故作此词。

莫听穿林打叶声，何妨吟啸且徐行。
竹杖芒鞋轻胜马，谁怕？一蓑烟雨任平生。
料峭春风吹酒醒，微冷，山头斜照却相迎。
回首向来萧瑟处，归去，也无风雨也无晴。

### 女孩机智应对入室抢劫歹徒

某小区某单元三楼的端端妈妈，像往常一样给下班回家刚到楼下的丈夫打开防盗门，就回到卧室。正躲在楼道内的钱某二人手拿凶器趁机入室，先后将端端的爸爸和妈妈控制在地。正在自己房间看书的 15 岁女孩端端，警觉地意识到有人入室并打倒了自己的父母，她立即锁上房门并用手机拨打 110 报警。

就在女孩报警的同时，钱某用脚踹开房门，将她揪了出来，狠狠地问："你是不是报警了？"聪明的端端回答说："叔叔，你们不要打我爸爸、妈妈了，我是报警了，但还没有来得及说清地址，你们就来了，我们家的柜子里有存折你们拿走好了。"

未发现破绽的钱某没有伤害端端，他从端端爸爸身上搜出 2105 元人民币，在柜子里找到两个存折，又顺手抢走端端的手机后逃出房间。

接警后，民警迅速赶到现场并及时制服两名入室抢劫歹徒。端端的机智避免了歹徒对家人进一步的伤害。

## 校园欺凌被判刑

2017 年 9 月 22 日下午，季某与张某芊在学校教室因调换座位发生纠纷，季某当场强迫张某芊在教室内当众向其道歉。当晚，季某越想越气，遂安排刘某红将张某芊强行带至女生宿舍厕所内，季某等人强行翻看张某芊手机中的聊天记录，发现张某芊已经向他人诉说心中对季某的行为非常不满。季某遂与其他人一起对张某芊进行殴打，并强迫其下跪道歉，刘某红和另一个女生还一起踢张某芊腿部，强迫其下跪，后张某芊不得不向季某等人下跪道歉。2017 年 9 月 28 日 23 时许至次日凌晨 2 时许，季某等人将张某芊带至学校三楼女生宿舍内，进行了几个小时的欺凌，她们先后分别轮流对张某芊实施殴打、掌掴、侮辱等暴力欺凌行为，其中，李某敏等人还将拍摄的侮辱张某芊的视频和图片向他人传播。最后，季某、李某敏、刘某红随意殴打、侮辱他人，情节恶劣，给被害人身体和精神上造成了一定的伤害，其行为均构成寻衅滋事罪，法院依法以寻衅滋事罪对被告人三人分别判处有期徒刑。

## 生活探究

【知道、识道】

1. 说说：你与父母、同学、老师、朋友、他人发生过矛盾或冲突吗？矛盾发生后或冲突升级后你是怎样处理的？你遭遇过有人计划实施或正在实施犯罪吗？当时你是怎样处理的？

2. 谈谈：你还知道哪些已经发生的矛盾、冲突和犯罪？其矛盾是如何上升到冲突变成犯罪的？相关人员得到了怎样的处理？有没有机智理性应对矛盾、冲突、犯罪的案例？

3. 想想：今后的学习、生活、工作、休闲中还会遭遇或产生哪些矛盾、冲突、犯罪？这些矛盾、冲突、犯罪是否可以避免？怎样避免让矛盾演变为冲突、犯罪？

【问道、得道】

4. 分析：上述矛盾、冲突产生的原因有哪些？它们产生了怎样的影响和后果？它们带来了哪些危害或可能的伤害？其矛盾升级为冲突、犯罪的原因有哪些？

5. 讨论：上述案例给我们预防和应对矛盾、冲突、犯罪提供了哪些经验教训？当我们遇到这样的矛盾、冲突、犯罪时，正确、理性的做法应该是什么？

6. 出谋划策：你知道哪些预防、化解矛盾、冲突，预防或制止犯罪的奇招妙想？明知别人要去犯罪或正在实施犯罪，我们该怎

> 有额都统者，在滇黔间山行，见道士按一丽女于石，欲剖其心，女哀乎乞救，额急挥骑驰及，遽格道士手，女嗷然一声，化火光飞去，道士顿足曰：公败吾事！此魅已媚杀百余人，故捕诛之以除害，但取精已多，岁久通灵，斩其首则神遁去，故必剖其心乃死，公今纵之，又贻患无穷矣。惜一猛虎之命，放置深山，不知泽麋林鹿，劘其牙者几许命也！匣其匕首，悵悵渡溪去，此贻白岩之寓言，即所谓一家哭何如一路哭也。姑容墨吏，自以为阴功，人亦多称为忠厚。而穷民之卖儿贴妇，皆未一思，亦安用此长者乎？
>
> ——《阅微草堂笔记·卷一·滦阳消夏录一（2）》
>
> 清·纪昀

么安全、有效地规避风险，制止犯罪？

【行道、布道】

7. 讨论：上述案例中，我们能得到什么启示或警示？当矛盾有可能演变为冲突时，作为当事人、旁观者、知情人，我们该怎么办才是理性的、合理的？

8. 分享：我是如何化解矛盾、冲突、犯罪的？我是如何避免矛盾上升为冲突的？我是如何避免冲突演变为犯罪的？

9. 传道：对如何有效引导青少年特别是中学生，学会化解矛盾，避免矛盾变冲突、冲突演变为犯罪的工作，你有何建议？

## 知识仓库

### 1. 怎样面对生活中的矛盾？

冷静面对矛盾，学会排解矛盾；遇到矛盾，冷静三分钟；可以通过运动、音乐转移注意力后排解矛盾。

学会分析矛盾，学会求助；理智分析产生矛盾的原因、根源，积极寻求解决问题的办法。可以通过多种形式求助，找网络、书籍，找同学、朋友，找老师、父母，借鉴他人经验，倾听他人建议，化解自己所遭遇的矛盾。

解决矛盾，总结方法；勇于面对问题和矛盾，与冲突方积极沟通协调，直至解决问题、化解矛盾。要善于总结，不让类似矛盾再度发生，始终记住：当矛盾发生时不要恶语相向，甚至使用武力。

### 2. 怎样避免或化解与社会人员的冲突？

自觉遵守社会规则（出行规则、交通规则）和社会公德，体谅别人的感受。

自己做得不好，要学会主动道歉，承认错误。

别人做得过分，自己也得把握尺度，学会原谅别人。

不论你做得对还是错，切记不要与社会人员发生矛盾，产生冲突时一定要先通知班主任或是家长，必要时要及时报警，依靠当地警方来解决矛盾和冲突。

### 3. 亲历犯罪现场时，怎样安全理性面对犯罪？

当你知道你的同学或朋友正计划实施犯罪时，你必须阻止！你首先得尽力劝阻你的同学或朋友取消犯罪计划，若劝阻不行，你得向老师、家长反映，或是直接报警。

当你面对正在实施的犯罪行为时，你必须阻止。你可以见义勇为，直接阻止，将正在实施犯罪的犯罪分子扭送到公安机关；你也可以与周围的群众一起制止犯罪；你还可以拨打 110 报警，为公安机关提供线索。

更多的时候，我们应该见义智为。面对犯罪分子，你得及时调节自己心理，保持镇静，及时评估双方实力，充分利用有利环境，在确保自己人身安全的前提下，可以暂时妥协，也可以机智求助他人。面对不法侵害时，要依靠自己的智慧做出判断，要采取机智灵活的方法与其斗争，以避免造成更大悲剧和更多不必要的伤害。

**4. 校园欺凌属于犯法，根据校园欺凌和暴力行为严重程度，可以分为违规行为、违法行为和刑事犯罪行为。**

校园欺凌和暴力行为达到一定严重程度涉嫌犯罪的，可能适用的有多个具体罪名，如故意伤害、寻衅滋事、聚众斗殴等。

**5. 属于校园欺凌的几种情形（不一定在校园内发生，放学后同学间的欺负行为也算在内）：**

（1）叫受害者侮辱性绰号，指责受害者无用、侮辱其人格等。

（2）对受害者进行重复性的物理攻击。例如，拳打脚踢、掌掴拍打、推撞绊倒、拉扯头发；使用管制刀具、棍棒等攻击受害者。

（3）传播关于受害者的消极谣言和闲话。

（4）干涉受害者的个人财产、教科书、衣裳等损坏，或通过他们嘲笑受害者。

（5）恐吓、威迫受害者做他不想要做的，威胁受害者听从命令。

（6）让受害者遭遇麻烦，或令受害者招致处分。

（7）中伤、讥讽、贬抑评论受害者的体貌、性取向、宗教、种族、收入水平、国籍、家人或其他。

（8）分派系结党，孤立、杯葛或排挤受害者。

（9）敲诈，强索金钱或物品。

（10）画侮辱画，写侮辱性的文字。

（11）网上欺凌（Cyberbullying），即在网志或论坛上发表具有人身攻击性的言论。

（12）欺凌者明显地比受害者强，而欺凌是在受害者未能保护自己的情况下发生的。

## 活动拓展

### 廉颇蔺相如列传（节选）

西汉 · 司马迁

秦王使使者告赵王，欲与王为好会于西河外渑池。赵王畏秦，欲毋行。廉颇、蔺相如计曰：“王不行，示赵弱且怯也。”赵王遂行，相如从。廉颇送至境，与王诀曰：“王行，度道里会遇之礼毕，还，不过三十日。三十日不还，则请立太子为王，以绝秦望。”王许之，遂与秦王会渑池。秦王饮酒酣，曰：“寡人窃闻赵王好音，请奏瑟。”赵王鼓瑟。秦御史前书曰：“某年月日，秦王与赵王会饮，令赵王鼓瑟。”蔺相如前曰：“赵王窃闻秦王善为秦声，请奏盆缻秦王，以相娱乐。”秦王怒，不许。于是相如前进缻，因跪请秦王。秦王不肯击缻。相如曰：“五步之内，相如请得以颈血溅大王矣！”左右欲刃相如，相如张目叱之，左右皆靡。于是秦王不怿，为一击缻。相如顾召赵御史书曰：“某年月日，秦王为赵王击缻。”秦之群臣曰：“请以赵十五城为秦王寿。”蔺相如亦曰：“请以秦之咸阳为赵王寿。”秦王竟酒，终不能加胜于赵。赵亦盛设兵以待秦，秦不敢动。

既罢归国，以相如功大，拜为上卿，位在廉颇之右。廉颇曰：“我为赵将，有攻城野战之大功，而蔺相如徒以口舌为劳，而位居我上，且相如素贱人，吾羞，不忍为之下。”宣言曰：“我见相如，必辱之。”相如闻，不肯与会。相如每朝时，常称病，不欲与廉颇争列。已而相如出，望见廉颇，相如引车避匿。于是舍人相与谏曰：“臣所以去亲戚而事君者，徒慕君之高义也。今君与廉颇同列，廉君宣恶言而君畏匿之，恐惧殊甚，且庸人尚羞之，况于将相乎！臣等不肖，请辞去。”蔺相如固止之，曰：“公之视廉将军孰与秦王？”曰：“不若也。”相如曰：“夫以秦王之威，而相如廷叱之，辱其群臣，相如虽驽，独畏廉将军哉？顾吾念之，强秦之所以不敢加兵于赵者，徒以吾两人在也。今两虎共斗，其势不俱生。吾所以为此者，以先国家之急而后私仇也。”廉颇闻之，肉袒负荆，因宾客至蔺相如门谢罪。曰：“鄙贱之人，不知将军宽之至此也。”卒相与欢，为刎颈之交。

思考：蔺相如化解与廉颇的冲突对我们建设和谐社会和人类命运共同体有何启迪？

【才艺展示】

1. 举办编写“冷静面对矛盾、冲突、犯罪”的顺口溜、民谣、对联、宣传语、三句半、格言、诗词的比赛。

2. 用图说、绘画、漫画、文字等方式，制作化解矛盾、避免冲突、预防犯罪方法的海报、展板、黑板报、宣传专栏等。

3. 表演同学之间因小事引起矛盾升级，导致冲突甚至犯罪，并产生严重后果，或机智应对“矛盾、冲突、犯罪”的情景剧、小品、舞剧、相声等。

4. 收集整理“化解矛盾、预防冲突、避免犯罪”的方法及措施，并上传到自己的网络空间、现代社交平台（如 QQ、微信、微博）等。

5. 收集并向同学们讲述机智预防、应对犯罪，化解安全风险的故事，举办沙龙、故事会、读书会、诗词会、讲座，交流自己知道的机智预防、应对犯罪，化解安全风险的方法。

6. 组织学生比一比矛盾变冲突、冲突变犯罪前后的变化，算一算这一变化的感情账、生命账、尊严账、经济账。

7. 开展拍摄宣传“冷静面对矛盾、冲突、犯罪”的微视频、照片比赛展示活动。

【交流活动】

1. 举办中学生“冷静面对矛盾、冲突、犯罪”的主题班会、主题征文、短文比赛、主题演讲比赛。

2. 收集整理“冷静面对矛盾、冲突、犯罪”的方法措施，交流“冷静面对矛盾、冲突、犯罪”的经验、方法，并上传到网络、社交平台上。

3. 编写并拍摄“化解矛盾、避免冲突、预防犯罪，机智、理性、冷静面对矛盾、冲突、犯罪”情景剧的小视频，有机会并在学校电视台播出。

4. 收集有关“有效、机智化解矛盾、预防冲突、制止犯罪”的正确方法和策略，并整理成册，到公共场所发放。

5. 用列举、讲述、讨论等方式，谈谈矛盾变冲突、冲突变犯罪的后果与危害，并向全校或全体中学生发出签名倡议活动。

**【信息共享】**

请同学们收集整理关于“冷静面对矛盾、冲突和犯罪”的歌曲，并粘贴于此处。

粘　贴

**【认识活动】**

1. 开展中学生面对“冷静面对矛盾、冲突、犯罪”的意识与行为的调查，并对调查结果进行分析，寻找风险存在的原因、产生的影响，并积极寻求解决问题的对策。

2. 走进社区，了解社区、邻里发生过的矛盾、冲突的情形，分析其产生的原因、危害和后果，收集避免矛盾变冲突的建议、方法。

3. 上网收集矛盾演变为冲突、冲突演变为犯罪的典型案例，分析其演变的原因，探寻避免矛盾变冲突、冲突变犯罪的措施路径。

4. 走进社区，走访矛盾演变为冲突的家庭、邻里，了解其前后心理、情感、需求、经济的变化情况，算一算其经济账、生命账、尊严账、情感账。

5. 调查走访看守所、监狱，或上网收集人们“面对矛盾、冲突、犯罪”的实例，搜索有效处理或面对“矛盾、冲突、犯罪”的方法、技巧。

6. 旁听法院审理“因矛盾演变为冲突、冲突演变为犯罪”的审判活动，了解相关法律规定及其犯罪行为所承担的后果。

**【实践活动】**

1. 收集中学生矛盾变冲突、冲突变犯罪，或错误对待冲突、犯罪并导致严重后果的真实案例，分析、归纳其发生的主客观原因，并寻找解决的措施办法。

2. 收集人们“机智化解矛盾与冲突”“机智应对犯罪”“机智化解犯罪过程中的安全风险”的

实例、方法、技巧，为中学生提供一些切实可行的预防或化解矛盾、冲突、犯罪的小妙招，并整理成册。

3. 在社区开展有关“冷静面对矛盾、冲突、犯罪”的社会调查，了解社区、家庭矛盾、冲突爆发的状况、原因，并形成报告、论文，以此提出相应的预防、应对措施。

4. 在学校、社区、景区等地开展“冷静面对矛盾、冲突、犯罪”的志愿服务宣传活动，制作并发放相关宣传资料，介绍“冷静面对矛盾、冲突、犯罪”的经验、方法。

5. 向相关国家机关举报犯罪分子和犯罪行为。

6. 设计“矛盾变冲突、冲突变犯罪”风险测试表、风险提示工具，并做出相关风险提示。

## 实践探究

### 晏子使楚

一

晏子使楚。楚人以晏子短，楚人为小门于大门之侧而延晏子。晏子不入，曰：“使狗国者从狗门入，今臣使楚，不当从此门入。”傧者更道，从大门入。见楚王。王曰：“齐无人耶?”晏子对曰：“齐之临淄三百闾，张袂成阴，挥汗成雨，比肩继踵而在，何为无人?”王曰：“然则何为使子?”晏子对曰：“齐命使，各有所主：其贤者使使贤主，不肖者使使不肖主。婴最不肖，故宜使楚矣!”（张袂成阴 一作 张袂成帷）

二

晏子将使楚。楚王闻之，谓左右曰：“晏婴，齐之习辞者也。今方来，吾欲辱之，何以也?”左右对曰：“为其来也，臣请缚一人，过王而行，王曰：‘何为者也?’对曰：‘齐人也。’王曰：‘何坐?’曰：‘坐盗。’”

三

晏子至，楚王赐晏子酒，酒酣，吏二缚一人诣王。王曰：“缚者曷为者也?”对曰：“齐人也，坐盗。”王视晏子曰：“齐人固善盗乎?”晏子避席对曰：“婴闻之，橘生淮南则为橘，生于淮北则为枳，叶徒相似，其实味不同。所以然者何?水土异也。今民生长于齐不盗，入楚则盗，得无楚之水土使民善盗耶?”王笑曰：“圣人非所与熙也，寡人反取病焉。”

### 唐太宗吞蝗

唐·吴兢

观二年，京师旱，蝗虫大起。太宗入苑视禾，见蝗虫，掇数枚而曰：“人以谷为命，

人愤慨的那一个刹时，智商是零。

而汝食之，是害于百姓。百姓有过，在予一人。尔其有灵，但当蚀我心，无害百姓。”将吞之，左右遽谏曰：“恐诚疾，不可！”太宗：“所冀移灾朕躬，何疾之避！”遂吞之。

这告诉我们，面对矛盾、冲突与犯罪，我们应该机智、冷静、理性应对。

【才艺拓展】

1. 编绘“冷静面对矛盾、冲突及犯罪”的小宣传册、连环画、漫画手册。

2. 创作“冷静面对矛盾、冲突及犯罪”的歌曲、歌剧、舞蹈、戏剧、戏曲，并开展展演活动。

3. 创作表现矛盾激化、激烈冲突及犯罪产生严重后果，或机智应对“矛盾、冲突及犯罪”的小品、相声、湖北大鼓、二人转、说书、诗词，并进行展演。

4. 收集国民在境外活动中发生矛盾、冲突、犯罪或遭遇的案例，分析国民在境外活动发生的安全风险的原因，整理正确预防和应对境外工作、学习、生活中的矛盾、冲突、犯罪的方法，并为国民在境外活动制作随身携带的温馨提示卡或风险警示册。

5. 编演“冷静面对矛盾、冲突及犯罪”的模拟情景剧，宣传“冷静面对矛盾、冲突及犯罪”的方法，并在网络上推广剧本。

6. 观察、记录自己或同学陷入矛盾、冲突及犯罪前后学习状态及成绩、人际交往、精神状态等发生的相关变化情况，评估沉迷矛盾、冲突及犯罪的风险，剖析未正确处理矛盾、冲突及犯罪的危害，分析矛盾、冲突及犯罪产生的原因，提炼出正确处理矛盾、冲突及犯罪的措施，并分享你的心得体会。

【创新发展】

1. 设计志愿活动方案，并到地铁站、学校、社区开展几场“冷静面对矛盾、冲突及犯罪”的志愿服务宣传活动，并对活动进行总结或利用美篇进行报道。

2. 制作校园“预防矛盾升级、冲突升级和犯罪”的网页，设计“矛盾激化或冲突升级”测试表，设计预防“矛盾激化或冲突升级”的App。

3. 用所学知识，改进、创新、发明能及时预警矛盾升级、冲突升级、安全风险的工具设备，或救助工具设备。

4. 通过采访、走访、实地勘察等手段，拍摄能起到警示宣传作用的“冷静面对矛盾、冲突及犯罪”微电影、视频、视频广告，并在学校电视台、社交平台发布。

5. 开展中学生矛盾、冲突、犯罪原因、诱因、表现形式以及影响、后果和危害的课题研究，探寻其发生演变的规律性，寻求预防的办法、措施和政策性建议。

## 我的收获

同学们，生活中处处充满矛盾，又处处需要智慧。我们在生活中，需要不断面对矛盾、冲突甚至犯罪，只有学会理性、冷静面对矛盾、冲突甚至犯罪，才能让我们的人生多一些安全保障，多一些幸福的基石。为了美好的人生，请你结合今天学习的内容，对如何“冷静面对矛盾、冲突及犯罪”做一个小结。

**六尺巷**

清康熙年间，宰相张英（张廷玉之父）接到家人来信，说邻居叶侍郎侵占张家地皮三尺筑墙，要张英利用职权夺回这三尺地皮。

张英回信一封：“千里寄书只为墙，让他三尺又何妨？万里长城今犹在，不见当年秦始皇。”

张家人接到书信后，退让邻居三尺而筑墙，叶侍郎见此深感渐愧，也让出三尺地皮，最终形成了流芳千古的“六尺巷”。

## 相关链接

1.《中华人民共和国刑法》《中华人民共和国治安管理处罚法》《中华人民共和国未成年人保护法》《中华人民共和国民法典》

2.《最高人民法院关于审理人身损害赔偿案件适用法律若干问题的解释》

3.《学生伤害事故处理办法》《中小学幼儿园安全管理办法》

### 掠 缘 簿

和尚做功德回，遇虎，惧甚，以铙钹一片击之。复至，再投一片，亦如之。乃以经卷掠去，虎急走归穴。穴中母虎问故。答曰："适遇一和尚无礼，只扰得他两片薄脆，就掠一本缘簿过来，不得不跑。"

——《笑林广记·僧道部》

# 第五章 尚法守心，呵护国家安全

国家安全是国家的基本利益，是指国家政权、主权、统一和领土完整、人民福祉、经济社会可持续发展和国家其他重大利益相对处于没有危险和不受内外威胁的状态，以及保障持续安全状态的能力。

## 孙子兵法·用间篇

孙子曰：凡兴师十万，出征千里，百姓之费，公家之奉，日费千金；内外骚动，怠于道路，不得操事者，七十万家。相守数年，以争一日之胜，而爱爵禄百金，不知敌之情者，不仁之至也，非人之将也，非主之佐也，非胜之主也。故明君贤将，所以动而胜人，成功出于众者，先知也。先知者，不可取于鬼神，不可象于事，不可验于度，必取于人，知敌之情者也。

故用间有五：有因间，有内间，有反间，有死间，有生间。五间俱起，莫知其道，是谓神纪，人君之宝也。因间者，因其乡人而用之。内间者，因其官人而用之。反间者，因其敌间而用之。死间者，为诳事于外，令吾间知之，而传于敌间也。生间者，反报也。

故三军之事，莫亲于间，赏莫厚于间，事莫密于间。非圣智不能用间，非仁义不能使间，非微妙不能得间之实。微哉！微哉！无所不用间也。间事未发，而先闻者，间与所告者皆死。

凡军之所欲击，城之所欲攻，人之所欲杀，必先知其守将，左右，谒者，门者，舍人之姓名，令吾间必索知之。

必索敌人之间来间我者，因而利之，导而舍之，故反间可得而用也。因是而知之，故乡间、内间可得而使也；因是而知之，故死间为诳事，可使告敌。因是而知之，故生间可使如期。五间之事，主必知之，知之必在于反间，故反间不可不厚也。

昔殷之兴也，伊挚在夏；周之兴也，吕牙在殷。故惟明君贤将，能以上智为间者，必成大功。此兵之要，三军之所恃而动也。

国家安全是安邦定国的重要基石。国泰民安是人民群众最基本、最普遍的愿望。实现中华民族伟大复兴的中国梦，保证人民安居乐业，国家安全是头等大事。

随着我们国家综合国力的不断增强和国际战略格局的深刻变化，境外间谍情报机关从各自国家战略利益需要出发，不断加大对我国进行间谍情报活动的力度。

了解本章内容，有助于我们更好履行维护国家安全的义务。

# 第9课　防泄密、防间谍

## 生活警示

### 严重泄密，死刑！

黄某，大学毕业后进入一家涉密科研所工作，后因种种原因被解职。黄某心怀不满，竟将高度保密性的15万余份国家机密卖给境外间谍机关获利。该行为对我国党、政、军、金融等多个部门的密码通信安全造成难以估量的损失。依据我国《刑法》规定，黄某因“间谍罪”被依法判处死刑，剥夺政治权利终身，并收缴间谍经费。对于这样的结果，黄某后悔莫及。

### 泄密，往往在细节！

中原古都发生一起军工科研所网络泄密案，当事人姓彭，是一名科研人员。中秋前，他用工作电脑上网查阅自己的邮箱时，收到了一封“国防科工委办公厅的中秋贺卡”，他没有多想，信手点开，结果中了网络间谍攻击的招。那封邮件完全是伪造的，捆绑着某境外情报机构特制的间谍程序，一经点击就控制了彭某的工作电脑，偏偏彭某的电脑中还违规存储了大量军工科研项目的资料，结果，连潜艇隐身材料这样的军工技术机密都被间谍程序从网上窃走了。

孙教授在湖南某大学任教，他在北方一所著名的军工大学读博士时，参与了一项军事工程的重要科研课题，毕业后仍然承担着相关课题的部分研究工作。作为学者，孙教授经常参加国内外的一些学术活动。境外情报机关的间谍程序正是随着一封国际学术会议的电子邀请函进入了孙教授的电脑，结果，他根本不该存在手提电脑里的重要军事武器项目的科研文件很快就被传送到了境外间谍机构的电脑里。

### 地形图，不可轻视！

测绘地理信息为“国之重器，不可示人予人！”导游老张，有次遇到一群打着勘测地热资源旗号的人，到山区军事基地附近勘测，老张发现不对劲，几经试探，拨打12339举报，经国家安全机关调查确认，这支所谓的“勘探队”，涉嫌窃取我国重要军事秘密。国家安全机关为老张颁发了奖状，并奖励人民币1.5万元。2018年9月，浙江村民杨某在霞关镇北关岛沙滩上发现一可疑不明机器，马上上报。经国家安全机关核查，该机器为加拿大某公司开发的潜航探测器。后村民杨某受到表彰和现金奖励。

日本株式会社国土情报技术研究所所长大林成行以旅游者身份入境，与他的学生东俊孝到新疆和田，在和田市机场附近一屋顶装GPS接收机作固定站，另一台GPS机装在他们乘坐的汽车里作流动站用来采集数据。他们观测并采集了和田机场、和田市至当地重要水利设施公路的地理坐标数据，精确度达到20~50厘米。两人被查扣后，发现其便携式电脑里还有中国其他省市的相关测绘数据。日本人佐藤正光、水上和则携两部手持GPS接收机等，以考古研究名义在江西南丰、鹰潭、上饶、铅山等地，实施测绘窃密活动。4 名日本人在石家庄附近一处军事基地拍照、测绘，从事间谍活动。一日本人携测量设备，雇当地车辆和司机，扮成游山玩水的游人，从甘肃庆阳出发，沿秦岭一路向东测量，后因闯入宝鸡某要地被抓获。两个日本人打着“温泉商”的幌子，去山东和海南军事敏感地进行间谍测绘活动。3 名外国人在吉林某大学金教授等人带领下，未经批准，以研究考察长白山火山岩的名义，在吉林白山市二道白河、长白县、靖宇县等地，使用两台手持 GPS 卫星定位仪对军事禁区进行非法测绘。

### 中国境内，不容间谍撒野！

2017 年 5 月《纽约时报》曝出猛料，美中央情报局（CIA）提供给在中国的间谍及上线使用的以网络为基础的联络通信系统，疑遭中国国安部门破解，30 多名情报人员被快速准确地清除。加拿大公民凯文·高、朱莉亚因涉嫌从事窃取我国军事和国防科研秘密的活动，加拿大人康明凯因涉嫌为境外刺探国家情报罪，迈克尔因涉嫌为境外非法提供国家秘密罪，澳大利亚公民杨军，因涉嫌从事“间谍活动”，分别被我国安机关抓获。

## 生活探究

【知道、识道】

1. 说说：我或我的同学、亲人、朋友、亲戚、熟人平时会关注我国泄密和我国境内发生的境外间谍事件吗？在交往中，是否遇到过泄密和间谍策反的情况？在使用即时通信工具时，有陌生人或共同兴趣的人要求你加为好友，经过一段时间后，要求你提供涉密内容，并给你优厚的报酬，你会怎么做？

2. 谈谈：我所看到的（知道的）大家是如何处理秘密或间谍的。当你看到他们这样处理秘密，你是怎么想的？他们遇到泄密或间谍是如何处理的？这样处理正确吗？

3. 想想：将来，人们还会遇到哪些泄密、间谍的情况？当有人看到某人处理泄密或间谍不当，你认为看到的人会是怎样的态度？

【问道、得道】

4. 讨论：上述案例中的泄密、间谍会给我国国家安全产生什么危害？我们及时阻止这些泄密和间谍活动，有何重要意义？

5. 分析：有人说：国家安全，人人有责。也有人说，国家安全是国家机关的事。对此你怎么看？

6. 谋划：窃密、间谍古今中外都存在，但现阶段我国被特别关注，这是为什么？如何将窃密泄密、间谍的害变成利？

【行道、布道】

7. 讨论：上述案例，给我们保护国家秘密，维护国家安全有什么教训或启迪？我们应该如何面对这样的事情？如何不再让这类事情发生？我们自身或身边可能发生泄密和间谍行为的漏洞有哪些？

8. 分享：在与他人（包括亲人、熟人、陌生人）交往中，我是如何处理涉密信息的？又是如何防止泄密发生的？当我看到有人有意获取国家秘密时，我是如何处理的？

9. 传道：我们如何更好让人们更自觉地履行维护国家安全的义务？为此，作为青年学生我们能做些什么？我们该做些什么？

## 知识仓库

### 1.《中华人民共和国刑法》规定的危害国家安全犯罪行为

（1）背叛国家罪，主要是指勾结外国，或与境外机构、组织、个人相勾结，危害中华人民共和国的主权、领土完整和安全的犯罪行为。

（2）分裂国家罪，主要是指组织、策划、实施分裂国家、破坏国家统一的犯罪行为。

（3）煽动分裂国家罪，主要是指煽动分裂国家、破坏国家统一的犯罪行为；与境外机构、组织、个人相勾结组织、策划、实施分裂国家、煽动分裂国家、破坏国家统一的犯罪行为。

（4）武装判乱、暴乱罪，主要是指组织、策划、实施武装叛乱或者武装暴乱的犯罪行为；策动、胁迫、勾引、收买国家机关工作人员、武装部队人员、人民警察、民兵进行武装叛乱或者武装暴乱的犯罪行为。

（5）颠覆国家政权罪，主要是指组织、策划、实施颠覆国家政权、推翻社会主义制度的犯罪行为。

（6）煽动颠覆国家政权罪，主要是指以造谣、诽谤或者其他方式煽动颠覆国家政权、推翻社会主义制度的犯罪行为。

（7）资助危害国家安全犯罪活动罪，主要是指境内外机构、组织或者个人资助境内组织或者个人组织、策划、实施分裂国家、煽动分裂国家、破坏国家统一的犯罪行为。

（8）投敌叛变罪，主要是指投敌叛变的或者带领武装部队人员、人民警察、民兵投敌叛变的犯罪行为。

（9）叛逃罪，主要是指国家机关工作人员、掌握国家秘密的国家工作人员在履行公务期间，擅离岗位，叛逃境外或者在境外叛逃，危害中华人民共和国国家安全的犯罪行为。

（10）间谍罪，主要是指参加间谍组织或者接受间谍组织及其代理人的任务的，为敌人指示轰击目标的危害国家安全的犯罪行为。

（11）为境外窃取、刺探、收买、非法提供国家秘密、情报罪，主要是指为境外的机构、组织、人员窃取、刺探、收买、非法提供国家秘密或者情报的犯罪行为。

（12）资敌罪，主要是指战时供给敌人武器装备、军用物资资敌的犯罪行为。

### 2.《中华人民共和国国家安全法》规定的危害国家安全的行为

本法所称危害国家安全的行为，主要是指任何叛国、分裂国家、煽动叛乱、颠覆或者煽动颠覆人民民主专政政权的行为；窃取、泄露国家私密等危害国家安全的行为；境外势力的渗透、破坏、颠覆、分裂活动。

### 3.《中华人民共和国反间谍法》规定的间谍行为

本法所称间谍行为，是指下列行为：间谍组织及其代理人实施或者指使、资助他人实施，或者境内外机构、组织、个人与其相勾结实施的危害中华人民共和国国家安全的活动；参加间谍组织或者接受间谍组织及其代理人的任务的；间谍组织及其代理人以外的其他境外机构、组织、个人实施或者指使、资助他人实施，或者境内机构、组织、个人与其相勾结实施的窃取、刺探、收买或者非法提供国家秘密或者情报，或者策动、引诱、收买国家工作人员叛变的活动；为敌人指示攻击目标的；进行其他间谍活动的。

### 4.《中华人民共和国反间谍法实施细则》规定的间谍行为以外的其他危害国家安全行为

组织、策划、实施分裂国家、破坏国家统一，颠覆国家政权、推翻社会主义制度的；组织、策划、实施危害国家安全的恐怖活动的；捏造、歪曲事实，发表、散布危害国家安全的文字或者信息，或者制作、传播、出版危害国家安全的音像制品或者其他出版物的；利用设立社会组织或者企业事业组织，进行危害国家安全活动的；利用宗教进行危害国家安全活动的；组织、利用邪教进行危害国家安全活动的；制造民族纠纷，煽动民族分裂，危害国家安全的；境外个人违反有关规定，不听劝阻，擅自会见境内有危害国家安全行为或者有危害国家安全行为重大嫌疑的人员的。

### 5.《中华人民共和国反间谍法》所禁止的行为

（1）境外机构、组织、个人实施或者指使、资助他人实施的，或者境内机构、组织、个人与境外机构、组织、个人相勾结实施的危害中华人民共和国国家安全的间谍行为。

（2）非法持有属于国家秘密的文件、资料和其他物品。

（3）非法持有、使用间谍活动特殊需要的专用间谍器材。

（4）境外机构、组织、个人实施或者指使、资助他人实施，或者境内机构、组织、个人与境外机构、组织、个人相勾结实施间谍行为。

（5）在境外受胁迫或者受诱骗参加敌对组织、间谍组织，从事危害中华人民共和国国家安全的活动。

（6）明知他人有间谍犯罪行为，在国家安全机关向其调查有关情况、收集有关证据时，拒绝提供。

（7）隐藏、转移、变卖、损毁国家安全机关依法查封、扣押、冻结的财物，或者明知是间谍活动的涉案财物而窝藏、转移、收购、代为销售或者以其他方法掩饰、隐瞒。

### 6.《中华人民共和国保守国家秘密法》确定的国家秘密

其第 9 条规定，下列涉及国家安全和利益的事项，泄露后可能损害国家在政治、经济、国防、外交等领域的安全和利益的，应当确定为国家秘密：

（1）国家事务重大决策中的秘密事项；

（2）国防建设和武装力量活动中的秘密事项；

（3）外交和外事活动中的秘密事项以及对外承担保密义务的秘密事项；
（4）国民经济和社会发展中的秘密事项；
（5）科学技术中的秘密事项；
（6）维护国家安全活动和追查刑事犯罪中的秘密事项；
（7）经国家保密行政管理部门确定的其他秘密事项。
政党的秘密事项中符合前款规定的，属于国家秘密。

## 7. 国家安全机关举报受理平台主要受理的其他违法行为

（1）非法持有属于国家秘密的文件、资料和其他物品的；
（2）非法持有、使用间谍活动特殊需要的专用间谍器材的；
（3）冒充国家安全机关工作人员或国家安全机关工作关系人，或伪造国家安全机关工作文件、证件等进行招摇撞骗的；
（4）法律规定国家安全机关管辖的其他危害国家安全的活动。

## 8. 美国招募发展外国间谍的方法

美国 CIA 有一整套行之有效的方法。概括起来用 4 个字母表示：MICE 。
即 M=Money（金钱），I=Ideology（意识形态），C 即个人表现，E 即道德压力。

## 活动拓展

### 美国在中国究竟有多少间谍？

美国三大情报机构 CIA、FBI、NSA（美国国家安全局）均在中国设有间谍网络，各自的间谍网络独立行动、相互保密。

据法新社统计，目前美国在中国的间谍共有19 571人，其中含军事专业间谍9 876人（中国籍7 766人），商业间谍9 695人。世界各国在中国的间谍一共有115 675人，其中外国籍人士48 564人，中国籍人士67 111人。

实际上，中美谍战从 1949 年之后就开始了。随后中国封闭且是一元化的社会生态，美国情报人员难以深入中国。1980 年中国社会逐渐开放，美国对华秘密情报的收集才真正得到了实质性进展。

这时，美方情报部门对中国实施代号为“沸”的行动，即在中国各行各业渗透美国间谍，在关键时刻让政局“沸腾”。

该行动的其中目标之一是在中国知识分子中物色人选。据参与此行动的美方人士称，从 1979 年到 1988 年，至少有 120 名当时十分著名的中国国籍的“文人”，被美情报部门以各种手段收买。美方要求这些人“针对中国的弱点，重点揭露中国以及中共的一些重要错误”，美方认为这些人“对打击中国人神化领袖的理念”起到了决定性的作用。美方收买中国知识分子精英的手段包括帮助这些人在海外知名刊物上发表文章，美情报部门付给他们的“稿酬”十分可观，开始是每千字 2000 美金，后来上涨到每千字 3500 美金，汇入这些精英指定的账户。据参与此行动的美方人士称，这些被收买的中国知识分子成为后来助长中国政治风波的基础。

2000年6月，中国花1.2亿美元购一架波音767-300ER型客机，准备改装后用作元首专机。美国三角洲航空公司想方设法拿到了这架波音西雅图组装厂即将下线的新机。整个改装工程均有来自北京的中央警卫团等中方安全人员值班守护。2001年8月10日，改造完毕的专机离美回国。2001年10月，解放军总参三部的技术人员在这架专机上起获27个窃听装置（包括在元首用卫生间和卧室床板内）。被发现的窃听器体积小、设计巧妙、工作方式非常先进，需要用卫星信号启动和操控。参与工程的美国公司纷纷表示“震惊”，相继声明一向与中方合作愉快，“没有理由”也“无可能”干这等勾当。

**【才艺展示】**

1. 开展创作关于“防泄密、防间谍”的顺口溜、民谣、对联、宣传语、三句半、格言、诗词等作品的比赛，并展示比赛成果。

2. 用图说、展板、绘画、漫画、文字等方式，制作宣传“防泄密、防间谍”的海报、展板、黑板报、宣传专栏等。

3. 表演“防泄密、反间谍”或机智应对陌生人套取国家秘密的情景剧、小品、舞剧、相声等。

4. 收集整理“防泄密、防间谍，反泄密、反间谍”的方法及措施，并上传到自己的网络空间、现代社交平台等（如QQ、微信、微博）。

5. 收集并向同学们讲述“防泄密、防间谍，反泄密、反间谍”的故事，向同学们传授正确使用电子产品、预防泄密和间谍的方法和技巧。

6. 举办沙龙、故事会、读书会、诗词会、讲座，交流自己“防泄密、防间谍，反泄密、反间谍”的经验体会、设想。

**【交流活动】**

1. 举办中学生“防泄密、防间谍，反泄密、反间谍”的主题征文、短文比赛、演讲比赛，以及如何“防泄密、防间谍，反泄密、反间谍”的知识或方法交流活动。

2. 举办宣传“防泄密、防间谍，反泄密、反间谍”的演出活动，收集归纳“防泄密、防间谍，反泄密、反间谍”的经验、方法，并在校园网、校内电台或电视台交流。

3. 收集间谍的特点特征以及识别间谍的方法，表演有关识别泄密、间谍的情景剧，并拍摄照片，举办图片展，介绍识别是否泄密，识别间谍的正确方法。

4. 用列举、讲述、讨论等方式，谈谈（有意/无意）泄密、间谍活动的危害，以及自己在日常生活、工作、交往中存在的泄密风险。

5. 查查自己、同学、家人等旅游中所拍照片或所摄视频是否存在泄密的可能？查查自己、同学、家人在网上、社交平台上、邮件中的内容，是否存在泄密的可能？

> 明者防祸于未萌，智者图患于将来。

6. 举办“防泄密、防间谍，反泄密、反间谍”的主题班会、经验介绍会、教训总结会、方法交流推荐会。模拟正确预防泄密、防（反）间谍的活动。

【信息共享】

请同学们收集整理有关“防泄密、防间谍”的歌曲，并粘贴于此处。

粘　贴

【认识活动】

1. 开展中学生“防泄密、防间谍，反泄密、反间谍”观念与行为的调查，并对调查结果进行分析，寻找中学生学习、生活、交往中存在的泄密安全隐患及其产生的原因，寻求解决问题的措施。

2. 走进社区，收集居民拍摄照片、视频，使用电子产品和网络，使用社交平台中存在的泄密的安全隐患，提出提高居民预防泄密、间谍的措施建议。

3. 上网收集“非有意泄密的行为造成严重损失”的典型案例，形成对“养成良好行为习惯，预防泄密和间谍”的正确认识。

4. 开展以“泄密间谍无小事”为主题的辩论比赛活动，或关于“防泄密、防间谍”的经验教训交流活动。

5. 走进年级或社区家庭开展“防泄密、防间谍，反泄密、反间谍”的社会调查，了解人们社交、工作、生活，使用电子产品、使用社交平台或工具中的泄密风险及其影响，并作出相关风险提示或预防建议。

6. 收集人们错误处理重要秘密信息的方法、态度、习惯、行为产生的后果及影响的案例，归纳导致错误处理重要秘密信息的主客观原因，以及给人们的警示。

7. 观看“防泄密、反泄密，防间谍、反间谍”的影视作品，或阅读相关小说、故事、报道等，并交流观后感或读后感。

**【实践活动】**

1. 开展“防泄密、防间谍，反泄密、反间谍”的志愿服务宣传活动，传授科学处理涉密信息的方法。

2. 到本地涉密单位，了解并学习其预防泄密的做法，了解本校人们对重要涉密信息使用和处理的意识、态度、行为等，寻找泄密隐患，提出改进措施或方案。

3. 在社区家庭开展“防泄密、防间谍，反泄密、反间谍”的观念与行为现状的调查，了解社区家庭在防泄密、防间谍中存在的安全隐患，做出相关风险提示或提出预防措施。

4. 开展“防泄密、反泄密，防间谍、反间谍”的经验、方法介绍会，发出“防泄密、防间谍，人人有责”的倡议，或开展相关的签名活动。

5. 向相关国家机关举报泄密行为或间谍活动，设计促进相互预防泄密的监督制度。

## 实践探究

### 如何识别中国留学生中被美国招为间谍的人

根据长期情报工作所总结出来的经验规律，从以下几个特征大致来推断是否美国间谍：

①愤世嫉俗。开展社会政治策反工作，反共反华，一定要愤世嫉俗。如一味攻击谩骂中国和共产党而无意提出理性的解决方案，也无意投身于建设祖国的事业中。

②崇美恐美情绪明显。任何事情美国总是对的，中国相类似的事情，就算没有问题也要鸡蛋里面挑骨头出来批判。

③经济状况。如果你发现你的某个朋友的支出明显高于他的明面上的收入，或你的朋友在收入一事上对不同的人有不同的说法，需特别小心。

④社交圈子相对独立。情报部门一般来说会要求基层间谍与他的朋友保持距离。如不轻易邀请密友到家中做客，几乎不参加密友所组织的较大型的活动，也不带密友和他的其他社交圈子中间的朋友一同参加活动、彼此认识，对这样的人要小心。

⑤比较典型的美式逻辑：“深刻的偏激优于平庸的全面。”言语偏激，非常震撼，很不全面，却绝对不代表真理。

⑥言论与其专业训练明显不符。通常文科生比理科生容易策反，理工科学生被策反的不确定性很大。今后在国外工作前景较乐观（如生物、化学）的理科学生，策反比要求严谨逻辑和事实观察、今后工作前景不那么乐观的学生（如数学、物理）相对容易。如果你发现一个学数学或物理的高才生居然在言论中逻辑性很差，不注重事实，盲目崇美恐美，与他的专业训练背景相抵触，其背后必有隐情。

⑦片面反战，主张中国应该解除武装。如认为中国有核武器、有先进的战机军舰就是对地区和平的威胁。那么他们是典型的“只许州官放火，不许百姓点灯”。

⑧偷偷摸摸进行改名改址活动。如把人民解放军改为国民军，人民军队改为国家军队，人民大会堂改为国民会议堂。借各种理由，建议把首都迁往他处，把开国元勋人民领袖纪念堂迁往什么地方。

一个人同时具有以上许多特征，他是美国反华势力的间谍的可能性就非常大。

【才艺拓展】

1. 编绘关于“防泄密、防间谍，反泄密、反间谍”的小宣传册、漫画书、连环画，并展示编绘成果。

2. 开展“防泄密、防间谍，反泄密、反间谍”的模拟活动，创作促进“防泄密、防间谍，反泄密、反间谍”工作的歌曲、歌剧、话剧、舞蹈作品，并开展展演。

3. 创作表现涉密信息处理不当会产生严重后果，或机智应对套取国家秘密的小品、相声、戏剧作品，并进行展演。

4. 收集青少年学生（包括留学生）“防泄密、防间谍，反泄密、反间谍”的案例，制作青少年学生使用QQ、微信、互联网中正确预防泄密、间谍的安全使用手册。制作留学生在境外学习期间，关于“如何防范泄密，如何识别和应对间谍”的手册。

5. 通过自己的走访、观察，创作能起到警示作用的“不当处理涉密信息及其安全风险”的绘画、漫画、诗歌作品，并开展绘画展、漫画展、诗歌比赛等活动。

6. 开展拍摄“防泄密、防间谍，反泄密、反间谍”的微电影、视频比赛活动，并上传到社交平台或网站。

【创新发展】

1. 制作展板、宣传册，到地铁站、学校、社区开展“防泄密、防间谍，反泄密、反间谍”的志愿服务宣传活动，并对活动进行网络直播。

2. 制作中学生“防泄密、防间谍，反泄密、反间谍”的网页，设计预防、举报泄密、间谍的App。

3. 走进大学创新基地，在大学老师的指导下，利用所学知识开发能警示泄密，或警示有间谍策反活动的技术或工具。

4. 开展新形势下中国留学生泄密风险及隐患的研究，探讨提升中国留学生泄密风险的安全预警技术手段、措施或机制。

5. 开发能监测间谍活动的技术软件，或设计能预防泄密风险或间谍风险的技术产品。

6. 开展国外防泄密、防间谍制度比较研究，为优化我国防泄密防间谍制度提建议。

## 我的收获

反华势力亡我之心不死，任何时候都在紧锣密鼓地策划和实施着“以华人制华”的策略。我们的祖辈父辈，在中华人民共和国成立之后，都非常珍惜来之不易的新中国。中华人民共和国成立初期的30年，大部分的间谍都是被人民群众发现并报告给国家安全部门的。今天，情报战争的烈度不减当年，仅靠国家安全部门的专业人员，难免挂一漏万。

我们对这些斗争无幸参与，虽不一定能把这些间谍揪出来扭送国家安全部门，但至少可以做到自己不被这些间谍的言论所蛊惑，不参与到他们的反华行动中去。

为了祖国的繁荣富强，为了祖国避免国破家亡的血海泪河，为了中国人在世界各地不再受欺侮，为了我们的幸福生活，我们要时刻保持警惕，防范和远离间谍。

通过学习上述防泄密、防间谍的知识，我懂得了很多：

# 第 10 课　防渗透、防策反

## 生活警示

### 防策反，关键在自己！

2017 年 5 月，某边境城市国家机关副科级干部（1972 年生）李某某陪同中方客户赴某国考察，在其入关时被境外间谍情报机关人员带离盘问，并将其手机存储内容进行复制，询问其通讯录内联系人情况。随后，又以莫须有的理由强行对李某某开具行政处罚，并要求其签署为对方服务的保证书，否则李某某不得离开。李某某迫于无奈，在胁迫之下签署了保证书。回国后，李某某第一时间向当地国家安全机关自首，如实讲述了其在境外被境外间谍情报机关胁迫策反全过程的情况。我国家安全机关对李某某不予追究。

2007 年，在某国有企业驻外代表处任职的耿某某（1970 年生），在驻外工作期间因处理正常事务与当地安全部门人员结识。后对方以耿某某本人及家人在境外的生命安全相威胁，将耿某某策反发展。在对方指挥下，耿某某搜集我国国防军工科研领域大量涉密情况等，并在任期结束回国后继续与境外间谍情报机关保持秘密联系。最后，耿某某被依法判处无期徒刑。

### 被策反充当间谍，刑罚！

某涉外部门处长章某某在境外任职期间，某国间谍情报机关利用其妻子将他策反，在金钱利诱和感情拉拢下，章某某为该国间谍情报机关提供了大量工作机密。任职期满回国后，章某某仍与该国间谍情报机关频繁会面，按对方要求提供了大量国家机密。最终，法院以“间谍罪”判处章某某死刑，判处其妻有期徒刑十年。

从事高精尖通信技术研究的周某（1973 年生）赴国外某大学做博士后研究期间被境外间谍人员策反。先后向境外间谍情报机关提供了大量国防军工重要涉密数据和文件资料，对我国国防军事安全利益造成严重危害，其被判处无期徒刑。

### 防渗透，从防金钱利诱开始！

家境贫寒的高校在校生高某某，多次在校园论坛发布求职信息。一天，高某某接到自称 S 主编的来自境外的电子邮件，自称主办一份学术刊物，需高某某协助查找某方面的资料，并许诺给予重酬。高某某心动，未曾多想就以从事学术研究为名，通过其导师和图书馆馆长的帮助，在图书馆借阅了大量内部刊物，将有关密级规定的重要内容拍照发给 S 主编，从中获取报酬 25000 元。高某某后被国家安全机关以间谍罪查获。

年仅 16 岁的某高中生曹某，在网上谎称自己毕业于军事院校。后境外间谍主动与他接触，要求提供部队内部文件。曹某收到对方汇来的 400 美元后，编造了一份“演习计划”，但难以蒙混过关。曹某于是改口称，自己真实的工作单位是教育局，之后根据境外情报机构要求，他先后组织多名同学进入教员办公室，窃取“红头文件”。按对方指示，曹某开始接收快递包裹，并对包裹内夹藏的存储卡内加密资料进行处理，通过电子邮件发送出去。案发时，曹某总计收取报酬约合人民币 2 万余元，其行为已涉嫌犯罪。

### 小心！渗透，无所不在！

广州某船舶公司的临时工人梁某加入名为“××造船群”的 QQ 群。该 QQ 群中昵称为“超越梦想”的境外人员在群中发布兼职消息，梁某受引诱后与其建立联系。为牟取非法利益，按“超越梦想”要求，梁某频繁前往广州市黄埔区、南沙区等水域，对在造、在修、在航的军事舰艇进行刺探并记录，并通过 QQ 将获取的有关事项信息提供给“超越梦想”。

秦某在名为“广州兼职群”的 QQ 群看到昵称为“美丽的花儿”的境外人员发布兼职消息，便用 QQ 与其建立联系。为牟取非法利益，秦某受“美丽的花儿”的指使，频繁前往广州市多个港口码头，对停泊的我国军舰情况进行观测、记录，通过邮箱将信息提供给“美丽的花儿”。同时，秦某搜集我国境内物理、化学、生物、经济等研究期刊资料，拍照后用邮箱提供给“美丽的花儿”。

## 生活探究

**【知道、识道】**

1. 说说：我或我的同学、亲人、朋友、亲戚、熟人平时会关注我国境外敌对势力的渗透和策反吗？在交往中，是否遇到过境外敌对势力的渗透和策反的情况？在使用即时通信工具时，有陌生人或共同兴趣的人要求加你为好友，经过一段时间后，要求你提供涉及国家安全的信息，并给你相关报酬，你会怎么做？

2. 谈谈：你还知道哪些境外敌对势力对我国进行渗透和策反的案例？当你看到有人在网上利用民族问题、宗教问题、人权问题、经济社会发展中的问题说我国怎么不好时，你是怎么想的？又是如何处理的？你这样处理正确吗？

3. 想想：我们在生活、交往中，是否存在羡慕并向往西方国家的生活工作环境或条件、生活方式、社会制度的情况？当有人向你宣扬这些时，你是怎样的态度？

**【问道、得道】**

4. 讨论：上述案例中的被渗透策反会给我国国家安全带来哪些危害？我们能否及时阻止这些危害的发生？

5. 分析：境外势力特别是敌对势力为什么要对我国公民进行渗透和策反？为什么我国有的人会被策反成为境外间谍或为情报机关服务的人？

6. 谋划：渗透、策反古今中外都有，但现阶段在我国应被特别关注，这是为什么？如何将渗透、策反的害变成利？

**【行道、布道】**

7. 讨论：上述案例给我们反渗透、反策反有何教训或启迪？我们该如何面对渗透或策反？如何避免这类事情发生？我们自身或身边是否存在可能被渗透、被策反的漏洞？

8. 分享：在与他人（包括亲人、熟人、陌生人）特别是境外人士交往中，我是如何防渗透、防策反的？当我遇到或看到有人对我国公民进行渗透、策反时，我是如何处理的？

9. 传道：我们如何更好地让人们更自觉地履行维护国家安全的义务？为此，作为青少年学生的我们，能为反策反、反渗透做些什么？我们又该做些什么？

## 知识仓库

### 1. 境外间谍情报机关渗透策反手段

金钱收买：广东某海事学校的徐某因家庭困难，在网上发布了“寻求学费资助 2000 元”的信息，被境外间谍情报机关盯住。

美色诱惑：目标主要针对中国驻外机构人员，以及中国出访团组。通常主动诱惑他们前往复杂场所，嫖娼赌博，积累证据，甚至通过现场抓把柄等方式，突击策反。

威逼胁迫：利用中国赴外留学、从商人员对新环境的陌生感，或合作经商、或设置障碍、或栽赃陷害等多种方式，达到策反的目的。

感情拉拢：往往从关心中国留学生的生活、学习开始，施以小恩小惠，有时主动制造“事端”，再出手解决，从而达到增进感情的目的。

从最亲近的人入手：某涉密科研单位工作人员黄某，在自己参加间谍组织，出卖国家科研秘密后，又把目标盯上了其妻子和姐夫，并利用同事关系，向单位同事打探单位科研秘密，窃取保密资料。

网络勾联策反：以美女、记者、市场调查公司等名义，伪造地理信息，通过社交软件与军事目标区周边民众、涉密单位人员攀拉关系，在互不见面的情况下，以极低经济报酬，搜集中国军事目标调动的真实情况以及内部资料。

利用“民族认同”渗透策反：利用与其国主体民族相一致的中国少数民族公民作为重点发展对象，以“民族认同”为切入点拉拢策反。

境外策反：以高知密专家、高级官员、军事人员和有发展前途的专家学者为主要对象，展开多种方式的威逼利诱。有的还利用港澳地区特殊的政策和地理位置，在港澳地区物色目标进行策反。

公开招募：通过设立官方网站、刊登招募广告等方式，积极吸纳叛变者。

钓鱼执法：主要是指某些国家执法人员或其协助者，为了侦破某些极具隐蔽性的特殊案件，特意设计某种诱发犯罪的情境，或者根据犯罪活动的倾向提供其实施的条件和机会，待犯罪嫌疑人进行犯罪或自我暴露时将其拘捕的一种特殊侦查手段。近年来，美国利用这种方式针对美籍华人、赴美中国商人以及中国科研留学人员的案件有所增多，其主要指向是中国政府以及中国科研院所和高科技企业。

### 2. 如何避免被境外间谍情报机关盯上

（1）在日常生活和工作中，对个人信息多注意保护，特殊人员一般不要脱离集体单独外出活动。遵守所在国家法律，防止滋生祸端，避免给境外间谍情报机关人员留下可乘之机。

（2）对不明身份人员多加防范，在涉外交往中多一些警惕，坚持洁身自好，避免落入境外间谍情报机关布置的陷阱。

（3）不要贪恋过于轻松意外获取的利益，对金钱以及物质少一些贪念，避免吞食诱饵，最后难以摆脱。

（4）在与境外人员进行文化、学术交流时，注意内外有别。绝不能为了泄私愤或蝇头小利泄露内部政策、规定等涉密信息。

（5）按照相关规定和要求，主动配合国家安全机关和所在单位，接受和履行行前教育、归国访谈等工作，认真填写相关登记备案表，不隐瞒、不漏报，便于国家安全部门及时采取处置措施。

> **兵**
>
> 宋 · 华岳
>
> 兵贵先人斯夺人，莫教间谍漏真情。
> 汉因有备吴终退，秦为无人楚始争。
> 卦向爻中分损益，棋于局上定输赢。
> 不知都督三边者，还肯江湖问一声。

### 3. 为何高校学生容易受到境外间谍的“青睐”

（1）大学生在高校里接触到的经济、技术、材料等领域的资料或者参与的课题、项目，对境外间谍机关来说可能有情报价值。

（2）大学生国家安全意识不强，思想单纯，社会经验不够丰富。

（3）部分大学生家庭经济条件不好，需要寻找一些经济来源以支持学业。境外间谍利用网络求职论坛，以做兼职收集文献资料、发调查问卷之类的名目，以丰厚的酬金为诱饵，吸引学生为其搜集、窃取情报。一旦“上钩”后想退出，境外间谍就会采取威胁、讹诈等手段逼迫学生继续为他们工作。另外，境外间谍组织也会介入大学生的求职过程，支持、鼓励其报考涉密的单位，企图将学生发展成为安插在我涉密单位的“钉子”。

### 4. “不转不是中国人?”话题有风险，转发需谨慎！一旦遇到这类信息，立刻提高警惕！

“网络间谍”的职能不局限于窃取情报，制造谣言、蛊惑人心、煽动闹事也是他们的重要目的。曾有香港媒体报料说，美国情报机构每年都要花上数千万美元，资助一批中国人对中国网民进行思想渗透、策反，这些所谓的“网络汉奸”多是国内失意者，以及无固定工作人士，他们出没于各大中文论坛、门户网站，定期领取美国人支付的薪金。他们的活动也有规律可循，每每在中美、中日发生矛盾冲突时，互联网论坛上造谣挑拨国家关系的言论就会悄然冒出，唯恐天下不乱。

### 5. 美国的情报机构，对外主要是 CIA，对内主要是 FBI

其中 CIA 尤其注重在留学生中进行情报工作。经过几十年的实践总结，CIA 已经形成了一整套招募发展外国间谍的行之有效的方法。概括起来可以用 4 个字母表示：MICE 。

M＝Money，即金钱。

I＝Idcology，意识形态。这个在冷战时期非常管用，那些极端厌恶社会主义路线的人，在本国受挫后，常常在反华势力“自由”“民主”的旗号的煽动之下，主动投靠反华势力，充当其走狗。

C 即个人表现。如，CIA 会跟你说，你给他们当间谍，你就可以成为 007 那样受到万人追捧的明星，你给他们当间谍，你就可以实现人生的最高价值，等等。

E 即道德压力，常见的是利用美色或者经济问题来引人上钩，抓到把柄，然后以此来要挟人为自己当间谍。

还有，经常发布煽动言论、歪曲历史诋毁中国、打击人民安全感、故意说错一些军队番号和部署位置，刺激真正的军人来辩论、搜寻各种军队内部未公开照片等。

由此，如果你发现有人对政治特别感兴趣，其政治倾向和言论却又很不和谐，又符合上面中的任何一条，要高度注意。这样的人很可能不是自己头脑发热，不是自己真的要愤世嫉俗，而可能是为国外间谍卖命。

## 活动拓展

### 他们，为什么会？

大连市某重点大学品学兼优的李某某，在校期间一直从事兼职工作。为便于寻找兼职工作，李某某加入多个校内兼职QQ群。2016年末，兼职群内一个名为Jake的人发布了一条兼职招聘信息，称有一朋友从事船舶海运方面的研究，需该领域相关学术资料，兼职可提供丰厚薪酬。随后，李某某主动应聘，与“Jake的朋友”加为好友，并在对方高额报酬的诱惑下，接下了这份“兼职”。为赚取报酬，李某某在间谍指使下，到学校图书馆借阅图书，将搜集到的相关资料使用手机拍照后发给对方。间谍还要求李某某想方设法搜集内部、涉密的期刊、学术研究类的成果资料及引荐部队和造船等方面的人员。为达到长期搜情目的，间谍主动引导李某某毕业后到发展潜力较大的军工企业应聘，并承诺其毕业后若进入军工企业，双方可以进行更好的合作。当李某某与沈阳某大型涉密军工企业签订了就业协议书后，间谍表达了长期合作的强烈意愿，并许诺待李某某入职后，每月给予不低于工资的高额报酬。一心期待赚大钱的李某某，最终等来的却是国家安全机关对其的审查。

W市某局人事科的干部王某，平时工作使用的电脑里除日常办公文档外，还有42份标注密级的地形图，这些地形图已被隐藏的窃密木马程序全部发往境外。王某和肖某既是同事又是朋友。肖某每年都需要做全市的工程规划布局图。王某擅长使用一些电脑应用软件，不会电脑制图的肖某常常找王某帮忙绘制电子地形图。肖某从档案室借出涉密的地形图后，扫描成电子版，再通过QQ从互联网上将地图发送给王某。王某完成制图后，再通过QQ将这些图纸发送给肖某。境外间谍情报机关将窃密木马程序隐藏在电子邮件中发送给了王某，使境外间谍情报机关伺机盗取国家秘密的图谋得以实现。

地处我国边陲的Z市，在城市的北部绵延上百公里的边境线上，驻扎着不少边防部队，某局的工作与部队密切相关，该局的电子邮箱密码是办公室电话号码。境外间谍情报机关了解到我国政府部门普遍存在多人合用一个电子邮箱，且常将办公室电话作为邮箱密码等使用习惯，利用技术手段搜集到Z市某局电话号码和邮箱账号，成功猜解出密码，从而非法控制了该邮箱，近2000份文档资料全部被境外间谍情报机关窃取，包括Z市的驻军分布信息。

【才艺展示】

1. 开展关于“防渗透、防策反”的顺口溜、民谣、对联、宣传语、三句半、格言、诗词等作品的比赛，并展示比赛成果。

2. 用图说、展板、绘画、漫画、文字等方式，制作揭露某些西方国家为什么以“人权”为名抹黑新疆的海报、展板、黑板报、宣传专栏等。

3. 表演境外势力特别是敌对势力对我进行渗透的做法或表现，以及我们如何保持清醒头脑、控制情绪，机智应对渗透的情景剧、小品、舞剧、相声等。

4. 收集整理“香港部分无良报道者和西方媒体及美、加等国政客挺香港反对派和激进示威者”的手法及措施，并上传到自己的网络空间、现代社交平台等。

5. 收集并向同学们讲述我国香港从非法“占中”到 2019 年的“骚乱”极端“暴力”活动中，台独以及美国、英国、加拿大等境外敌对势力在事件中的作用，分析境外敌对势力对香港的渗透及其对中国及中国香港的危害。

6. 举办沙龙、故事会、读书会、诗词会、讲座，交流西方某些政治势力和媒体为什么要持续炮制各种谣言，将新疆去极端化的职业技能教育培训中心污蔑成“再教育营”，颠倒黑白、混淆视听，对中国政府正当合法的反恐和去极端化政策进行恶意中伤？

**【交流活动】**

1. 举办中学生“人人防渗透、反渗透，个个防策反、反策反”的主题征文、短文比赛、演讲比赛、知识或技能竞赛。

2. 收集整理西方对各国渗透的手段、方法、策略，并举办揭露西方对我国渗透的演出活动，交流“预防西方渗透”的经验、方法，并上传到网络、社交平台上。

3. 在社区、学校、大街小巷，观察、查找有无西方渗透的痕迹？查找西方渗透的风险隐患，提出正确预防或应对西方渗透的方法和策略。

4. 用列举、讲述、讨论等方式，谈谈境外势力特别是敌对势力策反手法、对象、途径、策略，以及预防的措施办法。

5. 举办“防渗透、反渗透，防策反、反策反”的主题班会、经验介绍会、教训总结会、方法交流推荐会。

**【信息共享】**

**面对严峻复杂的隐蔽斗争形势，请记住下面口诀**

间谍就在你身边，交友切记要防奸；利诱胁迫加欺骗，敌人常用须分辨；
网上求职留心眼，切莫助敌做眼线；通话上网莫涉密，泄密就在一瞬间；
涉密载体要管好，丢失泄密不得了；发现间谍早报告，举报电话要记牢。

### 揪出间谍——重奖，阻碍执法——刑罚

秦某是东北某市的出租车司机。有一天，两个老外上了她的车，要去郊外看名胜古迹，但他俩一路拍摄的却都是挂着禁令标牌的军事设施，直至天黑才返回，并约定第二天还要用秦某的车。秦某越想越不对劲，连夜向我国家安全机关反映，结果，人赃俱获。秦

凝聚人心，汇聚正能量

某后被国家安全机关重奖。

一天晚上，4位国家安全机关工作人员在某市饭店外执行任务，该饭店保安瞿某非但不配合工作，反以妨碍生意为由，招来顾某等人殴打国家安全机关人员，造成任务对象失控、线索中断。瞿某、顾某等涉案人员依法以妨碍公务罪各被判处有期徒刑3年。

## 网络窃密事件无处不在

在信息化、大数据时代，网络情报战愈演愈烈，网络窃密更是无处不在。我国已成为网络大国，但不掌握重要核心技术，不是网络强国。全球互联网运行靠13台根服务器，主根服务器1台部署在美国；辅助根服务器有12台，其中9台在美国，2台在欧洲，1台在日本。

近年来，国家安全机关已发现数百起境外间谍情报机关对我国实施的大规模网络技术窃密案件，全国共有8000余台（个）计算机及电子邮箱被境外间谍组织远程控制，涉及我党政机关、军事单位、驻外机构等涉密单位，先后有200余万份文件资料被盗，其中，明确标注绝密级、机密级的高达6000余份，给国家安全和利益带来不可估量的巨大危害和损失。U盘、软盘、移动硬盘、储存卡以及MP3、MP4等储存工具，经常成为泄密案件中的“帮凶”。只要插入被感染木马的计算机，U盘等随即感染病毒，如再将该U盘插入涉密计算机，木马会偷偷将涉密文件打包至U盘，最终U盘再次插入联网计算机时，文件便自动传输至境外间谍机关，该窃密方式为“木马摆渡窃密”。

**【认识活动】**

1. 开展中学生“网络与资料信息传递行为方式”调查，并分析调查结果，发现安全隐患，寻找安全风险存在的原因，寻求解决问题的对策。

2. 走进社区家庭，收集人们在“电脑及社交平台使用和资料信息传递”方面的做法，发现安全隐患，提出安全建议。

3. 上网收集“中国留学生在境外被渗透、被策反”的案例，分析中国留学生在境外被渗透、被策反的原因、特点及影响，提出强化中国留学生境外安全意识和安全风险控制的建议。

4. 请国家安全部门或防范办工作人员开展防渗透防策反报告，或开展以“反渗透、反策反”为主题的辩论比赛活动。

5. 观看描写我国隐蔽战线人员如何与境外敌对势力斗智斗勇，护卫国家安全的电影、电视剧，并写观后感。

6. 阅读描写我国隐蔽战线人员如何与境外敌对势力斗智斗勇，护卫国家安全的小说、故事、报道等，并举办读后感比赛。

**【实践活动】**

1. 制作展板，开展“防渗透、防策反”的志愿服务宣传活动，宣传“反渗透、反策反”的方法策略。

2. 调查本班或本年级同学对国家在民族、宗教、人权等方面政策措施及发展现状的认识，了解人们的思想状况，分析其产生的主客观原因，并提出防渗透的措施。

3. 开展“境外敌对势力对我国渗透、策反的现状、危害与对策”的社会调查，了解人们对境外敌对势力对我国渗透、策反的认识及行为现状，分析人们日常活动中存在的被渗透、被策反的安全隐患，并提出预防应对之策。

4. 开展西方在东欧、中东、北非、中亚等地开展“颜色革命”的手法、途径的研究。

5. 走进司法机关、拘留所、监狱等地，了解被渗透、被策反情况，并开展“反渗透、反策反”的倡议或签名活动。

6. 向相关国家机关举报境外敌对势力的渗透、策反活动。

## 实践探究

在持续的香港乱局中，不少香港年轻人，特别是学生成为蒙面“黑衣人”。在多地实施暴行和破坏，叫嚣要“揽炒”（粤语中“同归于尽”的意思）。这令人震惊，也令人痛心。是什么让这些年轻人如此暴力？又如此敌视这个社会？香港的教育怎么了？令年轻一代变得如此“有问题”。

由香港大学、中学、小学、幼儿园教师组成的“香港教育专业人员协会”，现有会员9万人。“教协”早被反对派势力把持，已蜕化为鼓吹“反中”“反政府”的组织。

通识教育自2009年开始，各版本课本却无须送审，而部分持反对派立场的老师当时就参与了课本编写工作。教材充满攻击“一国两制”，美化“占中”，激化香港与内地矛盾，内地存在的问题从负面解读或直接用恶龙等形象来进一步丑化，引用过时的数据，用人口素质低这类带有歧视与丑化的语言，引用典型的西方视角下关于中国话题的负面结论。某幼儿园使用的教材里有个童话故事是这么讲的，中国是暴虐的国王，而英国是一位神奇的魔法师，最后魔法师救了自由港。

圣士提反书院考试试卷的插图是四名警员抬起一名示威者“王先生”，示威者高叫“占领街道不是犯罪！我们要求‘一人一票’选行政长官”的政治口号。试卷的问题要求学生用自己的知识解释示威者的要求有何“优点”，图中的执法警员更被画得恶形恶相。该名教师想要的答案不言而喻。

不少香港的大学学生会成为“港独”的先锋营。这些学生会的领导者借由“言论自由”的外衣，公然宣传“港独”和“违法达义”思想。面对这些言论乃至学生围攻，各大学校方却底气不足，不敢理直气壮地反对挑战法治底线的行为。一些大学校方不敢干预教师和学生宣传“港独”思想，对违反《香港特别行政区基本法》的活动、“港独”活动也不敢直面批评。这些大学不但不能制止有关大学老师的非法言论，还高薪养着这样的老师，对搞“港独”活动的学生组织，未能进行有效管理和控制资金发放。

香港回归23年了，但“人心回归”和国家意识一直是个问题。于是，教育局在2010年提出增设国民教育及德育课程为中小学必修课，但遭反对派极力反对，指责国民教育是“政治洗脑”。最后，在大型示威下退让，无限期搁置国民教育课程。

思考：在“一国两制”下，这样的香港教育会产生什么后果？又如何解决这一问题？

【才艺拓展】

1. 编绘关于中学生“防渗透、防策反，反渗透、反策反”的小宣传册、漫画册、连环画，并展示编绘成果。

2. 创作“防渗透、防策反，反渗透、反策反”的歌曲、歌剧、话剧、舞蹈作品，并开展展演晚会活动。

3. 创作表现境外敌对势力在我国境内渗透、策反手法、活动及后果、危害，或机智预防或应对境外敌对势力渗透、策反的小品、相声、戏剧作品，并进行展演。

4. 收集整理人们揭露或机智应对境外敌对势力渗透、策反的方法，并制作人们在学习、工作、旅游、生活、交往中，面临渗透、策反风险的检测表或风险警示手册。

5. 创作“防渗透、防策反，反渗透、反策反”的绘画、漫画、诗歌作品，并开展绘画展、漫画展、诗歌比赛等活动。

6. 开展机智应对渗透、策反的模拟活动，并拍摄成“防渗透、防策反，反渗透、反策反”的微电影、视频，上传到社交平台或网站或在校电视台播出。

【创新发展】

1. 到地铁站、学校、社区开展以“防渗透、防策反，反渗透、反策反”为主题的志愿服务宣传活动，并对活动进行总结或利用美篇进行报道。

2. 制作中学生“防渗透、防策反，反渗透、反策反”的网页，设计如何有效预防与应对境外敌对势力渗透、策反的 App。

3. 走进大学创新基地，在大学老师的指导下，利用所学知识开发能预警渗透、策反的技术或工具。

4. 开展新形势下中国留学生防渗透、防策反现状与面临形势的研究，探讨提升中国留学生防渗透、防策反的安全预警技术路线、措施办法或机制。

5. 开展境外敌对势力渗透、策反对象、手法、策略、做法及后果与危害的研究，探寻境外敌对势力渗透、策反的规律性以及防渗透、防策反，反渗透、反策反的规律性。

6. 开展“世界各国防渗透、防策反的经验教训或反渗透、反策反的法律措施办法及其制度安排”的课题研究，为我国防渗透、防策反，反渗透、反策反提供建议。

## 我的收获

随着中国对外开放力度的加大，尤其是加入世界贸易组织后以及经济技术竞争的日益激烈，以窃取商业秘密为目的的商业间谍越来越多。他们可能往往就是我们很少戒备的衣冠楚楚的外国商务代表，气宇轩昂的“友好人士”，长期合作的生意伙伴，甚至就是你身边的一个普通人，或者是你的秘书，或者是你的销售员，或者是你的亲人，你的朋友……不要以为，全球化、地球村就没有你死我活的斗争。和平时期，更需要国家安全意识、保密意识和反渗透、反颠覆、反策反、反窃密、反恐怖、反间谍的国家安全防范意识。在中华民族伟大复兴的历史征程中，不希望中华民族崛起的人，不希望中国人民过上幸福生活的人，不希望中国发展好的人，大有人在，也不会绝迹。我们必须时时刻刻居安思危，防患于未然，警钟长鸣，不可有一丝一毫的松懈。大力弘扬“维护国家安全、人人有责”的社会氛围，是维护我们每个人切身权益的需要。

学习“防策反、反渗透”的知识，让我懂得了很多。

国家安全无小事

| |
|---|
| |
| |
| |
| |
| |
| |
| |
| |
| |
| |
| |
| |

## 相关链接

1.《国家安全法》《网络安全法》《反间谍法》《国家情报法》《反恐怖主义法》《保守国家秘密法》《反间谍法实施细则》《刑法》(第二编 第一章 危害国家安全罪)

2. 国家安全机关举报受理平台：https：//www. 12339. gov. cn/

国家安全机关举报电话：12339

# 后 记

《规则与生活》是武汉市“黄鹤英才（专项）计划”资助项目，由武汉市黄鹤英才熊显红名师工作室导师、湖北省特级教师、湖北省中学正高级教师、武汉二中熊显红领衔申报并立项，武汉市黄鹤英才肖平安名师工作室导师、湖北省特级教师、武汉二中副校长肖平安参与领导的武汉市教育科研规划“十三五”重点课题《高中学生规则意识培养途径研究》主要成果之一。

武汉市黄鹤英才名师工作室在导师熊显红和肖平安老师的领导下，工作室一批青年徒弟积极参与工作室的各项活动。本课题立项后，导师熊显红老师亲自耐心细致地指导、讲座、设计，统一思想认识，形成课题研究方案，确立本书编写体例、编写内容、培训编写人员，亲自指导、修改、编写稿件，最终形成本书（研究成果）。

在此，感谢新洲一中张爱群、武汉二中曹维、汉铁高中熊海燕、黄石二中胡正斌、武汉市实验学校周蓉等老师曾为《规则与生活》（规则与社会生活）的编写提供了有益的启迪和智慧，你们的精神值得我们铭记和发扬。